보육교사 인성론

2판

공인숙 · 권기남 · 권혜진 · 김영주 · 김진욱 · 민선영
민하영 · 박초아 · 이성옥 · 이완정 · 최지현 공저

Becoming a Good Child Care Teacher

학지사

🌷🌷 **2판 머리말**

『보육교사 인성론』을 발간한 지 5년이 지났다. 5년 동안 보육 현장은 많은 변화가 일어났다. 가장 큰 변화 요인은 출산율의 급격한 변화였다. 출산율을 끌어올리기 위해 국가적인 노력이 총동원되었다. 최우선적인 노력은 보육의 질을 높이는 것이었다. 이를 위해 보육교사의 자격과 질 관리에 대한 논의가 어느 때보다 활발하게 이루어졌다.

이에 『보육교사 인성론(2판)』은 보육교사의 질에 관한 내용을 다룬다. 이를 다시 말하면, 보육교사의 직무를 이해하고 영유아의 전인적인 발달을 돕기 위해 보육교사가 갖추어야 할 인성과 자질에 관한 내용이다.

이 책은 크게 4부로 나누어 구성되었다. 먼저, 제1부 '보육철학과 윤리'에서는 가르치고 돌보는 것의 의미가 무엇인지 살펴보았다(제1장, 박초아). 그리고 나서 보육의 역사를 통해 우리나라에서 보육의 의미가 어떻게 변천되어 왔는지 알아보았다(제2장, 공인숙). 이 장을 통해 보육은 한 나라의 정치와 경제와 떼려야 뗄 수 없는 국가적인 문제임을 알 수 있다. 다음으로 다룬 것은 보육교사의 윤리강령이 필요한 근거와 윤리강령의 현황 및 적용방법에 관한 내용이다(제3장, 이완정). 이 장에서는 5년 동안 일어난 보육교사의 윤리강령의 변화를 충실히 개정하여 담았다.

제2부 '보육교사의 양성과 발달'에서는 보육교사의 자격과 양성, 취소와 유지에 대해 알아보고, 보육교사가 어떻게 경력을 확장하여 나갈 수 있는지 유관직종을 소개하였다(제4장, 김영주). 그리고 예비교사는 왜 보육교사를 선택하는지, 어떤 보육교사가 좋은 보육교사인지, 어떻게 하면 훌륭한 보육교사가 될 수 있는지에 대해 알아보았다(제5장, 권혜진). 다음으로 초임교사가 되었을 때(제6장, 최지현), 경력교사가 되었을 때(제7장, 이성옥) 어떤 변화와 발달을 겪는지도 살펴보았다.

제3부 '보육교사의 직무'에서는 보육교사가 어린이집에서 어떤 일을 수행하는지 연간 직무와 월간 직무(제8장, 민선영), 일과 운영(제9장, 김진욱)의 원리와 구성을 통해 알아보았다.

제4부 '보육교사의 인성'에서는 보육교사가 갖추어야 할 도덕성과 영유아에게 함양시켜야 할 도덕성(제10장, 민하영), 보육교사의 자기이해와 성격유형(제11장, 김영주), 스트레스 관리(제12장, 권기남)에 대해서 다루었다.

이 책은 이론적인 개념을 설명한 후에, 예비 보육교사인 학생들이 소집단 토의를 통해 개념을 적용해 보기도 하고, 관련 자료를 찾아보며 내용을 확장시켜 나갈 수 있도록 구성하였다. '읽어 보자', '해 보자' 활동을 통해 소집단 과제나 개별과제를 흥미롭게 진행할 수 있도록 시도하였다.

모쪼록 이 책으로 학습하는 학생들이 영유아에게 꼭 필요한 좋은 교사로 성장하길 바란다. 그것이 가장 중요한 일이다.

2022년 3월
저자 일동

🌷🌷 1판 **머리말**

　보육교사 인성론은 영유아의 건강한 성장과 발달을 지원하는 보육교사의 직무를 이해하고, 영유아의 전인적인 발달을 돕기 위해 보육교사가 갖추어야 하는 인성과 자질을 살펴봄으로써 예비 보육교사가 올바른 보육철학을 확립할 수 있도록 하는 교과목이다. 또한 보육교사의 사명감과 책무성에 기초하여 꾸준한 자기개발 및 인성 함양의 중요성을 인식하고 전문인으로서의 미래비전을 갖도록 한다.

　이 책은 크게 4부로 구성되어 있다. 장별 구성과 각 장을 집필한 저자를 살펴보면 다음과 같다.

　'제1부 보육철학과 윤리'에서는 가르치고 돌보는 것의 의미를 살펴보고(제1장, 박초아), 이것이 보육의 역사를 통해 어떻게 변화되어 오늘에 이르렀는지 알아본다(제2장, 공인숙). 또한 가르치고 돌보는 보육교사의 직무 특성상 윤리강령이 필요한 근거와 윤리강령의 현황 및 적용방법을 살펴본다(제3장, 이완정).

　'제2부 보육교사의 양성과 발달'에서는 보육교사의 자격과 양성, 자격 취소와 유지에 대해 알아보고 보육관련직의 현황에 대해 살펴본다(제4장, 김영주). 그리고 예비 보육교사는 왜 보육교사직를 선택하는지, 어떤 보육교사가 좋은 보육교사이며 어떻게 하면 훌륭한 보육교사가 될 수 있는지에 대해 알아본다(제5장, 권혜진). 그다음 초임 보육교사가 되면 초기적응을 위해 갖추어야 할 자질과 역량이 무엇인지 알아보고(제6장, 최지현), 경력 보육교사의 경우 경력교사로서 전문성을 어떻게 길러야 하는지에 대해 살펴본다(제7장, 이성옥).

　'제3부 보육교사의 직무'에서는 보육교사의 연간 직무와 월간 직무에 대해 구체적으로 살펴보고(제8장, 민선영), 보육교사로서 일과를 운영하는 원리와 역할에 대해 알아본다(제9장, 김진욱).

'제4부 보육교사의 인성'에서는 보육교사가 갖추어야 할 도덕성과 영유아에게 함양시켜야 할 도덕성에 대해 살펴보고(제10장, 민하영), 보육교사의 자기이해와 성격 유형을 MBTI를 기초로 알아본 후(제11장, 김영주), 마지막으로는 보육교사의 정신건강을 위해 스트레스를 어떻게 관리할 수 있는지를 다룬다(제12장, 권기남).

이 책은 개념을 설명한 후, 예비 보육교사인 학생들이 소집단 논의를 통해 개념을 적용해 보거나 관련 자료를 찾아 배운 내용을 확장시켜 볼 수 있도록 함으로써 보육을 전공하는 대학의 학부 강의에서 사용할 수 있는 수준으로 집필하였다. 또한 학생들로 하여금 익숙해 보이는 보육 관련 주제나 내용에 대해 반성적으로 사고해 볼 수 있는 태도를 갖게 함으로써 전문인으로서의 자신의 역량을 지속적으로 키워 나가는 자세를 갖출 수 있도록 하였다. 실제 강의에서는 '읽어 보자' 혹은 '해 보자' 코너의 일부 내용을 추출하여 소집단 과제나 개별 과제로 제시할 수 있으며, 관련 내용이 어렵거나 방대할 경우 교수가 요약하여 추가 설명을 해 줌으로써 학생의 이해를 높일 수 있을 것이다.

2017년 3월
저자 일동

차례

 제 1 부

보육철학과 윤리

 제1장 가르치고 돌보는 것의 의미   13

 제2장 보육의 역사와 보육교사   25

제 3 부
보육교사의 직무

보육교사의 인성

보육철학과 윤리

제1장

가르치고 돌보는 것의 의미

 읽어 보자

"난 놀라운 결론에 도달했다. 교실의 분위기를 결정적으로 좌우하는 요인은 바로 나다. 나한 사람의 태도에 따라 교실의 기후가 달라진다. 교실의 날씨를 결정하는 요인은 그날 나의기분이다. 교사인 나의 손 안에는 어마어마한 힘이 쥐어져 있다. 아이들의 삶을 비참하게 할수도, 즐거움에 넘치게 할 수도 있는 힘이다. 나는 고문 도구도 될 수 있고, 영혼에 힘을 불어넣는 악기도 될 수 있다. 아이들에게 창피를 줄 수도, 어를 수도, 마음에 상처를 줄 수도, 치료해 줄 수도 있다. 상황이 어떠하든, 내가 어떻게 대응하느냐에 따라 위기가 고조되거나, 완화되기도 하고, 아이가 인간다워지거나 인간다워지지 못하게 될 수도 있다."

출처: 신홍민 역(2006).

1. '교사'라는 직업 이해하기

미국『워싱턴포스트(WP)』는 '10년 후 미래에도 살아남을 직업 고르는 방법'을 보도했다(조선일보, 2015. 1. 7.). 예상대로인 직업도 있었지만, 다소 의외인 직업도 포함됐다. WP는 '과학기술의 발달로, 현재 존재하는 많은 직업이 사라지고 새로운 직업이 생겨날 것'이라며 '법률가, 의사, 변호사, 약사, 교사, 목수, 벽돌공 등이 살아남을 것'이라고 전망했다. WP는 하워드 가드너 하버드대학교 교수의 저서『미래를 위한 다섯 가지 생각』등을 인용해 '미래에 살아남을 직업은 로봇이 대신할 수 없는 종류의 업종일 것'이라고 덧붙였다. 종합적 · 창조적 사고방식 등 생각하는 기술은 직업을 오래 살아남게 하는 요인이며, 미래에는 엄청난 정보를 걸러 낼 수 있는 정보처리 능력 또한 필수가 될 것이라고 밝혔다.

해 보자

▶ '(보육)교사'가 되고 싶다고 처음 생각했던 때는 언제인가?

_____

_____

▶ '(보육)교사'가 되기 위해 어떤 준비를 하였는가?

_____

_____

▶ '(보육)교사'를 하고자 할 때 가장 중요하게 생각하는 가치는 무엇인가?

_____

_____

▶ 어떤 '(보육)교사'가 되고 싶은가?

_____

_____

이 세상에 존재하는 수많은 직업 중에 우리는 왜 '교사'라는 직업을 선택하려 하는가? 보도내용에서 언급한 바처럼 미래에도 살아남는 직업을 갖기 위해서, 아니면 또 다른 목적과 목표를 가지고 '교사'를 선택하게 되는 것일까?

'교사'라는 직업은 인간을 대상으로 하는 일이기 때문에 충분히 '인간적'이어야 한다. 여기서 '인간적'이란 단어의 사전적 의미를 찾아보면 '마음이나 됨됨이, 하는 행동이 사람으로서의 도리에 맞는 것' 또는 '사람의 본성과 관계되는 것, 또는 사람에게 합당한 것'이라고 한다.

 해 보자

<동영상 보기> 나는 선생님입니다
https://youtu.be/2mtqAwiGHQ0

▶ 영상을 보면서 무엇을 느꼈는가?

_____

_____

_____

_____

<동영상 보기> 나는 보육교사입니다
https://www.youtube.com/watch?v=MevAZrHzCpc

▶ 영상을 보면서 무엇을 느꼈는가?

_____

_____

_____

_____

2. '인간적인 교사'가 된다는 것

그렇다면 '인간적인 교사'의 자질은 어떤 것일까? 그린버그(Greenberg)에 따르면, "교사에게는 가장 강력한 힘이 있다. 이는 가르치는 전 과정에서 나타난다. 교수의 중심을 차지하는 것은 바로 교사의 인간적·정서적 특성이다. 교육 기술, 공학, 장비, 그리고 건물과 같은 교수의 다른 특성을 제 아무리 강조한다 해도 교사의 인간성은 중요한 요소가 될 것이다. 교육자로서 교사의 정서에 대한 폭넓고 깊이 있는 탐구는 이 기본적인 요소에 대한 우리의 이해를 높여 줄 것이다."라고 말한다 (Patterson, 1980).

해 보자

▶ 학교에 다니면서 제일 기억에 남는 선생님을 한 명 생각해 보라. 그 선생님의 어떤 점이 기억에 남는가?

_____
_____
_____
_____

▶ '인간적인' 교사가 갖추어야 할 덕목이라고 생각하는 것을 적어 보자.

_____
_____
_____
_____

▶ 존경했던 스승님께 편지를 써 보자.

_____
_____
_____
_____

현대 독일의 직업교육 체계의 바탕을 이루며 '직업교육의 아버지'라는 평가를 받고 있는 케르센슈타이너(Georg Kerschensteiner, 1854~1932)는 교육자의 성품을 네 가지 유형으로 정리한 바 있다.

1. 개개인에 대해 순수한 사랑을 가진 자

순수한 사랑을 가진 교사는 말과 행동이 아동을 격려하며 눈빛이 따뜻하고 좋은 경청자이다. 아동의 성장과 발달에 영향을 미치는 순수한 애정은 교사에게도 끊임없이 계속되는 기쁨을 준다. 이러한 특징을 가진 교사의 학급에서는 담당아동들과 교사가 모두 행복하게 하루하루를 살아간다. 아동에 대한 순수한 사랑을 보육교사의 제일 조건이라고 믿는다.

2. 효과적으로 사랑에 따르는 능력을 가진 자

훌륭한 교육자에게 가장 중요한 것은 첫째 유형에서 다루었던 순수한 사랑이지만, 순수한 사랑만으로는 실천적 교육자가 되지 못한다. 유능한 교사가 되기 위해 필요한 자질은 아동의 본질을 파악하고 적절한 교육방법을 선택하여 효과를 예견하는 재능이다. 칼 무데시우스(Karl Muthesius)가 말하는 교사직 적성의 구성요소인 '구체화와 직관적 사고'와 일맥상통한다. 교사는 아동을 정확하게 파악하여 적절한 조치와 수단을 인식하고 실천하는 능력이 있어야 한다. 이러한 능력은 후천적 훈련보다는 선천적인 민감성과 교양에 바탕을 둔다.

3. 미성숙자에게 쏠리는 독특한 관심을 가진 자

의사의 환자에 대한 관심, 동물원장의 동물에 대한 관심처럼 현재 성장하고 있는 아동에게 갖는 심리적인 관심을 의미한다. 유아교육이나 아동학을 전공한 교사들은 아동에게 독특한 관심을 가졌기 때문에 보육교사의 직업을 택했을 것이다. 교실에 투입되기 이전에 본인이 지도해야 하는 대상 아동들에 대해 자기도 모르게 관심이 쏠렸던 경험이 있어야 하며, 해당연령의 발달특성에 대한 지식이 풍부해야 한다. 또한 교사의 정신에는 이상적인 인간성의 전형적인 모습이 풍부해야 하며 동시에 그 모습이 명시되어야 한다. 즉, 자기 나름대로의 아동관, 혹은 교육목표를 가져야 할 것이다. 아울러 모든 아동에 대한 관심과 열정이 객관적인 시각에서 쏟아 부어져야 한다. 케르센슈타이너는 교사에게 있어서 숭고한 객관성보다 더 중요한 것은 없다고 말한다.

4. 개개인의 특수성을 고려하면서 아동의 발달에 강화의 영향을 주려는 의도를 가진 자

아동에게 주어진 소질을 발견해 내고 새로운 의욕을 가질 수 있도록 결정적인 강화와 영향을 줄 수 있으려면 아동에 대한 이해가 선행되어야 하며 많은 이론의 습득과 응용기술을 익혀야 한다. 즉, 교사가 되기 전에 학교에서 수학하는 이론과목과 실기과목을 모두 열심히 학습했어야 한다는 뜻이다.

출처: 신홍민 역(2006).

3. '영유아를 가르치고 돌보는 것'의 의미

사람들은 흔히 초등학교 교사보다는 중·고등학교 교사를, 그리고 중·고등학교 교사보다 대학 교수를 '더 중요하다거나' 또는 '더 전문적인' 직업이라고 생각한다. 실제로 교사의 연봉을 비교해 보면 확실히 드러난다.

그러나 이러한 사람들의 고정관념을 깨고 새로운 관점을 제시하고 있는 사람이 있다. 미국의 경제학자 라즈체티 교수(하버드 대학교 경제학과)는 '유아교사'라는 직업이 '고부가 가치를 지닌 직업'이라는 점을 강조한다.

 읽어 보자

• 경제학자 라즈체티 교수의 관심사는 저소득층 아이들의 미래이다. '좋은 대학'과 '좋은 유치원', 이 아이의 미래소득에 더 많은 영향을 미치는 교육기관은 어디일까? 그런 그가 주목한 것은 유치원이었는데, 과연 유치원 교육이 20년 후 먼 미래에 영향을 미칠 수 있을까? 연구대상은 1980년대에 미국 테네시 주에서 유치원 교육을 받은 12,000명의 아이들이었다. 그런데 약 20년 후 27세에 아이들이 받게 된 소득의 격차와 대학 진학률의 차이를 분석해 봤더니 흥미로운 공통점이 발견된다. 바로 유치원 교사인데, 어떤 교사에게 배웠느냐에 따라 소득과 대학진학률이 크게 차이난다는 것이다. 같은 유치원에 다녔어도 '자질이 훌륭하다고 평가된 교사'에게 교육받은 아이가 27세에 받게 된 연봉이 1천 달러나 더 많았다. 1년간 좋은 교사를 만나면 한 아이의 평생 소득을 8만 달러 높이는 효과가 있었다. 경제학자

라즈체티는 아이들의 미래소득에 결정적인 영향을 미치는 훌륭한 유치원 교사를 '고부가
가치 교사(High value added teacher)'라고 명명했다. 그리고 그는 유치원 교사와 아이들의
미래 소득과의 연관성을 따져본 결과, 훌륭한 교사의 가치를 연봉 32만 달러(약 3억 2천만
원)로 계산했다.

출처: EBS 뉴스(2015. 7. 23.).

읽어 보자

• 훌륭한 유치원 교사는 대학 진학률에도 영향을 미쳤다. 80% 이상의 높은 대학 진학률을
기록한 그룹과 40% 미만의 낮은 대학 진학률을 기록한 그룹의 차이는 15년 전에 만났던
훌륭한 교사의 자질과 일치했다. 경제학자 라즈체티가 유치원 교사를 연구한 까닭은 바로
'저소득층 아이들의 미래' 때문이었다. '저소득층 아이들이 최고의 교사에게서 최상의 유아
교육을 받는다면, 성인이 되었을 때 중산층으로 계층 이동을 할 수 있다.'는 것이다. 젊은
경제학자 라즈체티에 화답한 사람은 오바마 대통령이었다. 오바마 대통령은 "저소득층 유
아들에게 최상의 유아교육을 제공할 것이다."라고 전 국민에게 제시했다. "더 나은 세상을
만드는 데 도움을 주고 싶다"고 말하는 경제학자 라즈체티. 그것이 바로 경제학자인 그가
유치원을 들여다본 이유였다.

출처: EBS 뉴스(2015. 7. 23.).

경제학자 라즈체티는 보육교사(유아교사)직의 중요성을 경제학적으로 분석하고 있으며, 많은 시사점을 주고 있다. 실제로 연봉이 낮은 보육교사는 사회적으로 낮은 인식과 경제적 처우로 인해 자신의 일에 의미를 부여하지 못한 채 이직을 하기도 한다.

월리엄 에이어스(William Ayers, 1989)는 미국 전 지역에서 '좋은 보육교사'라고 알려진 6명의 교사를 대상으로 심층면접을 통해 좋은 교사의 삶과 일에 대한 연구한 바 있다. '보육교사는 제2의 어머니(the other mother)'라고 말하는 교사도 있고, '어린 영유아들로부터 선생님(teacher)이란 말을 듣는 것만으로도 인생 최고의 성공'으로 생각하고, 자신의 가족들은 어떤 글을 쓰더라도 선생님(teacher)이란 단어를 쓸 때는 대문자 'TEACHER'로 쓴다는 교사도 있다. '가르치는 일'을 하면서 보람을 느꼈던 경험으로는 '아이가 혼자서 옷을 입거나 멜빵바지를 입을 수 있게 되었을 때' '처음엔 자기 밖에 모르고 투정만 부리던 아이가 몇 개월이 지나 다른 친구들을 챙겨 주는 의젓한 모습을 보일 때' 등을 꼽기도 한다. 6명의 좋은 교사들은 '가르치는 일'의 의미와 목표를 다음과 같이 이야기한다.

• 아이들에게 '힘을 갖게 하는 것(empowerment)'
• 가르치는 일은 고통, 유머, 즐거움과 분노, 지루하면서도 무언가 기다려지는 것

- 가르치는 일은 아이의 성장과 발달을 지켜보려는 심오한 열정이며 보상
- 가르치는 일은 인내심이며, 교육의 결과가 보이기까지는 시간이 걸리는 것

4. '전문직'으로서의 보육교사

보육을 담당하는 보육교사는 어느 정도의 전문성을 갖추어야 할까? 보육교사직을 준전문가 혹은 전문가로 보는 두 가지 관점이 존재한다(여성가족부, 2006). 첫 번째 관점은 보육교사직을 준전문가로 보는 견해이다. 준전문가로 보는 학자들의 다수는 보육교사직을 전문직과 전문가의 기준에서 부족하기 때문에 전문가로 보기 어렵다는 입장을 취한다. 지식, 자격기준, 자율성 측면에서 부족하여 전문직의 특성을 제대로 갖추지 못한다고 보는 것이다.

하지만 이스코비츠와 버커(Eiskovitz & Beker, 1983)는 보육교사직 자체의 독특성 때문에 준전문가 또는 도제공(craftsmanship)으로 보고 있다. 이들이 보육교사직에서 도제공 의식을 강조하는 이유는 사회적 지위가 낮다거나 그 지위를 손상시킬 수 있다는 의미가 아니다. 아동학이나 유아교육 등 보육관련학뿐만 아니라 사회복지나 상담 등 모든 인간복지 관련 분야는 그 현장 자체에서 요구되는 것이 과학적이거나 체계적이기보다는 실천적이며, 표준화된 것보다는 독특성을 필요로 한다. 따라서 그 종사자들에게는 이론적 과정뿐만 아니라 현장에 대한 학습이 매우 중요하므로 도제식 학습이 필수적이며 그 가치를 높이 평가해야 한다는 것이다.

다음으로 보육교사직을 전문가로 주장하는 입장에서는 영유아를 보호하고 교육한다는 일이란 책임과 관련되고 지식이 요구되기 때문에 전문직으로 본다. 또한 회계사, 법률가, 의사 등과 같은 다른 전문직 종사자와는 달리 자신의 신념과 직업윤리뿐만 아니라 보육 대상의 기대와 사회적 기대선까지 고려해야 하는 이중의 임무를 가진 전문가라고 볼 수 있다. 특히 보육교사가 내리는 중요한 결정들은 그들이 갖고 있는 보육교사로서의 전문가적 신념에 근거하고 있다. 보육교사로서의 전문가적인 신념이란 보육에 대한 단편적인 지식이나 이론과는 구별되는 것으로서 일종의 보육에 대한 지혜 또는 가치관을 말한다. 결국 보육교사들은 오랜 기간 동안 이론과 실제의 경험을 통해서 형성된 전문가적 신념을 가지고 있으며, 이 신념을 토

대로 많은 중요한 결정을 내리게 된다. 따라서 보육교사의 직무 수행은 특수한 역할을 수행하는 전문가의 정의에 부합하며, 보육교사를 전문가로 분류할 수 있는 근거가 될 수 있다(유희정, 이미화, 2004).

보육교사의 전문성을 갖추기 위한 기준

• Katz(1987)

① 보육교사의 전문성에 대한 사회적 필요성(social necessity)

② 대상자 중심의 직업에서 오는 이타주의(altruism)

③ 상황과 요구에 적절하게 대응하는 자율성(autonomy)

④ 역할 수행 중 개별 아동의 특성을 존중하고 인정하며 윤리적인 자세를 가져야 하는 윤리강령(code of ethics)

⑤ 정확한 관찰 등에 필요한 객관성 유지를 위한 대상으로부터의 심리적 거리(distance from client)

⑥ 보편적인 서비스의 주체로서 지식이 바탕이 되는 과업 수행의 기준(standard of practice)

⑦ 전문적인 자질을 갖추기 위한 장기간의 훈련(prolonged training) 및 새로운 정보의 기회

⑧ 특수화된 지식(specialized knowledge)

• 이은화 외(1995)

① 고도의 지적 능력: 보육의 올바른 목적을 정확하게 이해하고, 영유아기 발달 상황에 맞는 교육내용을 선택 · 조직하며, 이에 따라 영유아의 성장과 행동의 변화를 적극적으로 돕는 능력

② 사회에 대한 기여

③ 장기간의 사전교육과 계속적인 보수교육

④ 자율성

⑤ 전문직 단체 결성

⑥ 보육교사가 지켜야 할 윤리강령

• 양옥승 외(1997)

① 보육 관련 학문에 대한 기초 지식에 대한 이해

② 보육에 대한 사명감 및 보육교사로서의 자신감 형성

③ 보육교사의 역할에 대한 이해

④ 윤리강령의 필요성에 대한 이해

⑤ 보육교사의 전문성에 대한 이해

⑥ 영유아와 가족에 영향을 미치는 정책에 대한 이해

해 보자

▶ '보육교사 인성론' 과목을 들으면서 무엇을 기대하는가?

_____

_____

_____

_____

▶ '전문적인 보육교사'가 되기 위해 내가 실천할 수 있는 일은 무엇인지 생각해 보라.

_____

_____

_____

_____

🔖 **참고문헌**

안소영(2014). 예비 보육교사교육에서 예비교사가 구성한 가르침의 의미. 한국보육지원학회지, 10(2), 237-260.

Ayers, W. (1989). *The Preschool Teacher-Six Teachers Reflect on Their Lives*. Teachers College Press, NY: New York.

Ginott, H. G. (1972). *Between Teacher and Child*. 신홍민 역(2006). 교사와 학생 사이. 서울: 양철북.

James, M. B. Jr., & Harold, C. C. (1999). *The Elements of Teaching*. 이창신 역(2003). 훌륭한 교사는 이렇게 가르친다. 서울: 풀빛.

Parker, J. P. (1998). *The Courage to Teach*. 이종인, 이은정 공역(2013). 가르칠 수 있는 용기. 서울: 한문화멀티미디어.

🔖 **참고자료**

〈동영상 보기〉 나는 선생님입니다 https://youtu.be/2mtqAwiGHQ0
〈동영상 보기〉 나는 보육교사입니다 https://www.youtube.com/watch?v=MevAZrHzCpc
EBS 뉴스(2015. 7. 23.). 〈〈뉴스G〉〉 유치원 교사의 연봉은? 유튜브 동영상(https://www.youtube.com/watch?v=hA9vEdsCigI)

제2장

보육의 역사와 보육교사

1. 아동관의 변화

1) 아동관의 역사적 변화

우리는 어린아이의 이미지를 떠올릴 때 흔히 귀엽다, 연약하다, 서투르다 등의 단어를 떠올리고 어린이가 성인과 구별되는 독특한 존재라는 사실을 당연하게 받아들인다. 따라서 아동은 성인과는 다르게 신체를 구속하지 않는 편한 옷을 입고 보호받는 것이 당연하다고 생각한다. 그러나 [그림 2-1]에서 아동은 크기만 다를 뿐 부모와 똑같은 옷을 입고 있다.

아동이 입은 옷의 꼭 끼는 소매와 목을 감싸는 장식은 보기에도 답답해 보인다. 이는 가족화가 그려진 17세기에 아동을 성인의 축소판으로 보고 있는 인식을 반영한 것이다. 이런 경향은 [그림 2-2]의 19세기 영국 귀족의 의상에서도 나타난다. 성인 여성과 여아의 의상이 치마 길이의 차이는 있지만 높은 목장식, 꼭 맞는 상의, 장식 등에서 유사점이 많은 것을 알 수 있다.

[그림 2-1] 바로크 시대의 의상

출처: 정흥숙(2005: 207).

[그림 2-2] 19세기 영국의 귀족 복식

출처: 순천대학교 패션디자인과 전시작품.

이런 아동관의 변화에 대한 연구는 비교적 최근의 일이다. 20세기 중반에 프랑스 아날학파(Annales school)는 주로 왕조나 전쟁을 중심으로 연구하던 사료 중심의 역사 연구에서 벗어나 생활사 중심의 연구를 발전시켰다. 그중에서 아리에스(Ariès)는 중세의 그림과 일기, 편지, 장난감 등을 분석하여 현재와 같은 아동기의 개념이 근대 역사의 산물임을 밝혔다(공인숙, 김영주, 최나야, 한유진, 2013: 13). 즉, 그는 『아동의 탄생(Enfant et la vie familiale sous l'ancien regime)』(1973)에서 사회적 제도로서 아동기는 18세기에 비로소 발견되었다고 언급하였다.

우리나라에서도 근대적 교육제도가 도입되기 이전인 전통사회에서의 아동관은 다음과 같았다. 즉, 신분에 따라 차이는 있었으나, 영유아기를 벗어나면서 남아는 집안의 직업세계에 자연스럽게 편입되거나 편입을 위한 준비의 시기로 넘어갔고, 여아는 어머니나 할머니의 조수로서 집안일을 도우면서 성인의 세계로 통합되었다(유안진, 1997: 190).

이처럼 아동을 어떤 존재로 여기는가는 우리나라의 경우 근대적인 교육제도의 도입과 밀접하게 관련되어 있으며, 20세기 초의 아동 연구 등에 의해서도 영향을 받았다. 예를 들어, 왓슨(Watson)과 같은 행동주의자들은 자녀의 버릇을 들이는 데 강화와 조건화 등의 방법을 사용하는 것이 바람직하다고 보고, 엄격하고 통제적인 양육행동을 강조했다. 그런가 하면 프로이트(Freud) 등에 의한 정신분석학 연구는 영유아기의 경험이 성인기의 성격 형성에 영향을 미친다고 보았다. 그리고 이러한 연구에 영향을 받아 자녀 양육이나 보육 등에서 수유, 배변훈련의 양상이 보다 허용적으로 변하기도 하였다. 최근에는 통제나 애정이 어느 한쪽으로 치우치기보다는 균형이 필요하다는 관점이 보편적으로 인정을 받고 있다.

2) 이론에 따른 아동관[1]

(1) 성숙주의

성숙주의에서는 아동을 시간에 따라 자연스럽게 적응하며 발달하는 존재로 파악하며, 성인과 질적으로 다른 존재로 여긴다. 성숙주의 이론가로는 루소(Rousseau), 다윈(Darwin), 홀(Hall), 게젤(Gesell), 몬테소리(Montessori) 등이 있으며, 발달 영역 중 특히 사회정서발달을 중시하는 경향이 많다. 성숙주의 관점에서 교사의 역할은 아동을 관찰하여 준비된 환경을 제공하고, 아동이 자신의 욕구와 흥미를 표현하고 따르도록 안내하며, 자유롭고 지지적인 환경을 제공하는 것이다. 주로 아동의 자유선택놀이를 강조하며 의도적 교수 활동은 최소화하는 경향이 있다.

(2) 행동주의

행동주의에서는 아동이 성인과 동일한 학습과정을 거친다고 보아서, 발달은 양적으로 이루어진다고 여긴다. 행동주의 이론가로는 로크(Locke), 손다이크(Thorndike), 왓슨, 스키너(Skinner) 등이 대표적이다. 기본 가정에서 외부환경에 의한 경험을 중시하기 때문에 행동주의에서 교사는 능동적·계획적·의도적·지시적 지식 전달자의 역할을 한다. 교사는 아동의 바람직한 행동에 보상을 주어 그 행

---

1) 공인숙 외(2015: 37-98); 권영례, 김소라(2011: 18-20); Thomas (1996).

동을 강화하며, 바람직하지 않은 행동에는 벌을 주거나 무시하는 기법을 사용하며, 모델링의 대상이 되기도 한다.

(3) 상호작용주의

상호작용주의는 구성주의라고도 하며, 이론가들은 주로 아동의 인지발달에 관심을 가져왔다. 상호작용주의 이론가로는 칸트(Kant), 듀이(Dewey), 헌트(Hunt), 블룸(Bloom), 피아제(Piaget) 등이 대표적이다. 특히 피아제는 자신의 자녀를 관찰하여 영감을 얻은 후 다른 유아에게 탐색적 질문을 더하는 임상적 면접(clinical method)을 통해 아동과 환경 간의 상호작용 결과로 인지발달이 일어난다고 하였다. 피아제는 주로 아동이 보존개념이나 공간, 시간에 대한 개념 등 물리적 지식을 획득하는 과정에 관심을 두었으므로 발달의 사회문화적 맥락을 고려하지 않고 모든 아동은 동일한 인지발달 단계를 거친다고 보았다. 이처럼 아동이 환경과의 상호작용을 통해 능동적으로 지식을 구성한다고 보는 상호작용주의에서 교사의 역할은 아동이 지식을 구조화할 수 있는 경험을 제공하고, 다양한 활동 계획을 준비하며, 상호작용하는 시기 · 장소 · 형태를 결정하는 것 등이다.

(4) 맥락주의

① 생태학 이론

생태학 이론을 주장한 브론펜브레너(Bronfenbrenner)는 기존에 아동에게 중점을 두었던 관점에서 한발 더 나아가 아동을 둘러싼 환경에 대해서도 강조를 했다. 그는 아동을 둘러싼 환경을 미시체계, 중간체계, 외체계, 거시체계, 시간체계의 다섯 가지 체계로 파악하고 아동은 자신을 둘러싼 체계에 영향을 받지만 동시에 자신의 환경을 재구성하는 역동적 존재로 파악했다. 생태학 이론에서 교사는 가족 등과 함께 아동이 속한 미시체계의 하나이며, 가정이나 또래와의 관계를 구성하는 중간체계로서도 중요한 역할을 한다.

② 사회적 구성주의

비고츠키(Vygotsky)가 주장한 사회적 구성주의는 인지발달 과정에서 사회적 상호작용과 문화 역할의 중요성을 강조했다는 점에서 피아제의 구성주의와 차별화된다. 비고츠키는 기억, 주의, 추론 발달 과정에는 언어, 수학, 기억 전략 등 사회에서 만들어진 도구를 사용하는 방법을 배우는 것이 포함된다고 하였다. 즉, 사회적 구성주의에서는 지식이 개인의 내부에서 생성되는 것이 아니라 개인이 살고 있는 문화권에 있는 타인이나 사물과의 상호작용을 통해 형성된다고 본다. 따라서 사회적 구성주의에서 부모나 성인은 언어를 통해 문화를 전수하는 중요한 존재다. 이런 관점에서 비고츠키는 교사가 아동이 또래와의 협동적 활동에 참여하도록 격려하며, 대화와 비계설정(scaffolding) 등의 방법을 통해 아동의 역량을 근접발달지대(Zone of Proximal Development: ZPD)에서 최대화할 수 있다고 보았다.

3) 아동권리적 관점에 따른 아동관

앞에서 살펴본 이론적 관점은 주로 아동을 미성숙한 존재로 여기며, 국가는 교육을 통해 아동을 사회적으로 유능한 성인으로 변화시켜 국가의 자원으로 개발해야 한다는 가정을 뒷받침하게 되었다. 또한 영유아기의 인적 자원에 대한 투자가 투입 대비 산출의 효율성과 효과성에서 다른 시기의 투자에 비해 앞선다는 경제학적 관점은 여러 나라의 보육정책 등에 영향을 미치고 있는 현실이다.

그러나 아동이 법적·제도적으로 권리를 보장받아야 한다는 아동권리적 관점은 유엔아동권리협약(United Nations Convention on the Rights of the Child: UNCRC)의 기본 개념이다. 아동에 대한 역사적 관점에서 살펴보았듯이 아동은 근대 이전까지는 주로 통제의 대상이었고, 근대에 이르러 보호의 대상이 되었으나, 아동권리협약에 의해 권리의 보유자가 되었다(이성옥, 2015). 아동권리협약이 1989년에 유엔에서 채택되기까지 20세기 초부터 국제적으로 다양한 아동인권에 관한 선언이 있어 왔다.

우리나라도 1991년 유엔아동권리협약에 비준했으므로 국내의 모든 아동 관련법과 제도는 아동권리적 관점의 영향을 받는다고 볼 수 있다. 유엔아동권리협약에 의하면 아동은 권리로서 잘 자랄 기회를 평등하게 누려야 한다(강남식 외, 2003; 이옥, 공인숙, 2009). 즉, 지금까지 보육정책이 여성의 취업에 따른 어려움을 지원하거나 저출산·고령화 대책의 일환으로 여겨지는 것에서 벗어나 아동의 권리로서 여겨져야 한다는 관점이다. 유엔아동권리협약에서 아동의 권리는 흔히 생존권, 보호권, 발달권, 참여권으로 분류된다. 그중에서 참여권은 특히 영유아의 경우 무시되기 쉬운 부분이라고 하겠다. 흔히 '어린이의 생각은 변덕스럽다'거나 '부족하다'는 등의 이유로 성인에게서 무시되는 경향이 많다. 그러나 보육현장에서 영유아의 참여권은 교사의 역할에 의해 좌우된다. 특히 교사가 영유아에게 공감하고 정서적 지지를 보내는 등의 행동으로 영유아의 견해를 수용하고 적절하게 개입함으로써 영유아의 참여권이 실현된다는 것이 밝혀졌다(이성옥, 2015). 또한 교사는 영유아의 일상에서 디지털 환경의 영향이 커지고 있는 현실을 고려하여, 영유아의 정보 추구에서의 참여권에 대한 인식과 실행에 노력을 기울여야 할 것이다(황윤세, 2021)

읽어 보자

◎ 유엔아동권리협약이 이루어지기까지

유럽에서 제1차 세계대전으로 아동 사망이나 고아의 문제가 심각해지면서 1920년대 초부터 아동보호에 관한 인식이 시작되었다. 이후 1924년에 '아동권리에 대한 제네바 선언'이 나타났고, 1945년에는 '유엔헌장', 1948년에 '세계인권선언', 1959년에 '유엔아동권리선언'이 이루어졌다. 1979년 세계아동의 해를 맞아 열 가지 조항의 선언문이 채택되었고, 1989년에 유엔총회는 10년간의 연구를 바탕으로 유엔아동권리협약을 만장일치로 채택했다.

2. 교사상의 변화

1) 신체적 돌봄 중심

1816년 영국의 오언(Owen)이 세운 성격형성학원 등의 예에서 보듯이 보육시설은 방치되거나 위험에 처한 노동자 자녀에게 안전한 환경을 제공하고, 부모를 잃은 영유아를 돌보아 주는 것에서 시작되었다. 실제로 당시에 영국의 도시 노동계급 아동은 [그림 2-3]에서와 같이 작업장, 공장, 탄광에 고용되기도 하였고 여러 가지 위험에 노출되었다. 기록에 따르면 몸집이 작아서 굴뚝 청소에 적합하다는 이유로 아동이 런던 시내의 굴뚝 청소부로 고용되었다가 이후 아동이 피부암에 걸리거나, 방

[그림 2-3] 산업혁명기의 아동 노동

출처: The Victorian Web 사이트.

직공장에서 몸집이 작은 아동이 방직기에 기름칠을 하는 작업을 하다 부상을 당하는 등의 사례가 많이 발생하였다.

프랑스에서도 보육시설의 초기 목표는 영유아의 생명을 구하는 것에 맞춰져 있었다. 1769년 프랑스에서 오베를란(Oberlin)에 의해 설립된 편물학교(knitting room)는 벌목업에 종사하는 여성과 가정을 돕기 위한 목적으로 설립되었다. 편물학교는 주로 노동계층의 육아 기능을 대행하고, 영아 사망률을 감소시키기 위해 영양 및 위생, 보건에 중점을 두어 운영되었다. 그곳에서 아동은 편물, 그리기, 식물표본집 등을 만들면서 신체 발달과 정신을 개발하는 활동을 하였다(musee-oberlin 홈페이지).

우리나라에서는 1921년 서울의 태화기독교사회관에서 빈민아동을 위해 탁아프로그램을 실시한 것이 근대적 보육의 시작이라고 할 수 있다. 이후 1950년에 발발한 6·25전쟁의 여파로 전쟁고아가 양산되었고 이들을 위한 수용보호시설이 외국의 원조로 설치되었다. 예를 들어, 유엔아동기금(유니세프, United Nations Children's Fund: UNICEF)은 전쟁으로 폐허가 된 우리나라의 어린이와 여성의 긴급구호를 위해 분유와 담요를 비롯하여 미화 73만 4천 달러에 해당하는 식량, 57만 6천 달러 상당의 의류 등 구호품을 대량 지원하였다(유니세프한국위원회 홈페이지). 이처럼 초기의 보육시설은 주로 임시구호적 성격을 띠고 있었으며, 그에 따라 보육교사의 역할도 영유아의 건강과 위생, 식사 제공과 같은 신체적 돌봄이 중심이 되었다.

1961년에 보육을 포함한 아동복지 전반에 관한 「아동복리법」이 제정되었으나 이념적·형식적인 부분에 치우쳤다. 특히 1960년대에는 전쟁 이후에 나타난 급격

[그림 2-4] 1962년 제주어린이집 개소식

출처: 제주특별자치도보육시설연합회, 제주특별자치도보육정보센터(2009: 20).

한 인구 증가와 경제 개발 과정을 경험하면서 보육의 필요성이 더욱 커져 갔다. 그중에서 농촌의 경우 농번기에 영유아의 돌봄이 중요 문제가 되었다. 제주도에서는 1963년부터 농번기 탁아소가 운영되기 시작했는데, 당시의 보육교사(보모)의 모습을 신문에서 다루었다(제주특별자치도보육시설연합회, 제주특별자치도보육정보센터, 2009: 314-315).

그중 1970년 제주도 노형동에서는 동장의 집에서 보모 2명이 50여 명의 아동을 데리고 문을 잠궈 놓고 제자리걸음이나 노래를 가르치며 국수를 삶아 주는 등의 식사를 제공하였는데, 싫증이 난 4~5명의 아동이 문을 떼고 도망가서 찾는 데 애를 먹었다는 기사를 볼 수 있다. 당시의 보육교사는 주로 자원봉사자나 생활개선구락부 회원이었고, 별다른 교육 없이 무보수로 봉사하는 경우가 많았다. 『제주신문』에 소개된 보육교사의 일과는 아동에게 세수하기를 알려 주고, 진흙으로 공작물을 만들기를 지도하며, 변 보는 일을 뒷바라지 하는 고된 일로 표현되고 있다. 또한 낮 1시부터 3시까지 낮잠 시간을 가지고, 간식으로 찐빵을 나눠 주는 등의 보호와 영양을 포함한 신체적 돌봄이 중심이 되었음을 알 수 있다.

2) 사랑이나 따뜻한 보살핌 같은 정의적 측면 강조

다음 시기에는 보육교사의 역할이 아동에게 사랑을 주고 따뜻한 보살핌을 주는 것이라는 인식이 강조되었다. 이는 신체적 돌봄을 중심으로 아동의 생존 발달에 중점을 두던 시기를 지나, 영유아기의 돌봄이 이후 성격이나 정서 발달에 커다란 영향을 미친다는 정신분석학적 전통의 연구에 영향을 받은 것이 주요 원인이라고 하겠다. 미국의 경우, 뱅크스트리트 프로그램이 대표적인 예라고 하겠다.

우리나라에서는 한국여성개발원에서 1985년에서 1986년에 걸쳐 가정탁아모를 양성하기 위한 프로그램을 실시하였다. 당시에 양성교육의 내용은 유아 건강 및 영양 관리, 영유아 질환 및 응급처치, 부모기술 상담, 탁아 이론과 실제, 놀이지도 방법 등으로 구성되어 있었다. 특히 음악에 맞춰 율동을 하는 어린이 체조교육, 연극놀이, 현장실습 등이 강조되었다. 프로그램의 내용에서 보듯이 과거에 교육 내용의 주를 이루던 신체적 안전이나 영양 외에 영유아의 정서 발달이나 성격 형성에 긍정적인 영향을 주는 연극, 율동 등의 놀이지도와 대화법 등이 포함된 것을 알 수 있다. 제주도에서 탁아모 교육을 담당하던 간사는 "탁아모는 적성에 맞아야 하고, 아이들을 좋아하지 않고는 할 수 없다."(제주특별자치도보육시설연합회, 제주특별자치도보육정보센터, 2009: 329)라고 하였는데, 이는 당시에 요구되는 보육교사의 역할이 기본적으로 사랑과 따뜻한 보살핌을 주는 것으로 여겨졌다는 것을 알 수 있다.

3) 교수 기술의 강조

1991년 「영유아보육법」이 제정된 이후에는 어린이집의 양적 확대와 더불어 보육과정과 교수·학습 방법의 개선을 위해 노력하는 보육교사가 많아졌다. 즉, 제주도와 같은 지역에서는 자부담으로 서울 등에서 개최하는 연수를 다녀오고, 유명 강사를 초청하여 연수를 개최하는 등의 활동을 통해 새로운 교수 기술을 습득하는 것이 강조되었다. 다음의 면담 자료에서 당시 교사의 교수 기술에 대한 열의를 알 수 있다(제주도 샘터어린이집 조정자 원장 면담, 2009: 제주특별자치도보육시설연합회, 제주특별자치도보육정보센터, 2009: 330에서 재인용).

"……서울이나 다른 지방으로 연수를 가려면 비용이 많이 들잖아요. 보통 교사가 50%를 부담하고 원에서 50%를 지원해 줬는데, 원장이나 교사들이 배우려는 의지가 대단해서 자비를 들여서라도 각종 연수를 적극적으로 찾아다녔어요."

 해 보자

◎ 지역사회에서 역사가 깊은 어린이집을 방문하거나, 은퇴한 원장, 보육교사를 만나 면담해 보자.

◎ 과거 보육교사의 역할과 현재 보육교사의 역할에서 공통점과 차이점을 찾아보자.

4) 교사의 사고과정 강조

영유아를 보육하는 역할에서 교사 자신이 반성적 사고를 통해 자율적으로 기능하는 사람으로서의 역할이 중요하다는 인식이 많아졌다. 다음부터는 반성적 사고과정을 강조하는 최근의 관점에 대해 기술하고자 한다.

(1) 반성적 사고의 중요성

일반적으로 보육교사는 자기 스스로에게 비판적으로 '왜'를 묻는 것에 익숙하지 않다. 경우에 따라 '내가 어디에 있는 것인가?' '내가 하는 것이 무엇인가?'와 같은 비판적 질문을 던져 보지만, 해답을 찾지 못하거나 아예 질문조차 해 본 경험이 없는 경우가 더 많다. 그 외에도 교사의 윤리와 관련된 딜레마를 가지고 있다거나 매일 교실에서 무슨 일이 일어나고 있는가에 대한 자기분석능력이 부족한 경우가 많다.

이러한 특성을 보이는 경우가 많은 보육교사에게 반성적 사고가 중요한 이유는 다음의 세 가지 측면과 같다(고미경, 2007: 156-157).

• 반성적 사고는 교사가 인식하지 못했던 교사의 경험과 신념을 검토하고 분석할 수 있는 기회를 제공한다. 교사는 불확실한 것들을 명백히 하기 위해서 경험에 대한 반성을 통해 배워야 한다. 이를 통해 교사는 자신의 생각과 교수행

동을 돌이켜 신중히 재고하면서 교수와 학습에 대해 깊이 이해하게 된다.

- 반성적 사고는 교사의 문제해결력을 향상시킨다. 가르치는 일은 교사의 내용 이해, 학생의 특성과 그들의 경험, 상황의 시간적 · 물리적 특징 맥락 내에서 교수-학습 간의 관계를 탐구하는 것을 포함하는 역동적이고 복잡한 과정이다. 따라서 반성적 사고를 하는 교사는 자신의 교수행동과 학생의 학습 경험 간의 관계에 대해 문제점을 인식하고 해결하기 위한 방안을 모색한다.
- 반성적 사고는 교사의 결정능력을 향상시킨다. 반성적 사고는 적극적이고 지속적으로 교사가 자신의 믿음, 결정, 실천, 결과 등에 대해 신중하게 고려하고 분석하는 것이다. 교사가 반성적으로 사고하는 데에는 시간과 노력이 필요하지만, 교사가 자신의 교수행동을 객관적으로 검토하여 의사결정을 하는 데 도움이 된다.

(2) 반성적 사고의 개념

듀이(Dewey, 1933)는 '사고를 해방시키고 새로운 지식을 획득하며 문제를 능동적으로 해결해 나가는 것'을 강조하면서 '어떤 신념이나 지식에 근거를 두고 그것으로부터 만들어질 결과에 근거하여 신념이나 지식을 능동적이고 지속적으로 고려하는 것'을 반성적 사고라고 정의하였다. 그는 우리가 사물에 대해 신념을 갖게 되는 것은 직접적인 설명에 의해서가 아니라 관찰, 증거, 입증에 의해 이뤄진다고 보았다.

이를 토대로 숀(Schon)은 교사 스스로 교수행동을 검토하고, 교실에서의 다양한 자신의 역할을 살피며, 이를 분석 · 종합하여 바람직한 의사결정을 할 수 있는 것이 반성적 사고라고 하였다. 즉, 반성적 사고는 자신의 사고, 행동, 패턴, 정서적 측면, 교수방법 등을 비판적으로 검토하는 적극적인 과정이다(김진경, 권혜진, 2016: 34).

(3) 반성적 사고의 수준

① 마넨(Manen)의 반성적 사고 수준

- 기술적 수준: 상황에 대해 교사가 어떻게 대응했고 유아가 어떻게 반응했는지를 사실대로 기술하는 것이다. 일반적으로 교사가 평가란에 기록하는 수준인데,

여기에서는 사실 구체적인 의미 찾기나 깊은 사고는 나타나지 않는다. 왜 반성해야 하는지에 대하여 의문 없이 당연히 기록하는 것으로 여기는 수준이다.

- 전문가적 수준: 여러 가지 교육적 목표 가운데 어떤 것이 더 '교육적으로 추구할 만한 가치가 있는지'에 대한 논의를 하는 것이다. 즉, 교사가 '어떤 지식에 근거하여 그와 같은 결정을 했는가? 그것은 교육적으로 어떤 의미가 있는가?'에 대해 생각하는 것이다. 그러나 아직도 모든 결정을 '교육학적인 원리'에만 기초를 두는 단계다.

- 비판적 수준: 가장 높은 수준의 반성으로서 이러한 반성 수준에서의 논의 대상은 어떠한 교육적 경험이나 활동이 공평하고 평등하며, 행복한 삶으로 이끌어 줄 것인가에 초점을 둔다. 즉, '그것이 유아에게 진정한 도움이 되는가? 교사의 편의를 위한 합리화는 아닌가? 앞으로 어떻게 할 것인가?'를 고민하는 단계다. 이 수준의 반성은 유아의 '장기적인 발달에 혜택을 줄 수 있는 결정'으로 이끈다. 비록 '도덕적 · 윤리적 수준'의 반성적 사고를 할 수 있는 교사를 양성하는 것이 매우 어렵다 할지라도 교사가 이 수준의 반성을 할 수 있도록 하는 것이 교사교육의 과제다.

② 스미스(Smyth)의 반성적 사고 과정
- 묘사의 단계: 내가 무엇을 하고 있는가?
- 정보의 단계: 이것이 무엇을 의미하는가?
- 직면의 단계: 어떻게 이와 같이 할 수 있는가?
- 재구성의 단계: 그것을 어떻게 달리할 수 있는가?

해 보자

반성적 사고는 하나의 사건에 대해서도 유동적일 수 있으므로, 반성적 사고 수준도 유동적이다. 주변에서 흔히 보거나 이슈가 되는 사건을 정해서 반성적 사고과정에 따라 연습해 보자.

③ 듀이의 반성적 사고의 태도

듀이는 반성적 사고를 하기 위해서는 스스로의 태도가 중요하다고 했다. 교사가 아무리 좋은 기술 및 전략을 갖고 있다 하더라도 문제상황을 인식하고 이해하려는 마음, 적극적으로 대안을 찾으려는 마음이 있어야만 반성적 사고가 일어나게 된다. 그러므로 반성적 사고에 임하는 교사는 열린 마음, 전심전력의 태도, 지적 책임감을 지녀야 한다.

- 열린 마음: 능동적이고 적극적인 의미를 갖는 태도로서 텅 빈 마음과는 다른 의미다. 열린 마음은 편견이나 당파성에서 해방되는 것으로 자발적으로 새로운 문제를 고찰하는 것이며, 새로운 사상을 받아들이지 않는 습관에서 해방되는 것이다. 즉, 열린 마음은 한쪽 편의 의견보다는 여러 방면의 의견을 들으려는 것, 그리고 어떤 사실이라도 이를 충분히 고려해서 자신이 갖고 있는 신념의 오류를 발견하려고 하는 것이다.
- 전심전력의 태도: 어떤 것에 흥미를 느낄 때 자기 자신이 그 속에 몰두하는 태도다. 이러한 태도와 심적 성향은 실제적 문제와 도덕적 문제에서 중요하게 생각되며 지성의 발전에도 중요하다. 한 사람이 어떤 문제에 몰두할 때 그 문제는 그 사람을 안내하고, 그러한 과정에서 새로운 문제가 나타나게 되며, 이에 따라 여러 가지 제안이 나타나면서 새로운 탐구와 해석이 계속된다.
- 지적 책임감: 책임감은 새로운 견해나 새로운 관념에 대한 욕망을 적절히 지지하는 데 필요한 태도이며, 어떤 중심문제를 파악할 수 있게 하여 적절한 지지를 얻는 데 필요하다. 지적 책임감이란 계획된 정신적 과업을 스스로 선택하는 것으로서 신념에 근거해서 행동한 결과에 대해 책임을 지는 것이다.

해 보자

다음의 체크리스트를 통해 '나는 반성적으로 사고하며 발전하고 있는 교사인가?'를 점검해 보도록 하자. 각 항목의 해당 칸에 표시한 후 합산하여 자신의 반성적 사고 능력의 수준에 대해 생각해 보자.

표 2-1 반성적 사고 수준 체크리스트

문항	그렇다	가끔 그렇다	보통 이다	조금 그렇지 않다	그렇지 않다
	5	4	3	2	1
나는 예리한 추론과 판단력을 가지고 있다.					
스스로에게 비판적으로 '왜'를 묻는 것에 익숙하지 않다.					
스스로에게 '내가 어디에 있는 건가?' '내가 하는 것이 무엇인가?'와 같은 비판적 질문을 던져 본다.					
나의 질문에 대해 해답을 찾지 못해도 다시 질문한다.					
유아교사 윤리와 관련된 딜레마를 가지고 있다.					
매일 교실에서 무슨 일이 일어나고 있는가에 대한 문제의식이 있다.					
무엇을 하고 있는지에 대해 깊게 생각할 기회가 있다.					
지루하고 실패하는 일상이 싫어서 참신한 아이디어로 실험하기도 한다.					
창피하거나 실수한 사건, 부끄러움을 자신의 동료에게 표출하기도 한다.					
이해하고 깨닫게 된 것을 실제 수업에 적용하려고 노력한다.					
점수 합계					

출처: 키드키즈 홈페이지.

(4) 반성적 사고를 증진하는 방법

① 저널 쓰기

저널 쓰기(journal writing)는 반성적 사고에서 가장 많이 사용되는 방법으로, 경험을 기록하고 자신의 교수방법에 대해 점검하며 문제해결력을 증진시키는 목적을 갖는다(김진경, 권혜진, 2016: 39). 저널 쓰기는 일기처럼 자신의 개인적인 경험과 생각을 적는 것이지만, 전문가로서의 교사의 의견을 중심으로 내용을 기술하기 때문에 일기와는 차이가 있다. 다음은 8주 동안 저널 쓰기를 한 실험집단의 예비 유아교사가 저널 쓰기를 한 예다(원미경, 강승희, 2007).

이렇듯 무작정 아이들에게 생각해 보라는 식의 질문이 아니라, 작품에 이야기를 부여하고 그 이야기에 따라서 스스로 사고하게끔 도와주는 방법을 적용해 보면서 나와 유아 모두 만족스러웠다. 그 아이는 곰을 완성한 후에도 또 다른 무언가를 만들어 내었다. 눈사람 손 언저리에 소풍 갈 때 들고 갈 도시락 가방을 붙여 넣은 것이다. 우리 둘의 상호작용을 옆에서 유심히 지켜보던 아이들도 서로의 작품에 대해서 이야기를 나누고, 도움도 주고받으면서 활기찬 활동을 했다. 스토리가 있는 활동이 얼마나 대단한 힘을 발휘하는지 절감했던 하루였다. 유아교사는 항상 유연한 사고와 예리함을 놓쳐선 안 될 것 같다.

저널 쓰기는 교사로서의 경험에 대한 자신의 생각을 기록하는 것이다. 즉, 저널 쓰기를 통해 교사는 자신의 지식, 감정, 행동, 행동의 이유 등을 알 수 있게 된다. 결과적으로 저널 쓰기를 통해 교사는 자신의 교수행위를 되돌아보고 반성할 수 있게 된다(고미경, 2007: 159). 또한 교사가 아무리 낮은 수준의 반성적 사고를 가졌다 하더라도 교사의 반성적 저널 쓰기는 반성적 사고 수준을 향상시키며, 그로 인해 교수

해 보자

◎ 다음의 내용을 저널 쓰기로 다시 써 보자.

등원 시간에 ○○이가 갑자기 울음을 터뜨리며 엄마와 떨어지지 않으려 했다. 나는 당황해 ○○이를 안고 들어가려고 했는데, ○○이는 나를 밀치며 더 크게 울기 시작했다. ○○이 엄마는 얼른 가 버리고, 나는 어쩔 줄 몰라서 ○○이를 안고 있었는데, 정말 끔찍한 하루의 시작이었다.

_____

_____

_____

_____

_____

_____

_____

방법의 변화를 이끌어 낸다(서혜성, 고민경, 2012). 예비 특수교사가 실습 중 지속적으로 반성적 저널 쓰기를 시행한 경우, 반성적 사고 수준이 지속적으로 증가하였다(정병종, 2014)는 결과도 있다.

② 포트폴리오

포트폴리오(portfolio)는 원래 건축이나 미술 등의 영역에서 자신의 활동을 보여주기 위해 오래전부터 사용되었던 방법이다. 근래에는 교사교육에서 반성적 사고의 촉진 방법이나 영유아 평가 등에서 과정적 평가의 방법으로 자주 사용된다. 반성적 사고를 증진하는 방법으로서 포트폴리오는 교사생활을 하면서 성장을 기록한 모음집으로 교사의 학습, 성향, 발달, 교수능력과 같은 실제적인 교수 활동과 관련된 정보를 체계적으로 수집한 것을 의미한다(고미경, 2007: 164).

대부분 글로 이루어지는 저널 쓰기와 달리 포트폴리오는 글, 사진, 그림, 교구 등 모든 것이 기록물로 될 수 있기 때문에 좀 더 다차원적으로 반성적 사고를 이끌어 낼 수 있다는 것이 장점이다. 다만, 교사가 자료나 결과물을 검토하고 선별하는 과정에서 충분한 반성적 사고를 하지 않는다면 단순한 서류철에 불과할 수 있다. 포트폴리오 작성 과정에서 교사는 자신의 관찰과 동료교사와의 합의과정을 통해 반성하고 되돌아보며 자신의 경험과 지식을 체계화할 수 있게 된다(김진경, 권혜진, 2016: 40).

③ 이야기 쓰기

이야기 쓰기(narrative)는 자서전 쓰기, 교육과정 이야기 쓰기, 사례 개발하기 등이 대표적인 형태로, 교사는 이야기 형식을 빌려 자신과 교직의 개인적·역사적·문화적 배경에 대해 반성적 사고를 할 수 있게 된다. 다양한 형태의 이야기 쓰기는 예비교사나 현직교사가 모두 활용할 수 있다(김진경, 권혜진, 2016: 41). 즉, 이야기 쓰기는 한 개인의 성장 혹은 변화와 관련되어 있으며, 이야기 쓰기를 통해 교사는 자아를 발견하고 과거의 경험에 대한 의미를 형성하게 된다. 이야기에는 사건에 대한 의미가 부여되어 있고 경험에 대한 특별한 느낌을 전달해 주기 때문에, 직접적 교수를 통해 전달할 수 없는 교사로서의 삶과 관련된 종합적인 요소가 내포되어 있다(Carter, 1993: 고미경, 2007: 168에서 재인용).

다음은 4주간의 교육실습을 통해 변화하는 예비교사의 모습이 잘 나타난 사례(진형란, 유태명, 2014)다.

◎ 1주차: 어리둥절

"흔히 교사는 전문직이자 봉사직이라고 한다. 지식은 공부해서 채우면 된다고 해도, 아직까지 나밖에 생각할 줄 모르는 이기적인 내가 참된 선생님이 될 수 있을까? 솔직히 이 물음에 대한 답은 아직까지 못 내리고 있다."(교생 김○○)

◎ 2주차: 교사로서의 정체성 자각

"막상 학교에 와 보니 이곳은 내가 연습했던, 짜고 치는 고스톱이 아닌, 단 5분 후에도 어떤 일이 벌어질지 모르는 생방송 현장이라는 것을 느낀다."(교생 김○○)

"참관이라는 것은 뭔가 기묘하다. 교실 안에 앉아 있기는 하지만 관객마냥 교실 현장 바깥의 존재이고, 관객이라고 하기에는 전체 조명이 머리 위에 훤하게 비추고 있다."(교생 하○○)

◎ 3주차: 실존적 고민과 교사로서의 정체성 파악

"가장 바쁘고 힘든 한 주. 수업을 듣는 아이들, 수업 분위기, 아이들과 나의 상호작용, 나의 기분, 몸 상태, 수업준비 상태, 참관 온 교생 선생님들 등. 오직 한 가지 변하지 않았던 사실은 그 시간이 다른 누구도 아닌 온전히 나만의 시간이었다는 것이다."(교생 변○○)

◎ 4주차: 정면에 놓인 선택과 교사로서의 정체성 약속

"내가 선생님이 되어야 할 이유를 실습 전에는 나에게서만 찾은 데 비해, 실습을 통해 아이들에게서 찾게 되었다. 아이들은 내가 선생이 되어야 할 이유가 되어 버렸다."(교생 김○○)

---

④ 학급연구

학급연구는 실행연구라고도 불리는데, 교사가 자신의 교육실천을 개선하기 위하여 자신이 가르치는 학급에서 체계적이고 의도적으로 수행하는 연구다. 현장의 교사나 예비교사는 자신의 관점에서 현장의 문제나 관심 분야를 연구하며 반성적 사고를 하게 된다(고미경, 2007: 169).

학급연구를 위해서는 자신의 학급문제를 고려해 보고, 문제를 발견하여 적절한 해결 방법을 적용해 보며, 결과를 관찰하고 검토해 보는 절차를 거치게 된다. 이때 실제로 자신의 학급에 대해 연구를 수행한다는 점에서 교사로 하여금 자신의 교수

상황과 학급·유아에 대한 상당한 통찰력을 갖게 해 준다(박은혜, 2011).

⑤ 동료장학

흔히 교사는 동료교사와 고립되어 자신의 교실에서 수업을 하거나 수업준비를 하게 된다. 따라서 동료교사의 수업을 관찰하거나 자신의 수업에 대해 동료에게서 조언을 얻을 기회가 없다. 동료교사와 협조체제를 구축하여 이야기를 나누고 의논하는 동료장학은 자신의 문제가 교사 전반의 문제임을 인식하는 계기가 되거나, 세미나 등을 통해 교사 자신의 생각이나 경험을 객관화할 수 있게 된다(고미경, 2007: 167). 또한 동료장학은 교사가 반성적 사고에서 오는 불안감에서 벗어나거나, 좀 더 자신 있게 새로운 시도를 하는 데 도움이 된다(김진경, 권혜진, 2016: 41-42).

참고문헌

강남식, 신은주, 정재훈, 이윤경, 정병호, 이은애(2003). 보육정책의 새로운 관점 정립 및 개선 방안 연구. 연구보고 2003-11. 서울: 여성부.

고미경(2007). 유아교사론. 서울: 창지사.

공인숙, 김영주, 최나야, 한유진(2013). 아동문학. 경기: 양서원.

공인숙, 권기남, 권혜진, 김영주, 김혜라, 전숙영, 민하영, 이완정, 정윤주, 채진영, 한미현, 황혜신(2015). 영아발달. 경기: 양서원.

권영례, 김소라(2011). 영유아교사론. 경기: 양서원.

김진경, 권혜진(2016). 영유아교사론. 서울: 한국방송통신대학교출판문화원.

박은혜(2011). 유아교사론. 서울: 창지사.

서혜성, 고민경(2012). 보육교사의 반성적 저널쓰기에 나타난 반성적 사고 수준의 변화: 활동을 중심으로. 유아교육·보육행정연구, 16(2), 243-268.

원미경, 강승희(2007). 예비유아교사의 반성적 사고력 향상에 대한 저널쓰기의 효과. 수산해양교육연구, 19(4), 429-440.

유안진(1997). 아동양육. 서울: 문음사.

이성옥(2015). 참여권의 재해석에 기초한 보육현장의 영유아 청문권. 서울대학교 대학원 박사학위청구논문.

이옥, 공인숙(2009). 육아지원. 아동학회지, 30(2), 99-109.

이은화, 배소연, 조부경(1995). 유아교사론. 서울: 양서원.

정병종(2014). 교육실습 기간 중 예비특수교사의 반성적 저널쓰기가 반성적 사고 수준 변화에 미치는 효과 연구. 특수교육저널: 이론과 실천, 15(3), 309-320.

정홍숙(2005). 서양복식문화사. 경기: 교문사.

제주특별자치도보육시설연합회, 제주특별자치도보육정보센터 공편(2009). 제주보육 50년사. 제주: 제주특별자치도보육시설연합회.

진형란, 유태명(2014). 교사로서의 정체성을 형성해가는 교육실습생에 대한 내러티브 탐구. 한국가정과교육학회지, 26(1), 81-99.

한미현, 문혁준, 강희경, 공인숙, 김상희, 안선희, 안효진, 양성은, 이경열, 이경옥(2016). 아동복지. 서울: 창지사.

황윤세(2021). 영유아의 권리: 노력과 방향. 영유아보육법 제정 30주년을 맞이한 방향성 모색, 한국보육지원학회 2021년 추계학술대회 발표집, 37-55.

Carter, K. (1993). The place of story in the study of teaching and teacher education. *Educational Researcher, 22*, 5-12.

Dewey, J. (1933). *How we think: A restatement of the relations of reflective thinking to the educative process* (2nd ed.). Boston: D. C. Health.

Smyth, J. (1989). Developing and sustaining critical reflection in teacher education. *Education and Culture, 9*(1), 7-19.

Thomas, R. M. (1996). *Comparing theories of child development* (4th ed.). Boston: Brooks/ Cole Publishing Company.

참고자료

musee-oberlin 홈페이지(www.musee-oberlin.com).

The Victorian Web 사이트(www.victorianweb.org/history/ashley.htm).

유니세프 한국위원회 홈페이지(www.unicef.or.kr).

키드키즈 홈페이지(http://kidkids.net).

제주도 샘터어린이집 조정자 원장 면담. 2009년 8월 14일자 자료.

제3장

보육교사의 윤리

1. 보육교사 직무와 윤리

1) 직업윤리에서 일반적 도덕의식의 중요성

모든 직업인에게는 직업윤리(professional ethics)가 필요하다. 직업윤리는 직업생활에서의 윤리를 말하는 것으로 사회에서 직업인에게 요구하는 직업적 양심, 사회적 규범과 관련된 것이다(실무노동용어사전, 2014). 즉, 모든 직업에는 직무를 수행하면서 공통적으로 지켜야 할 행동규범과 각각의 직업에서 지켜야 할 세분화된 행동규범들이 있는데, 이 두 가지를 합쳐 직업윤리라 한다. 앞서 제1장에서도 다루었다시피 보육교사의 직무는 '가르치고 돌보는' 특성을 갖고 있으며, 이에 따라 보육교사라는 직업에서 지켜야 할 세분화된 행동규범은 영유아를 가르치고 돌보는 특성에서 비롯된다고 추측할 수 있다.

그렇다면 보육교사가 되고자 하는 사람이나 보육교사 직무를 수행하고 있는 사람은 직무를 수행하면서 지켜야 할 일반적인 행동규범을 대부분 갖추고 있다고 볼 수 있는가? 업무수행 중 발생하는 문제들은 많은 경우 누구나 경험할 수 있는 일반적인 문제들로서 직무종사자가 일반적인 윤리기준과 도덕적 지식을 갖추고 있다면 대체로 잘 해결할 수 있을 것이다. 황경식(2004)은 직무훈련과정에서 일반적인 도덕적 지식을 배우는 것은 도외시되는 경우가 많으며, 심지어 의사나 변호사와 같은 전문직 양성 코스에서도 전문지식 및 기술훈련에 치중한 나머지 일반적인 도덕적 지식을 체계적으로 갖추는 것은 용이하지 않은 경우가 많다고 지적하고 있다. 결국 모든 직업인은 누구나 자신의 직무를 수행하는 데 필요한 일반적인 도덕적 지식과 윤리기준을 스스로 갖추어 나갈 수 있도록 지속적으로 노력할 필요가 있다.

김태길(1997)은 현대사회에서 한 개인이 맡고 있는 사적·공적 역할은 다양하며, 이런 다양한 역할 중에는 자신이 자발적으로 선택한 것뿐만 아니라 부모자식의 관계처럼 운명적으로 주어진 것 혹은 상황에 이끌려 마지못해 선택한 것이 있다고 하였다. 직업역할 역시 예외가 아니어서 많은 사람이 자신의 현재 직업에 대한 불만족을 공공연히 표출하면서도 어쩔 수 없이 그 일을 할 수밖에 없다고 하는데, 이는 결국 직업활동에 대한 책임의식의 약화로 이어지는 한계가 있다고 보았다.

환언하면, 김태길(1997)은 한국사회의 경우 전통적으로 한 개인이 자발적으로 타인과 관계를 선택하여 주체적으로 발전시켜 나가기보다는 혈연이나 지연 혹은 기존의 인간적 유대에서 비롯되는 역할이 상당히 남아 있으며, 이는 개인에게 일종의 역할과잉을 초래한다고 보았다. 한국사회의 역할과잉 특성은 직업세계에도 투영되어, 일반적인 직무역할과 특정 기관의 맥락에서 요구하는 직무역할 간 경계가 모호할 때 개인은 자신의 일반적인 도덕적 지식을 기반으로 한 합리적인 차원에서 직무수행을 하는 데 한계를 느낄 수 있다는 것이다. 그러므로 직업인은 전통적인 기준에서 직업윤리를 수동적으로 받아들이기보다는 철저한 자기성찰과 합리성에 기초하여 자신의 직업역할을 찾고자 노력할 필요가 있을 것이다.

해 보자

◎ 다음의 내용을 저널 쓰기로 다시 써 보자.

플라톤의 『국가론』에는 '기게스의 반지(ring of Gyges)' 이야기가 나온다. 순박한 목동 기게스는 어느 날 손가락에 끼우고 돌리면 투명인간이 되는 기이한 반지를 구했다. 기게스는 보이지 않는 힘을 이용하여 옳지 않은 일을 시도해 보게 되었고, 결국은 국왕을 죽이고 그 왕비를 부인으로 삼아 왕으로 오르게 된다. 이후 기게스의 반지 모티브는 역사적으로 영화 '반지의 제왕'이나 '투명인간'과 같이 여러 극작의 소재가 되어왔다. 기게스의 반지 이야기는 우리가 가진 일반적인 윤리의식이나 일상에서 지키는 도덕적 행위 기준이 결국 다른 사람의 눈을 의식하기 때문에 유지되는 것일 수 있다는 점을 암시하고 있다. 근래 인터넷이 발달하면서 익명성을 무기로 타인을 비방하는 악성 댓글을 다는 행위에 대한 우려가 높아지고 있는데, 이 또한 사람들이 평판이나 처벌을 의식하지 않을 때 일반적인 윤리기준을 거스르기가 얼마나 쉬운지 보여 준다.

정부는 2015년 어린이집에서의 cctv 설치를 의무화하고, 보육사업안내에 관련 지침을 제시하고 있다. 다음에 대해 알아보고 토론한 후, 정리하여 발표해 보자.

1) 어린이집에서의 cctv설치가 의무화된 사회적 배경이 무엇인지 뉴스 자료 조사하기

2) 올해 '보육사업안내' 파일을 다운받아, cctv 설치 및 사용지침 변경 내용 알아보기

3) cctv설치는 보육교사의 일반적 직업윤리를 높여 주는가? 아니면 직업윤리 함양을 오히려 저해하는가? 찬반으로 각자의 입장을 정하여 토론해 보기(찬반 입장은 무선으로 정해도 무방함)

4) 팀별로 조사내용과 토론내용을 요약하여 쟁점별로 발표해 보기

2) 보육교사 직무의 특성을 반영한 직업윤리의 필요성

보육교사의 직업윤리를 구체화시키기 위해서 우리는 모든 직업인이 갖추어야 할 '일반적인(general) 도덕적 고려사항'과 보육교사라는 직업에서 요구하는 직무를 수행하는 데 필요한 '역할관련(role-specific) 도덕적 고려사항'을 구분해 볼 필요가 있다. 일반적인 도덕문제는 기본적인 도덕적 고려사항을 응용함으로써 대개는 적절하게 해결할 수 있다. 보육교사의 직업역할에 특유한 규범이나 요구되는 직무의 특성을 이해하기 위해서는 특정 직종의 활동과 행위체계에 대한 관행(practice)을 알아볼 필요가 있다(황경식, 2004). 그런 다음 직무에 요구되는 기본적인 규범과 이를 준수하는 데 필요한 보조규범이 있는지 파악해 나가야 한다. 이 과정에서 보육교사는 자신의 직무에 필요한 도덕적 가치가 일반적인 도덕적 가치와 어떤 관계를 가지는지, 자신이 보육교사의 직무를 수행하면서 관련짓는 직무관련 도덕적 가치는 자신의 일반적 가치와 부합되는지 반문해 보아야 한다.

그렇다면 보육교사 직무의 특성과 직결되는 직무관련 도덕적 가치는 무엇인가? 보육교사의 직무는 제1장에서 제기되었듯이 가르침과 돌봄의 속성을 갖는다. 가르침과 관련되는 도덕적 가치는 옳고 그름의 인지적 차원과 관련이 높고, 이에 비해 돌봄과 관련되는 도덕적 가치는 배려의 정의적 차원과 관련이 높다(최문기, 2007). 인지적 능력은 윤리적 문제에 직면했을 때 도덕적으로 추론·판단하고 결정할 수 있는 지적 능력을 말한다. 정의적 특성은 개인의 가치관, 태도, 신념을 말한다. 일반적으로 교직윤리에 투철한 교사는 윤리적 문제에 대한 인지적 능력과 정의적 특성을 겸비한 사람을 말한다.

보육교사가 가르치고 돌보는 취학 전 영유아는 자신의 의사를 원활하게 표현하기 어렵기 때문에 주변 성인의 민감하고 적극적인 보호를 필요로 한다. 어린이집에서 영유아를 보육하는 성인과 어린 영유아 간의 상호작용은 영유아의 삶에 매우 중요하고도 지속적인 영향을 미친다(Canadian Child Care Federation, 2005). 사회에서 가장 취약한 집단 중 하나인 영유아와 함께 생활하는 어린이집의 종사자는 자신의 고유 직무에 대하여 높은 윤리적 책임감과 사명의식을 가지고 있어야 한다. 이에 따라 미국, 캐나다, 호주 등 여러 나라에서는 영유아와 함께 생활하는 보육교사가 지켜야 할 윤리강령을 제정하고, 이를 보육현장에 홍보하고 있다.

윤리강령이란 특정 전문직 종사자들을 대상으로, 적절하고 기대되는 행동에 대한 진술을 해 놓은 것이다(Australian Early Childhood Association, 2005). 윤리강령은 직무 혹은 우리가 노력해야 할 것에 대한 내용이며, 이는 핵심 가치나 우리가 믿는 것에 토대를 두고 있다. 윤리강령은 특정 집단의 사람들이, 특히 고객이나 동료와 상호작용할 때 취해야 할 행동방식에 대해 안내해 주는 가치들을 규명하고, 이를 명료화하는 데 도움을 준다. 특정 직종에서 받아들여질 수 있는 행동들의 특징과 도덕적 원칙들에 대한 기록이 있으면, 이는 그 구성원들에게 무엇이 옳고 적합한 행동인지에 대해 명백하게 알려 주기 때문에 매우 도움이 된다(Newman, Coombe, Arefi, Davidson, & Humphries, 1999).

종합하면, 보육교사에게 윤리강령이 필요한 이유는 다음의 두 가지로 요약될 수 있다. 첫째, 영유아기는 발달적으로 매우 취약한 시기다. 영유아는 자신의 삶을 결정할 힘이 거의 없고, 스스로를 보호할 수 있는 기술이 부족하다. 그러므로 취약하고 무기력한 영유아의 권리를 보호하기 위해 자신의 직무에 대한 보육교사의 도덕적 자기무장이 요구된다. 둘째, 어린이집에는 다수의 영유아와 그들의 가족이 있고, 보육시설 종사자는 영유아뿐만 아니라 영유아의 안정된 생활을 위해 가족에 대한 지원도 함께 해 줄 필요가 있다. 이러한 어린이집의 특성 때문에 보육교사들은 일상적으로 크고 작은 딜레마 상황에 처하게 된다. 한 유아의 권리를 보호해 주기 위해 다른 유아들의 권리를 침해할 수도 있고, 가족을 지원해 주기 위해 유아의 권리를 침해할 수도 있는 것이다. 취약한 영유아와 가족 및 다수의 보육교사가 연루되어 있는 어린이집의 특성상 딜레마 상황을 해결할 수 있는 명백한 답이 있는 경우보다는 올바른 해결책이 무엇인지 혼란스러울 때가 더 많다. 보육교직원 윤리강령은 이러한 경우 종사자로 하여금 비판적이고 반성적인 사고를 할 수 있도록 도와주고, 동료들과 함께 바른 해결책을 찾는 진지한 논의의 기본 잣대가 될 수 있다.

해 보자

인터넷에 '윤리강령', 혹은 'code of ethic' 'ethical code'라고 검색어를 넣어 자료를 살펴보고,
다음을 중심으로 논의해 보자.

1) 어떤 직업 분야가 윤리강령을 갖고 있는지 직업명을 나열하여 적어 보기

_____

_____

_____

_____

2) 적어 본 자료에서 윤리강령을 제정한 직업군이 국내외로 다른지 분류해 보기

_____

_____

_____

_____

3) 적어 본 자료에서 윤리강령을 제정한 직업군의 공통 속성은 무엇인지 비교해 보기

_____

_____

_____

_____

4) 보육교사에게 왜 윤리강령이 필요할지 위 내용을 바탕으로 도출해 보기

_____

_____

_____

_____

2. 보육교직원 윤리강령의 현황

1) 윤리강령 개발 과정

미국 영유아교육협회(The National Association for the Education of Young Children The National Association for the Education of Young Children: NAEYC)에서는 1976년부터 보육교직원 윤리강령을 제정하려고 노력하였다. 1984년에는 협회에서 발간하는 『Young Children』이라는 잡지를 통해 윤리강령 설문조사를 실시하여 보육현장에서 일상적으로 경험하는 딜레마 상황을 추출해 내었다. 윤리강령 위원회를 구성하여 윤리 워크숍 등을 활발하게 진행하였으며, 이러한 노력들의 결실로, 1989년 유아교육·보육교직원 윤리강령을 제정하였다. 이후 1992년과 1997년 두 차례에 걸쳐 사회적 변화를 수용하여 윤리강령을 개정하였다. 2005년에는 동료에 대한 파트를 동료, 고용주, 피고용인의 세 부분으로 세분화시키는 변화가 있었고, 2011년 개정부터는 교사 윤리강령과 원장(기관 운영자) 윤리강령이 나뉘어졌다. 제정된 윤리강령은 책자로 만들어 전국 보육시설에 배포하였고, NAEYC의 연차대회에서는 윤리강령을 주제로 한 토론을 진행시켰다(이완정, 2005).

국립 호주 영유아교육·보육을 위한 종사자 협의회(The National Working Party of the Early Childhood AustraliaThe National Working Party of the Early Childhood Australia: NWPECA)는 2003년 호주 보육교직원 윤리강령을 개발하였다(이완정, 2005). 이후 2004년과 2005년에 걸쳐 윤리강령의 개정이 이루어졌으며, 2014년 윤리강령에 대한 두 번째 검토가 이루어졌고, 2015년, 다시 한번 최근 10년간 교육계와 보육계에서의 새로운 연구결과들과 중대한 변화들을 반영하기 위하여, 윤리강령에 대한 개정이 이루어졌다. 마침내 2016년 2월, 세 번째 개정된 윤리강령이 호주 영유아협회 국가 위원회에 의해 승인되었다(Early Childhood Australia, 2016).

미국, 호주 등 외국의 보육교직원 윤리강령 개발 과정을 살펴보았을 때 나타나는 주요 공통점은 윤리강령을 이해하고 이를 준수하게 될 일선 보육교사들에게 윤리강령의 조항에 대한 합의와 동의를 구하는 과정을 폭넓게 거치고 있다는 점이다. 이 과정을 통해 개발자와 일선 종사자들 모두 보육교사의 직무 특성에 대해 진지하게 생각해 보게 되고, 윤리강령을 제정한 후 주기적으로 개정본을 만들어 변화하는 보육환경에 적극 대처하고 있음을 알 수 있다. 윤리강령의 개발 순서대로 미국, 호주, 한국의 보육교직원 윤리강령을 살펴보자.

2) 국외 보육교직원 윤리강령의 현황

(1) 미국 영유아교육협회의 보육교직원 윤리강령

미국 영유아교육협회의 보육교직원 윤리강령은 〈표 3-1〉에 제시된 바와 같이 영유아, 가족, 동료, 지역공동체 및 사회에 대한 네 가지 영역(section)으로 나뉘어져 있다. 각 영역은 전문적이고 바람직한 이상(ideals)과 이를 달성하기 위해 요구되거나, 금지되거나 혹은 허용되는 원칙들(principles)로 구성되어 있다. 이상은 보육교사에게 영감을 주는 것인 데 비해, 원칙은 보육교사가 윤리적 딜레마를 해결할 수 있도록 도와주고 안내해 주는 역할을 한다.

표 3-1 미국 NAEYC의 보육교직원 윤리강령의 구성

영역(section)		이상(ideals)	원칙(principles)
Ⅰ. 영유아에 대한 윤리		12개 항목	11개 원칙
Ⅱ. 가족에 대한 윤리		9개 항목	15개 원칙
Ⅲ. 동료에 대한 윤리	동료	4개 항목	4개 항목
	고용주	2개 항목	5개 항목
Ⅳ. 지역공동체 및 사회에 대한 윤리	개인 수준	1개 항목	10개 항목
	집단 수준	7개 항목	3개 항목

〈표 3-2〉에서는 아동의 권리를 보호하기 위해 보육교사가 지켜야 할 이상과 원칙의 주요 내용이 제시되어 있다. 영유아의 권리를 보호하기 위해 윤리강령에서 가장 강조하고 있는 기본 원칙은 '영유아에게 해가 되지 않도록 할 것'이다. 영유아에 대한 평가와 관련된 항목 및 영유아의 문화적 배경을 고려하라는 원칙 등은 사회적 변화를 수용하여 개정본에 추가된 것들이다.

표 3-2 미국 NAEYC 보육교직원 윤리강령 중 영유아에 대한 윤리의 주요 내용

이상(ideals)의 주요 내용	원칙(principles)의 주요 내용
1. 영유아 보육과 교육에 대한 지식을 숙지하고, 교육과 훈련을 통해 계속해서 학습해 나간다.	1. 무엇보다도 아동에게 상해를 입히면 안 된다. 아동에게 감정적·신체적으로 손상을 입히거나, 존중하지 않고, 위험하고, 착취하고, 위협을 주는 일을 하지 않는다. 이 원칙은 본 윤리강령 내 어떠한 원칙보다도 우선시된다.
2. 영유아 교육과 아동발달 분야의 최신 지식과 연구, 개별 아동에 대한 지식에 기반하여 보육 프로그램을 실시한다.	2. 아동들을 인지적으로 자극하고, 각 아동의 문화, 언어, 민족성, 가족구조를 지원하는 감정적·사회적으로 긍정적인 환경 속에서 보육하고 교육해야 한다.
3. 각 아동의 독특한 특성, 능력, 잠재력을 인식하고 존중한다.	3. 아동들에게 혜택을 주기를 거부하고, 특별한 이점을 주고, 프로그램과 활동에서 제외하는 등 성별, 인종, 출생지, 이민 상태, 모국어, 종교적 믿음, 건강 상태, 장애, 또는 결혼 상태/가족구조, 성적 성향, 종교적 믿음이나 가정의 다른 소속에 따라 차별하는 어떠한 수행에도 참여하지 않아야 한다.
4. 아동의 취약성과 성인에 대한 의존성을 인식한다.	
5. 아동의 사회적·감정적·인지적·신체적 발달을 촉진하고, 아동의 존엄성과 의견을 존중할 수 있도록 안전하고 건강한 환경을 조성하고 유지한다.	4. 아동에 관련된 결정을 할 때, 민감한 정보의 기밀을 보장하기 위해 모든 관련된 지식을 적절하게 다룰 수 있도록, 양방향으로 의사소통해야 한다.
6. 아동을 이롭게 하기 위해 평가 목적으로 개발된 적절한 평가 도구와 전략을 사용한다.	5. 아동들의 학습과 발달에 대한 정보를 제공하기 위해, 다양한 출처의 정보를 포함하는 적절한 평가 시스템을 이용해야 한다.
7. 아동의 발달과 학습을 이해하고 지원하며, 추가적인 서비스를 필요로 하는 아동을 선별하기 위해 평가정보를 이용한다.	6. 특수교육 서비스에 대한 등록, 유지, 배정 등의 결정이 시험 성적이나 개인관찰 같은 단일한 평가 정보가 아닌 다양한 출처의 정보를 토대로 하도록 보장해야 한다.
8. 장애아동이나 비장애 아동의 필요를 충족할 수 있는 통합적 환경 속에서 각 아동의 놀 권리와 학습 권리를 지원해 준다.	7. 아동과 개별적 관계를 형성하도록 노력해야 하고, 교수전략과 학습 환경, 커리큘럼에서 개별적인 관계를 유지하도록 노력하고, 각 영유아가 프로그램의 혜택을 받을 수 있도록 가족과 상담한다.
9. 특별한 도움을 요하는 아동을 포함한 모든 아동이 성공적으로 지원 서비스를 받을 수 있도록 확인하고 돕는다.	8. 아동의 신체적·성적·언어적·감정적 학대를 포함하는 아동학대와 신체적·정서적·교육적·의료적 방임을 포함하는 아동 방임의 위험요소와 증상을 잘 알고 있어야 한다.
10. 보육프로그램에서 각 아동의 문화, 언어, 민족, 가정이 인정받고 존중받도록 한다.	9. 아동학대 또는 방임이 의심될 만한 합리적 사유가 있는 경우, 관련 기관에 보고하고 적절한 조치가 취해졌는지 확인하기 위해 후속조치를 취해야 한다.
11. 모든 아동에게 가정 내 언어를 유지하고 영어를 배울 수 있도록 지원할 뿐만 아니라, 아동이 이해하는 언어로 경험을 제공한다.	10. 다른 사람이 아동학대 또는 방임이 의심된다고 말할 때, 그 사람이 영유아를 보호하기 위해 적절한 행동을 취할 수 있게 도와야 한다.
12. 아동과 가족이 다른 프로그램으로 옮겨 갈 때, 안전하고 순조로운 이전이 이뤄질 수 있도록 가족과 함께 노력한다.	11. 아동의 건강, 안전 또는 복지를 위협하는 관행이나 상황을 알게 되면, 아동을 직접 보호하거나, 영유아를 보호할 수 있는 부모 그리고/또는 다른 사람들에게 알릴 윤리적 책임이 있다.

다음으로 〈표 3-3〉에는 가족을 지원하기 위해 지킬 윤리강령의 주요 내용이 요약·제시되어 있다. 가족에 대한 지원 내용은 보육교사의 업무를 과중하게 하거나 방해하기도 하는 동시에 구체적인 방향이 모호하여 딜레마 상황을 야기시키는 경우가 많다. 이러한 문제를 도와주기 위해 윤리강령에서는 가족과 함께 상호작용할 때 지켜야 할 원칙들을 비교적 상세하게 제시하고 있다.

표 3-3 미국 NAEYC 보육교직원 윤리강령 중 가족에 대한 윤리의 주요 내용

이상(ideals)의 주요 내용	원칙(principles)의 주요 내용
1. 가족과 효과적으로 일하는 데 관련 있는 지식을 숙지하고, 끊임없는 교육과 훈련을 통해 정보를 얻는다.	1. 법원명령이나 기타 법적 제한에 의한 접근 금지를 제외하고, 가족원의 교실이나 수업환경에의 접근을 거부하지 않는다.
2. 상호 신뢰의 관계를 만들고, 가족들과 동반자적 관계를 형성한다.	2. 가족에게 아동에 대한 윤리적 책임과 일치하는 프로그램 철학, 정책, 커리큘럼, 평가시스템, 문화적 관행 및 인적자원의 자격에 대한 정보를 제공하고, 왜 그렇게 하는지 설명한다.
3. 모든 가족 구성원을 환영하고, 공유되는 의사결정에 참여시키는 등 가족들이 프로그램에 참여하는 것을 장려한다.	3. 적절할 때 가족에게 알리고, 정책 결정에 가족을 참여시킨다.
4. 가족들이 아동을 양육하는 일을 도울 때 가족들의 의견을 듣고, 그들의 장점과 역량을 인지하며 그를 기반으로 하며, 가족으로부터 배운다.	4. 아동에게 영향을 미치는 중요한 결정에 가족이 참여할 것을 보장한다.
5. 모든 아동과 가족에게 문화적으로 일관된 환경을 보장하기 위해 각 가족의 존엄성과 취향을 존중하고, 가족 구조, 문화, 언어, 관습과 믿음을 배우기 위해 노력한다.	5. 모든 가족이 이해할 수 있는 언어로 효과적으로 의사소통할 수 있도록 최선을 다한다. 프로그램 내부에서 충분한 자원이 없다면, 지역사회의 번역과 통역 자원을 활용한다.
6. 가족들의 자녀양육 가치와 아동을 위한 의사결정 권리를 인정한다.	6. 가족이 그 자녀 및 가족에 관한 정보를 시설과 공유할 때, 그러한 정보가 프로그램 계획과 실행에 중요하게 반영되도록 할 것이다.
7. 각 아동의 교육과 발전에 대한 정보를 가족들과 공유하고, 가족들이 영유아계의 현재 지식들을 이해하고 인식하도록 돕는다.	7. 아동평가 프로그램의 성격과 목적, 그리고 아동에 관한 데이터가 어떻게 사용되는지 가족에게 정보를 제공한다.
8. 가족과의 커뮤니케이션을 통해 각 아동에 대한 이해를 높이면서, 가족 구성원들도 아동에 대한 이해를 높이도록 돕고, 그들이 부모로서 발전할 수 있도록 지원한다.	8. 아동평가 정보에 대한 비밀을 보장하고, 합법적으로 필요한 경우에만 이 정보를 공유한다
	9. 아동의 부상 및 사건, 감염성 있는 전염병에의 노출과 같은 위험, 정서적 스트레스를 줄 수 있는 사건에 대해 그 가족에게 알린다.
	10. 가족은 그 아동이 포함된 어떠한 연구 프로젝트에 대해서도 충분히 정보를 제공받아야 하고, 어떤 불이익도 없이 그에 대한 동의나 유보의 기회를 가져야 한다. 아동의 교육, 발달 또는 복리를 어떤 경우라도 저해하는 연구는 허용하거나 참여하지 않는다.

9. 지원 네트워크를 구축하려는 가족들의 노력을 돕고, 필요하다면 가족들에게 프로그램 직원, 다른 가족들, 지역사회 자원, 전문적 서비스와 소통할 수 있는 기회를 제공하는 등 지원 네트워크를 구축하는 데 참여한다.

11. 가족을 부당하게 이용하는 일에 관여하거나 지지하지 않는다. 가족과의 관계를 사적 또는 개인적 이익을 위해 이용하지 않으며, 아동관련 업무의 효과성을 저해할 수 있는 가족과는 관계를 가지지 않는다.

12. 비밀보장 및 아동관련 기록의 공개에 관한 문서화된 정책을 가진다. 이 정책 문서들은 보육관련 인력 및 가족이 활용가능할 수 있어야 한다. 비밀보장의 의무가 있는 가족원, 보육인력 및 컨설턴트 이외에 아동관련 기록을 공개하려면 가족의 동의(학대나 방임의 경우 제외)가 필요하다.

13. 비밀보장과 가족의 사생활의 권리를 존중하고, 비밀 공개 및 가족 생활의 침해를 금한다. 그러나 아동 복리가 위협받는 경우에는 아동이익에 관여할 법적 책임이 있는 기관 및 요원과 아동의 사적 정보를 공유하는 것이 허용된다.

14. 가족 구성원 간 갈등이 있는 경우, 작업을 공개하고 보육교직원이 아동에 대한 관찰한 바를 공유함으로써, 관련된 모든 당사자가 정보에 입각한 결정을 내릴 수 있도록 돕는다. 한쪽 당사자를 위한 옹호자가 되지 않도록 한다.

15. 지역사회 자원과 전문적 지원서비스에 대해 잘 알고, 이를 가족에게 적절하게 알려 준다. 이러한 정보제공 후, 서비스들이 적절하게 제공되었는지 확인하기 위한 후속 조치를 취한다.

미국 보육교직원 윤리강령 중 동료에 대한 주요 내용은 〈표 3-4〉에 제시하였다. 미국 NAEYC의 보육교직원 윤리강령의 특징은 캐나다, 호주 등과 비교하여 동료에 대한 윤리 부분을 동료 간에, 피고용인의 입장에서 지켜야 할 부분으로 상세화시킨 것이라 할 수 있다. 윤리강령에서는 종사자 간에 서로를 격려하고 존중하는 신뢰의 분위기를 형성하고, 이를 통해 서로 발전할 수 있도록 노력함으로써 보육시설 내 영유아에게 이익이 되도록 강조하고 있다.

표 3-4 미국 NAEYC 보육교직원 윤리강령 중 동료에 대한 윤리의 주요 내용

	이상(ideals)의 주요 내용	원칙(principles)의 주요 내용
동료	1. 동료와 존중, 신뢰, 기밀유지, 협력, 협동의 관계를 형성하고 유지한다. 2. 가능한 최고의 영유아 보육과 교육 프로그램이 제공될 수 있도록 동료와 협력하면서 자원들을 공유한다. 3. 동료들의 전문적인 필요를 충족시키고 직업적인 발전을 도우면서 동료들을 지지한다. 4. 동료들의 전문적인 업적에 대해 인정한다.	1. 동료가 기관에 기여하는 사람임을 인식하고, 영유아와 가족과 함께 일하는 데 있어 동료의 영향력을 손상시키거나 이들의 평판을 훼손시킬 수 있는 일에 가담하지 않는다. 2. 동료의 전문적 행동에 대해 의문이 생길 경우, 그 사람에게 알리되 그 사람의 개인적 품위를 존중하고, 동료들 간에 발견되는 다양성을 존중하며, 이를 해결할 때에는 협력적으로 하며, 개인정보를 보호한다.
고용주	1. 최상의 보육서비스를 제공하기 위해 프로그램을 돕는다. 2. 근무하는 프로그램이 아동을 보호하기 위해 만들어진 법과 규정, 이 윤리강령의 조항들을 위반하지 않는다면, 프로그램의 명성을 해치는 어떠한 일도 하지 않는다.	1. 어린이집 지침을 따른다. 어린이집의 지침에 동의하지 않을 때는 건설적인 방식으로 기관 내에서 변화를 꾀한다. 2. 기관을 대표하여 말하거나 행동할 때는 그럴 자격이 있는 부분에서만 그렇게 한다. 기관을 대표하여 말하는 것과 자신의 의견을 피력하는 것을 구분한다. 3. 아동을 보호하기 위해 설계된 법과 지침을 준수한다. 어겼을 경우 윤리강령에 맞게 행동한다. 4. 동료의 행동에 관심을 가지되 영유아의 복리가 위험하지 않다면, 이를 개인적으로 해결한다. 영유아가 위험하거나 동료에게 말해서 해결될 것 같지 않다면, 동료의 비윤리적 행동을 적합한 권위자에게 알린다. 5. 보육의 질이나 교육환경에 문제를 느낄 경우 어린이집 원장 혹은 기관 외 적합한 권위자에게 알린다.

마지막으로 〈표 3-5〉에서는 지역공동체 및 사회에 대한 윤리강령의 주요 내용을 제시하였다. 구체적인 내용을 보면, 미국 보육교직원 윤리강령에서는 보육교사로 하여금 아동의 권리보호 및 복지증진을 위해 보육시설을 중심으로 노력하는 것 외에 사회정책적 · 구조적으로 이를 저해하는 요소가 있다면 적극적으로 이를 변화시키도록 노력할 것을 촉구하고 있음을 알 수 있다.

표 3-5 미국 NAEYC 보육교직원 윤리강령 중 지역공동체와 사회에 대한 윤리의 주요 내용

이상(ideals)의 주요 내용	원칙(principles)의 주요 내용
개인적(individual) 1. 지역사회에 질 높은 영유아 보육과 교육 프로그램 및 서비스를 제공한다. 집합적(collective) 2. 전문가들과 기관들의 협력, 그리고 영유아와 그 가족, 영유아 교육자의 건강, 교육, 복지와 관련된 문제를 다루는 전문가들 사이의 다학제적 협력을 촉진한다. 3. 교육, 연구 및 옹호를 통해 모든 영유아가 건강 관리, 음식, 주거지를 제공받고, 양육되고, 가정과 지역사회의 폭력에서 자유로운 안전한 환경이 되도록 한다. 4. 모든 영유아가 질 높은 보육과 교육 프로그램에 접근할 수 있는 사회가 되도록 교육, 연구, 지지한다. 5. 다양한 출처의 정보를 포함하는 적절한 평가 시스템이 영유아에게 유익한 목적으로 사용되도록 한다. 6. 영유아와 영유아의 욕구에 대한 지식과 이해를 증진한다. 영유아의 권리에 대한 사회적 인식을 높이고, 모든 영유아의 복지에 대한 책임의 사회적 수용도가 높아지도록 노력한다. 7. 아동과 가족의 복지를 증진하는 정책과 법률을 지원하고, 그들의 복지를 저해하는 정책과 법률을 변경하기 위해 노력한다. 필요한 정책 및 법률 개발에 참여하고, 이러한 노력에서 가족 및 기타 개인 및 집단과 협력한다. 8. 영유아 보육과 교육 분야의 전문성을 개발하고, 본 강령에 반영된 핵심 가치의 실현에 전념한다.	개인적(individual) 1. 지역사회에 질 높은 보육 프로그램과 서비스를 제공한다. 2. 개인적으로 적합하고, 직업적으로 자격이 있는 직책들을 지원하고, 수락하고, 근무한다. 3. 추천서를 주의 깊게 점검하고, 역량, 자격 또는 인성이 해당 직책에 적합하지 않은 사람을 고용하거나 추천하지 않는다. 4. 어린이집 실행의 기반이 되는 지식을 보고하는 데 있어서 객관적이고 정확해야 한다. 5. 평가 전략 및 도구의 적절한 사용에 대해 알고 있어야 하며, 그 결과를 가족에게 정확하게 해석해 주어야 한다. 6. 프로그램의 영유아를 보호하는 법률과 규정을 숙지하고, 이러한 법률과 규정들이 잘 지켜지도록 예의주시한다. 7. 영유아의 건강, 안전 또는 복지를 위협하는 관행이나 상황을 감지하면, 영유아를 보호하거나 영유아를 보호할 수 있는 부모 그리고/또는 다른 사람에게 알릴 윤리적 책임이 있다 8. 프로그램의 영유아를 보호하는 법률과 규정을 위반하지 않는다. 9. 영유아 프로그램이 영유아를 보호하는 법률이나 규정을 위반하는 증거가 있을 경우, 상황을 시정할 적절한 당국에 위반 사항을 보고한다. 10. 프로그램이 윤리강령을 위반하거나 직원에게 윤리강령을 위반하도록 할 경우, 증거를 공정하게 평가 후 해당 어린이집이 어디인지 공개할 수 있다. 집합적(collective) 11. 영유아에게 이익이 되지 않는 정책이 제정되었을 때, 이러한 정책을 바꾸어야 하는 공동 책임이 있다. 12. 아동의 복지를 보장하기 위한 서비스를 제공하는 기관이 그 의무를 지키지 못한다는 증거가 있으면, 해당 문제를 적절한 당국이나 대중에게 보고할 집단의 윤리적 책임이 있음을 인식한다. 상황이 해결될 때까지 후속 조치를 예의주시한다. 13. 아동 보호기관이 학대나 방임되는 영유아에게 적절한 보호를 제공하지 못할 때, 서비스 개선을 위한 집단의 윤리적 책임이 있음을 인식한다.

(2) 호주 영유아교육협회의 보육교직원 윤리강령

호주 영유아교육협회(The Association for the Early Childhood Australia: AECA)의 보육교직원 윤리강령은 영유아에 대한 부분, 가족에 대한 부분, 동료에 대한 부분, 공동체 및 사회에 대한 윤리, 전문가로서의 내 자신에 대한 윤리의 총 다섯 가지 영역, 47항목으로 구성되어 있다.

표 3-6 호주 AECA 보육교직원 윤리강령의 구성

파트(section)	이상(ideals)
Ⅰ. 영유아에 대한 윤리(Children)	11항목
Ⅱ. 가족에 대한 윤리(Families)	5항목
Ⅲ. 동료에 대한 윤리(Colleagues)	7항목
Ⅳ. 공동체 및 사회에 대한 윤리(Community and Society)	6항목
Ⅴ. 전문가로서 내 자신에 대한 윤리(Myself as a professional)	8항목

〈표 3-7〉에서 영유아에 대한 윤리항목의 주요 내용을 살펴보면, 영유아기는 발달적으로 취약한 시기임을 고려하여 이들의 안전, 건강, 권리를 보호하기 위해 보육교사가 준수하여야 할 원칙들이 자세히 안내되어 있다. 그리고 가족에 대한 윤리강령의 주요 내용은 아동의 복지 증진을 위해 가족과 협조할 것, 가족의 사생활을 존중할 것 등으로 이루어져 있다.

표 3-7 호주 AECA 보육교직원 윤리강령 중 영유아 및 가족에 대한 윤리 부분의 주요 내용

영유아에 대한 윤리

1. 모든 아동의 최대의 이익을 위해 노력한다.
2. 아동을 지원하고 아동의 학습을 강화시킬 수 있는 안전하고, 건강하며, 통합적인 환경을 조성하고 유지한다.
3. 아동과 교사 사이의 주도적인 경험을 적당하게 균형 맞추면서, 아동의 학습을 풍부하게 하는 의미 있는 커리큘럼을 제공한다.
4. 놀이와 여가가 아동의 학습과 발달, 복지를 향상시킬 수 있음을 이해하고 타인에게 설명한다.
5. 아동기가 단지 미래를 준비하는 기간이 아니라 현재의 특수한 시기라는 점을 이해한다.

6. 아동과 글로벌 시민으로서 환경과 인류에서 공유되는 책임을 학습하기 위해 협력한다.
7. 아동과 가족 간의 관계를 중요하게 생각하고, 내 보육수행을 통해 그 관계를 증진시킨다.
8. 아동을 신체적 또는 심리적 성별과 연령, 능력, 경제적 상황, 가정구조, 생활방식, 민족, 종교, 언어, 문화, 출생지에 따라 차별하지 않는다.
9. 아동의 안전, 사생활, 피로도와 관심도를 고려하여 연구 참여를 협의한다.
10. 아동을 유능한 학습자로 존중하고 교수, 학습, 평가과정에서 아동의 관점을 포함시킨다.
11. 아동에 관련한 정보와 문서를 (특히 디지털 플랫폼에서) 안전하게 보호한다.

가족에 대한 윤리

1. 아동의 일차적 그리고 가장 중요한 교사로서의 가족을 지원하고, 그들의 아동에 의사결정권을 존중한다.
2. 가족의 의견을 듣고 함께 배우며, 아동의 학습, 발달 및 복리와 관련된 의사결정, 계획수립 및 평가실무를 공유한다.
3. 가족의 참여를 격려하고 강한 소속감을 수립하기 위해, 개방적 의사소통에 기반한 상호존중의 관계를 발전시킨다.
4. 각 가족의 고유성, 그들의 환경, 문화, 가족구조, 관습, 언어, 신념 및 친족제도에 대해 배우고, 이를 존중하며 이에 대응한다.
5. 가족의 사생활의 권리를 존중하고, 그 사적 비밀을 보장한다.

　동료에 대한 윤리강령의 내용은 미국 NAEYC의 윤리강령에 비해 비교적 축약되어 있다. 공동체와 지역사회에 대한 내용은 미국 NAEYC의 윤리강령보다 압축적이나 영유아와 가족의 복지 증진을 위해 필요한 정책과 법률, 제도의 개발을 위해 대사회적으로 노력해야 한다는 메시지는 동일하다는 것을 알 수 있다. 호주 AECA 윤리강령에서는 보육교사에게 전문가로서의 자질을 갖추기 위해 어떻게 하는 것이 좋을지 구체적으로 제시하고 있는 것이 특징적이다.

표 3-8   호주 AECA 보육교직원 윤리강령 중 동료, 공동체와 지역사회 및 자신에 윤리 부분의 주요 내용

동료

1. 동료가 전문가로서의 자질을 키워나가는 것을 지지하고 돕는다.
2. 어린이집의 지침을 지키고 이를 발전시켜나갈 수 있도록 동료와 함께 노력한다
3. 비차별적이고 종사자의 역량, 복지감, 자아존중감을 촉진하는 근무환경이 되도록 노력한다.
4. 동료의 개인적 자질과 전문가로서의 능력을 발휘할 수 있도록 격려한다.
5. 타인의 차이를 존중하고, 갈등은 건설적인 방법으로 해결하며, 개방적인 태도와 너그러움을 갖춤으로써 서로 신뢰하고 존중하는 분위기가 되도록 노력한다.
6. 서로 다른 언어적·문화적 차이를 가진 동료를 인정한다.
7. 동료가 이 윤리강령을 존중하도록 격려한다.

공동체와 지역사회

1. 영유아의 학습, 발달 및 복지 증진을 위한 반응적 프로그램을 만들기 위해 지역사회의 맥락과 포부에 대해 학습한다.
2. 영유아와 가족을 지원하는 행동과 이해를 공유하기 위해 사람들과 서비스, 기관들과 협력한다.
3. 모든 영유아가 질 높은 보육을 받을 수 있는 사회를 옹호하기 위해 연구 및 실습 기반 증거를 사용한다.
4. 강한 지역사회를 발전시키는 데 영유아가 시민으로 기여하는 가치를 증진시킨다.
5. 영유아에게 유익한 프로그램과 평가시스템을 알리기 위해 영유아기의 중요성에 대한 인식을 촉진한다.
6. 영유아와 가족의 권리와 이들의 최선의 이익을 증진하는 법률과 정책의 개발과 시행을 옹호한다.

전문가로서의 내 자신에 대한 윤리

1. 담당 영유아와 가족에 대한 이해 및 연구, 이론, 내용지식 및 실제에 기반해서 일한다.
2. 직업적 가치, 지식 및 실행 그리고 이 직업이 사회에 미치는 긍정적 공헌을 분명히 할 책임이 있다.
3. 비판적인 성찰, 지속적인 전문성 학습에 참여하고 지식과 직업에 대한 지식을 구축하는 연구를 지원한다.
4. 직업적 역할 범위 내에서 일하고 직업적 역량과 자격에 대해 허위로 진술하지 않는다.
5. 직업 내에서 윤리적 리더십의 자질과 관행을 장려한다.
6. 실습생에게 전문가로서 양질의 실습을 모델이 되고, 건설적인 피드백과 평가를 제공한다.
7. 초임교사를 지원하고 멘토가 된다.
8. 보육교직원이란 직업과 질 높은 보육의 제공을 옹호한다.

3) 우리나라 보육교직원 윤리강령의 현황

우리나라 보육교직원 윤리강령은 2010년 한국보육시설연합회의 의뢰로 육아정책 연구소에 의해 연구·발간되었으며(김은설, 박수연, 2010), 같은 해 10월 '전국보육인대회'에서 윤리강령으로 선포되었다(연합뉴스, 2010. 10. 20.). 이후 2021년 한국보육진흥원에 의해 보육교직원 윤리강령으로 개정되었다(한유미, 김정화, 이완정, 장영인, 2021).

개정된 보육교직원 윤리강령은 전문(前文)에서 모든 영유아가 불가침의 인권을 가진 존재이며, 영유아는 단순히 보호의 대상이 아니라 한 사람의 사회구성원이라는 점, 이에 따라 한 사람으로써 헌법이 정한 인간의 존엄과 가치를 가지고 있다는 점을 밝히고, 유엔아동권리협약의 이념에 따라 보육의 윤리원칙을 정하였음을 명시하고 있다. 또한 윤리강령의 조항별 내용에서 존중과 비차별, 배려와 협력을 최우선 원칙으로 강조하고 있다.

먼저 영유아에 대한 윤리 영역에서는 영유아에 대한 존중을 가장 중요한 가치로 강조하고 있다. 다문화가정 및 한부모 가정, 조손가정의 증가 등 다양한 가정배경

표 3-9 개정 보육교직원 윤리강령 전문

보육교직원 윤리강령 전문

모든 영유아는 불가침의 인권을 가진 존재임을 확인하고,
보호의 대상이기 이전에 한 사람의 사회구성원으로서
헌법이 정한 인간의 존엄과 가치를 가지고 있음을 인식하여,
유엔아동권리협약의 이념에 따라 보육의 윤리원칙을 정하고,
이에 준거한 보육윤리강령을 준수할 것을 다짐한다.

1. 영유아 한 사람, 한 사람을 독립된 인격체로 존중한다.
1. 보육의 과정에서 영유아의 이익을 최우선으로 고려한다.
1. 영유아를 어떠한 이유로도 차별하지 않고 평등하게 대한다.
1. 영유아의 바람과 감정이 무엇인지 항상 귀 기울인다.
1. 영유아가 보육경험을 통해 세상에 대한 신뢰를 형성하도록 돕는다.
1. 부모가 자신의 양육책임을 잘 수행하도록 협력적 관계에서 보육을 수행한다.
1. 동료를 공정하고 포용적인 태도로 존중하고 민주적인 조직문화를 조성한다.
1. 보육업무의 가치에 자긍심을 가지고 보육철학, 지식, 기술을 지속적으로 키워 나간다.

을 가진 영유아에 대하여 차별하지 않고 평등하게 대할 것, 영유아를 안전하고 보호하고, 충분히 놀이할 수 있도록 지원할 것을 강조하고 있다. 또한 특별한 보호가 필요한 아동이 적절한 서비스를 받도록 지원하고 영유아의 사생활을 보장할 것을 명시하고 있다. 가족에 대한 윤리 영역에서는 양육의 책임이 가족에게 있음을 알리고, 가족의 양육가치를 존중하되, 보호자와 파트너십을 형성하여 영유아의 어린이집 생활에 도움이 될 수 있도록 할 것을 강조하고 있다.

동료에 대한 윤리 영역에서는 동료 간 관계, 원장-교사 간 관계에서 가장 중요하게 지켜야 할 가치가 상대에 대한 존중과 협력이라는 점을 강조하고 있으며, 서로의 전문성 향상을 지원하고 격려할 것을 명시하고 있다. 나와 사회에 대한 윤리 영역에서는 보육교직원으로서의 책임감과 사명감을 갖고 영유아와 보육교직원의 권익 증진을 위해 노력할 것을 명시하고 있다.

표 3-10 개정 보육교직원 윤리강령의 내용

영유아	1. 영유아를 독립된 인격체로 존중하고 건강하고 행복한 사회 구성원으로 성장하도록 돕는다. 2. 영유아를 성별, 종교, 문화, 장애, 가정배경 등에 따라 차별하지 않고 평등하게 대한다. 3. 영유아의 신체적·심리적 발달에 부정적인 영향을 주는 행위를 하지 않고 안전하게 보호한다. 4. 영유아의 발달 특성을 이해하고 영유아 개인의 흥미와 요구, 의견을 존중한다. 5. 놀이가 영유아의 권리임을 인식하고 충분히 놀이할 수 있도록 지원한다. 6. 영유아가 학대나 방임에 노출되어 있는지 민감하게 관찰하고 필요한 조치를 한다. 7. 특별한 보호와 지원이 필요한 영유아에게 관심을 가지고 적절한 서비스를 받도록 한다. 8. 영유아의 사생활을 존중하고, 개인정보에 관한 비밀을 보장한다.
가족	1. 양육의 1차적 책임이 부모에게 있음을 인식하고, 그들과 협력적 관계에서 보육을 수행한다. 2. 개별가족의 양육가치와 신념, 가족의 사회문화적 다양성과 고유성을 이해하고 존중한다. 3. 어린이집의 보육철학, 프로그램 특성을 가족과 공유함으로써 보육에 대한 이해를 돕는다. 4. 영유아의 보육경험과 발달 특성, 건강 및 안전 상황에 관한 정보를 가족과 공유한다. 5. 어린이집을 가족에게 개방하고, 보육에 대한 가족의 참여를 보장한다. 6. 가족의 사생활과 비밀보장에 대한 권리를 존중한다.

동료	[보육교직원] 1. 서로의 자율성과 다양성을 인정하고 존중과 신뢰를 바탕으로 협력한다. 2. 갈등이나 의견 차이를 개방적이고 수용적인 태도로 해결한다. 3. 어린이집의 철학과 신념을 공유하여 프로그램을 지속적으로 개선시킨다. 4. 서로의 지식과, 경험, 자원을 공유하고 전문성 향상을 위해 노력한다. [원장] 5. 보육교직원의 업무를 명확히 안내하고 업무기준을 준수한다. 6. 근로여건을 보장하고 최적의 인적·물적 업무환경을 조성한다. 7. 민주적으로 의견을 개진하고 상호 협력하는 조직문화를 조성한다. 8. 원내외 교육, 학습공동체, 코칭 등으로 보육교직원의 전문성 향상을 지원한다.
나와 사회	1. 보육의 사회적 책임을 인식하고 질 높은 보육을 제공한다. 2. 영유아와 보육교직원의 권익을 위한 제도의 수립과 개선에 적극 참여한다. 3. 아동친화적인 양육환경 조성을 위해 지역사회 관련 기관들과 협력한다. 4. 보육교직원으로서 사명감을 갖고 사회적 위상을 높이기 위해 노력한다.

해 보자

1. 팀을 구성하여 각자 혹은 짝을 지어 어린이집 보육교사를 만나 윤리강령에 대한 인식을 조사해 본다. 이때 우리나라와 외국의 윤리강령 내용을 정리하여 이를 함께 살펴보며 이야기를 나누어도 좋다.

   ① 보육교사 업무를 수행하는 데 가장 유념해야 한다고 생각되는 조항은 무엇이며, 그 이유는 무엇인가?
   ② 보육교사 업무를 수행하는 데 실질적으로 가장 도움이 되는 조항은 무엇이며, 그 이유는 무엇인가?
   ③ 윤리강령에 적혀있지는 않으나, 보육교사 직무경험을 통해 마음속으로 중요하게 생각하게 된 내용이 있다면 그것은 무엇인가?
   ④ 개정된 보육교직원 윤리강령의 내용 중 공감이 되는 것은 어느 조항인가?
   ⑤ 보육교직원 윤리강령은 어떻게 활용하는 것이 좋다고 생각하는가?

2. 팀별로 조사해 온 내용을 정리, 비교하여 발표해 본다.

3. 보육교직원 윤리강령의 적용

1) 보육교사 업무에서의 딜레마 상황

직업인이 직무를 수행하다 보면, 자신의 다양한 역할에서 비롯되는 서로 다른 의무가 상충할 수 있다는 것을 경험한다. 심지어 매우 명시적으로 서술된 직무명세서 내에도 상충되는 내용이 있을 가능성이 생긴다. 보육교사 직무는 사람을 대하는 일이라 역할 간 갈등의 가능성이 더욱 크다. 부모님의 요구를 받아들이자니 영유아의 요구가 존중되지 못하거나, 한 유아의 관심을 따라 주자니 다른 유아에게 상대적으로 소홀할 수밖에 없는 상황에 처하면, 보육교사는 딜레마 상황에서 우선순위를 판단하여 자신의 직무방향을 정해야 한다. 이는 순간적으로 이루어져야 할 수도 있고,

표 3-11 영유아 지도과정에서 경험하는 딜레마 상황의 예

【사례 1】 먼저 놀잇감을 가지고 놀던 유아가 잠시 바닥에 내려놓고 다른 것을 찾으러 갔다. 그 사이에 다른 유아가 와서 내려놓은 놀잇감을 사용하면서 갈등이 생기는 경우가 있다. 유아들도 서로 누가 먼저 놀이를 했는지에 대해서 헷갈려 하고 교사도 난감할 때가 있다. '무슨 일이야?'라고 물으면 유아들이 서로 먼저 놀잇감을 사용했다고 이야기한다.

【사례 2】 "선생님도 시켜 줘.", 교사가 유아들이 활동하고 있는 영역에 참여하면 교사에게만 관심을 보이거나 교사 주도 활동이 되기 때문에, 유아들이 별로 흥미를 보이지 않고 교사를 따라다니려는 모습을 나타내었다. "선생님과 아까 함께 놀았으니까 이번에는 친구들과 해 볼까?"라고 이야기를 하며 유아의 요구를 다른 곳으로 돌리려고 하였다. 그런데 유아는 집에 돌아가서 "우리 선생님은 나랑 안 놀아 줘."라는 식으로 부모님께 전달하였다.

【사례 3】 낮잠시간이라 편안하고 조용한 분위기를 조성해 주어야 하는데, 잠을 잘 자지 않는 유아들은 교사의 눈치를 살피며 소리를 지르거나 옆 친구의 이불을 뺏어가는 경우도 있고, 발로 바닥을 치며 소리를 내서 다른 유아들도 잠을 청하는 시간이 길어졌다.

【사례 4】 유아가 스스로 먹을 수 있도록 기다려 주었는데, 전혀 변함이 없었고, 오히려 식사 시간만 길어질 뿐 어려움이 있었다. 음식물을 작게 잘라 주거나, 국물 등을 마시게 하는 경우는 아무리 작게 잘라 줘도 씹는 저작운동을 하지 않아 교사가 개별적으로 상호작용을 하지 않으면 식사시간이 길어지게 되었다. 결과적으로 다른 유아들에게 관심을 쏟기가 어려워졌다.

출처: 이완정, 권기남, 이윤선(2015).

시간을 두고 논의를 통해 진행되어야 하는 경우도 있다.

보육교사가 영유아 지도과정에서 경험하는 딜레마 상황딜레마 상황의 예는 〈표 3-11〉과 같다. 보육교사는 개별 영유아의 특성이 모두 다르기 때문에 영유아에 따라서 어디까지가 적절한 훈육이고, 어느 부분부터는 지나친 훈육이 될지 세심하게 결정하는 데 어려움을 느낀다. 또한 유아들 사이에 다툼이나 갈등이 생길 때 어떤 지도원칙을 우선순위에 두어야 할지 결정하는 데 어려움을 느낄 수 있다. 어떤 교사는 영유아 지도를 할 때 당장의 상황을 해결하는 데 치중하기보다는 장기적으로 영유아가 바른 원칙을 인식하고 내면화시키는 것이 중요하다고 생각하는 데 비해, 어떤 교사는 영유아의 연령이 어릴수록 훈육보다는 요구 충족에 치중하고 영유아가 가르침을 인식할 수 있도록 기다려 주어야 하는 것이 중요하다고 생각할 수 있다.

보육교사가 영유아 및 가족과 관련하여 경험하는 딜레마 상황의 예는 〈표 3-12〉와 같다. 보육교사는 영유아를 지도할 때 보호자의 요구와 영유아의 권리가 충돌하는 상황을 자주 경험한다. 가족은 영유아의 일차적 보호자이기 때문에 가족의 요구가 영유아의 흥미나 어린이집의 운영원칙과 어긋난다고 해서 무조건 도외시할 수는 없으며, 서로의 요구가 원만하게 충족될 수 있도록 현명한 결정을 내림으로써 궁극적으로 모든 영유아의 권리와 이익이 보호될 수 있도록 노력하여야 한다.

표 3-12 | 보육교사가 영유아 및 가족과 관련하여 경험하는 딜레마 상황 예

【사례 1】 이제 네 살이 된 진희는 오후 낮잠시간에 대략 1시간씩 낮잠을 자고 있다. 그런데 진희의 어머니는 어린이집에서 진희의 낮잠을 재우지 말라고 요구하였다. 이유는 어머니가 새벽 5시에 일어나 출근을 해야 하는데 진희가 보육시설에서 낮잠을 자면 밤 10시까지 잠이 들지 않아 어머니가 숙면을 취할 수 없기 때문이라는 것이다.

【사례 2】 우리 어린이집에는 홀어머니와 함께 사는 철수가 있는데 다른 아이들이나 교사에게 너무 공격적이다. 점차 개선되고는 있으나 아직도 다른 사람들이 보면 눈살을 찌푸린다. 어느 날 두 아이의 어머니들이 찾아와 철수를 내보내지 않으면 자기 아이들이 그만두겠다고 하였다.

출처: 이완정(2005).

보육교사는 동료교사나 원장과 크고 작은 갈등이나 딜레마 상황을 겪기도 하는데, 이에 대한 사례는 〈표 3-13〉에 제시되어 있다. 어린이집은 성인 근무자의 수가 타 기관 조직에 비해 상대적으로 적은 중소규모 조직에 해당한다. 보육교사는 담당 보육실에서 영유아와만 보내는 시간이 많아 성인과의 교류 시간이 짧거나, 아니면 공동 담임을 맡은 동료나 선후배 교사 한두 명과 하루 일과를 한 장소에서 지속적으로 공유하는 경우가 많다. 또한 어린이집의 행사나 견학 등을 효율적으로 운영하기 위해서는 분담하여 공동으로 처리해야 하는 업무도 있기 때문에 교사 간 효율적인 업무분장이 이루어질 필요가 있다.

표 3-13 보육교사가 동료와의 관계에서 경험하는 갈등상황 예

【사례 1】 "공동작업 할 때 절대 남을 도와주지 않는 스타일이 있어요. 공동 업무를 각자 해야 될 분량만큼 분명하게 나누고 딱 자기 것만 하는 거예요. 그리고 자기가 맡은 일 끝나면 다른 사람과 상관없이 먼저 퇴근해요. 그런 교사 싫어요."

【사례 2】 "제가 선배교사인데 후배교사에게 업무적인 이야기를 했다가 관계가 완전히 안 좋아진 경우가 있었어요. 만약 서로 오해가 생기면 서로 이해해 주고 감싸 주어야 하는데, 그런 것 없이 제가 없는 뒤에 가서 제 이야기를 하기 때문에 힘들었어요."

【사례 3】 "저희 선생님 중에 한 분이 새로 오셨는데 동료교사와 말을 안 해요. 하루 종일 교실에만 있고요. 나오더라도 다른 선생님과 교류가 없는 거예요. 대화가 없어요. 그 선생님은 오로지 자기 일만해요. 다른 선생님들이 그 선생님 싫어했어요. 일을 할 때도 처음 왔으면 어떻게 해야 되는지 동료들에게 물어 보고 해야 하는데, 자기가 알아서 막 했어요. 그럼 일이 잘 되지 않고 힘들어져요."

【사례 4】 "원장님 앞에서 자기가 다 한 것처럼 포장을 하는 거야. 근데 실제로 일은 후배교사가 다 한 거야. 그러다 보면 그 선배 교사 때문에 스트레스를 받는 교사 그룹이 생겨. 또 반대로 그 선배 교사를 좋아하는 교사 그룹도 생겨. 왜냐하면 그 선배 교사는 원장이 총애하기 때문에 어린이집에서 힘이 있어. 그래서 그 선배교사를 좋아하는 그룹과 싫어하는 그룹이 생기고 교사 패가 갈라지게 되고 전반적인 원 분위기에 부정적인 영향을 미치게 돼."

출처: 임정수, 이완정(2009).

해 보자

1. 전문자료 검색엔진(http://www.riss.kr/ 등)을 이용하여 보육교사 혹은 다른 직종의 종사자들이 직무수행과정에서 경험하는 윤리적 딜레마 상황이나 업무갈등 상황은 어떠한지 조사해 보자.

    [주요 검색어] 윤리적 딜레마, 업무 딜레마, 직무 갈등, 조직 갈등, 업무 갈등

1) 직종에 따라 직무수행과정에서 경험하는 갈등상황은 어떠한가?

_____

_____

_____

_____

_____

2) 윤리적 딜레마를 해결하기 위해 어떻게 대처하고 있는가?

_____

_____

_____

_____

_____

2) 윤리강령을 이용한 딜레마의 해결

보육교사의 직업윤리는 어린이집 내에서 자신의 역할과 관련된 의무와 함께 시작된다. 하지만 이러한 의무를 논의하는 것만으로 직업윤리가 종결되는 것은 아니다. 보육교사는 자신의 직무범위 내에서 한 가지 직무와 관련된 의무들이 자신의 다른 직무들에서 비롯되는 여러 의무를 언제 능가할 수 있는지 결정할 수 있어야 한다.

윤리적 딜레마 상황에서 최선의 판단을 내리는 일은 '기계적인 연역적(mechanical deductive)' 방식으로 이루어지기 어렵다(황경식, 2004). 만약 보육교사가 도덕적 판단을 내릴 때 준거로 삼을 수 있는 도덕원칙들과 부차적인 도덕규칙들의 촘촘한 계층적 체계를 갖고 있고, 이를 그대로 적용한다면 개별적 문제들에 대해 정확한 해결책에 이를 수 있을 것이다. 하지만 실제 보육현장에서 나타나는 여러 가지 상황에는 영유아와 가족이 포함되어 있기 때문에 기계적인 해결방식이 불가능한 경우가 많다.

그러므로 딜레마 상황에서 윤리적인 판단을 내리는 과정을 유기적인 창조과정으로 보는 관점이 있다. 이 관점은 경험의 복잡성을 극복하기 어려운 현실이라 간주하고, 논리적 틀에 의거하여 규칙을 경험에 기계적으로 적용하는 대신, 경험을 보다 고도로 통합된 유형으로 재구성하기 위한 새로운 방식을 모색하고자 한다. 결국 한 상황에서 합당한 절차가 다른 상황에서는 부적합한 것이 될 수 있음을 전제하고, 딜레마가 해결되거나 문제가 해소될 때까지 우리 스스로 지적으로나 도덕적으로 '평형을 상실한 상태(disequilibrium)'임을 받아들인 상태에서 최선의 해결지점에 도달할 수 있도록 노력하여야 한다(황경식, 2004).

참고문헌

김은설, 박수연(2010). 보육시설장·교사 윤리강령 개발 연구. 육아정책연구소

김태길(1997). 직업 윤리와 한국인의 가치관. 서울: 철학과 현실사.

실무노동용어사전(2014). ㈜중앙경제.

연합뉴스(2010. 10. 20). 전국보육인대회(http://news.naver.com/main/read.nhn?mode=LSD&
　　mid=sec&sid1=100&oid=001&aid=0004717868)

이완정(2005). 보육시설 영유아의 권리보호를 위한 각국의 보육종사자 윤리강령 연구. 아동권리
　　연구, 9(4), 789-816.

이완정, 권기남, 이윤선(2015). 안심보육 교직원연수 교육과정 개발. 한국보육진흥원.

임정수, 이완정(2009). 유아교사 윤리강령을 토대로 분석한 동료 관계에서의 스트레스와 대처
　　방식. 아동권리연구, 13(4), 529-554.

최문기(2007). 교직윤리의 이론적 토대와 통합적 접근. 윤리교육연구, 12, 179-200.

한유미, 김정화, 이완정, 장영인(2021). 보육교직원 윤리강령 개발. 한국보육진흥원.

황경식(2004). 전문직과 직업윤리. 전환기 한국사회의 새로운 직업윤리 모색: 철학적 기초와 사
　　회적 제도(연구자: 박순성, 정원섭, 황경식, 이홍균, 김종걸, 이근식). 한국직업능력개발원.

Canadian Child Care Federation (2005). Code of ethics.

Early Childhood Australia (2016). Code of ethics.

Freeman, N. K. & Feeney, S. (2004). The NAEYC code is a living document. Young Children
　　on the Web, NAEYC.

Griffin, S. (1995). Professionalism: The link to quality care. Interaction, 1995(Sumer), 3-4.

NAEYC (2011). Code of Ethical Conduct and Statement of Commitment.

Newman, L., Coombe, K., Arefi, M., Davidson, F., & Humphries, J. (1999). Facing the hard
　　questions: Ethics for early childhood fieldwork programs. Australian Journal of Early
　　Childhood, 24(2), 35-42.

Starret, S. (2011). Examples from "Create Your Own Code of Ethics" Assignment.
　　Perspectives on Teaching Ethics. National Center for Professional and Research
　　Ethics. https://ethicscenter.web.illinois.edu/wp-content/uploads/2018/12/Starrett_
　　codeofethicsassignment.pdf에서 2021. 11. 12. 인출.

제2부

보육교사의 양성과 발달

제4장

보육교사 양성과 자격

1. 보육교사 자격

1) 보육교사 자격체계의 역사

1991년 처음 제정된 「영유아보육법」에서 아동의 보호와 교육을 통칭하여 '보육'이라고 정의하였다. 보육에 파생하여 보육시설, 보육교사 등의 용어도 생겨났다. 보육은 1991년 이전까지 「아동복지법」에 규정한 탁아사업의 현대적 의미였다. 「아동복지법」에서는 탁아사업 종사자 중 영아반에 반드시 '보육사'가 배치되어야 한다고 규정하였다. 「아동복지법」은 1982년에 제정된 것으로 「아동복리법」이 그 전신이다. 「아동복리법」에도 탁아사업에 대한 규정이 나오고 있기는 하나 이때까지 별도의 인력기준은 따로 정하지 않았다.

보육교사의 전신이라고도 할 수 있는 「아동복지법」에 의한 보육사는 총 3등급으로 분류되었다. 분류체계는 〈표 4-1〉과 같다.

〈표 4-1〉에서 보는 바와 같이 보육사 1급은 대학 등에서 사회복지 관련 학과를

표 4-1 1982년 제정된 「아동복지법」에 의한 보육사 자격체계

보육사 1급	1. 대학(전문대학 포함) 또는 이와 동등 이상의 학교에서 보건사회부령이 정하는 사회복지에 관한 학과를 전공하여 졸업한 자 2. 대학 또는 이와 동등 이상의 학교에서 제1호 이외의 학과를 전공하여 졸업하고 보건사회부장관이 실시하는 양성교육과정을 이수하였거나 자격검정 시험에 합격한 자 3. 보육사 2급으로서 사회복지업무에 3년 이상 종사한 경력이 있고 소정의 보수교육을 이수한 자 4. 유치원 또는 국민학교 정교사로서 사회복지에 관한 소정의 보수교육을 이수한 자
보육사 2급	1. 고등학교 또는 이와 동등 이상의 학교를 졸업한 자로서 보건사회부장관이 실시하는 소정의 양성교육과정을 이수한 자 2. 보육사 3급으로서 3년 이상 사회복지업무에 종사한 경력이 있고 소정의 보수교육을 이수한 자 3. 유치원 또는 국민학교 준교사로서 사회복지에 관한 소정의 보수교육을 이수한 자
보육사 3급	고등학교 또는 이와 동등 이상의 학교를 졸업한 자로서 이 규칙 시행 전에 보건사회부장관이 교육훈련을 위탁하지 아니한 교육훈련시설에서 1991년 1월 13일까지 영유아보육에 관한 교육을 150시간 이상 받고, 이 규칙에 의한 보수교육과정을 마친 자

전공하여 졸업한 자, 대학 졸업자로서 보건사회부장관이 실시하는 양성교육과정을 이수한 자 또는 자격검정시험에 합격한 자, 보육사 2급으로서 사회복지업무 3년 이상 종사 경력자, 유치원 또는 초등학교 정교사로서 사회복지 보수교육 이수자이다. 보육사 2급은 고등학교 졸업자이면서 양성교육과정 이수자이며, 3급은 고등학교 졸업자이면서 양성교육과정시행 이전의 영유아보육관련 교육을 받은 자이다.

1982년 이전 「아동복리법」에서는 탁아사업에 종사하는 인력에 대해 따로 정하지 않고 있다가 1982년 「아동복지법」이 제정되면서 '보육사' 자격이 처음 나타났다. 이후 1991년 「영유아보육법」이 제정되면서 종전의 보호만을 하던 탁아에서 교육의 기능을 더한 보육(보호+교육)이라는 개념과 함께 보육교사라는 자격이 처음 생긴 것이다.

1991년 「영유아보육법」이 제정되고 '보육교사'라는 명칭이 도입되면서 보육교사

표 4-2 1991년 제정된 「영유아보육법」에 의한 보육교사 자격체계

보육교사 1급	1. 전문대학 또는 이와 동등 이상의 학교에서 제8조 제2항의 규정에 의한 학과를 전공하여 졸업한 자 2. 보육교사 2급의 자격을 가진 자로서 영유아 보육업무에 3년 이상 종사한 경력이 있는 자로서 영 제15조 제1항의 규정에 의한 보수교육과정을 이수한 자
보육교사 2급	고등학교 또는 이와 동등 이상의 학교를 졸업한 자로서 제8조 제3항의 규정에 의한 소정의 양성교육과정을 수료한 자

는 다음과 같은 자격체계를 갖게 되었다.

〈표 4-2〉에 나타난 보육교사 자격과 이전의 보육사 자격기준을 비교할 때, 이전의 1급 보육사는 보육교사 1급으로 전환되고 2급과 3급 보육사의 자격을 합쳐서 '보육교사 2급'으로 바뀐 것이다. 자격체계가 3급에서 2급으로 단순해지고 자격검정시험이 폐지된 것이다. 이는 당시 보육시설이 단시간에 증가하면서 보육교사의 수요가 증가된 사실과 맞물려, 보육교사 자격을 쉽게 취득하도록 한 것이라고 추측할 수 있다.

1991년에서 2005년 이전까지 보육교사 자격은 자격증제도가 아니라 자격인정제도로 별도의 자격증을 발급하지 않았다는 데 한계가 있었다. 그러나 1991년 이전의 보호만을 담당하던 보육사에서 1991년 이후 교육을 담당하는 보육교사로 거듭났다는 데 의의가 있다.

2005년 「영유아보육법」이 개정되면서 보육교사 자격은 다시 보육교사 1, 2, 3급으로 세분화되었다. 그 내용은 〈표 4-3〉과 같다.

2005년 「영유아보육법」을 전면 개정한 이유가 보육의 질을 향상시키기 위한 것이었으므로, 보육교사 자격체계를 보다 세분화하였다. 또한 개정된 법은 보육교사 2급과 3급은 대학졸업자와 고등학교 졸업 후 양성교육과정이수자에게 부여하고, 1급으로 승급하기 위해서는 3년의 경력을 요구함으로써 경력을 강조하였다. 또한 보육교사 국가 자격증제를 도입하여 이전까지는 자격인정제로 별도의 자격증을 발급하지 않았으나 보육교사 자격관리사무국을 통하여 자격증을 발급하게 되었다. 이는 국가가 자격증을 관리하고 전담 업무기관을 운영함으로써 자격관리를 보다 엄격하게 유지하겠다는 의지로 해석된다.

또한 2005년 이전까지는 아동 관련 학과를 졸업한 경우 보육교사 자격을 주었으

표 4-3 2005년 전면 개정된 「영유아보육법」에 의한 보육교사 자격체계

보육교사 1급	1. 보육교사 2급 자격을 취득한 후 만 2년 이상의 보육업무 경력이 있는 사람으로서 여성가족부장관이 정하는 승급교육을 받은 사람 2. 보육교사 2급 자격을 취득한 후 보육 관련 대학원에서 석사학위를 취득하고 만 6개월 이상의 보육업무 경력이 있는 사람으로서 여성가족부장관이 정하는 승급교육을 받은 사람
보육교사 2급	1. 전문대학 또는 이와 같은 수준 이상의 학교에서 여성가족부령으로 정하는 보육 관련 교과목 및 학점을 이수하고 졸업한 사람 2. 보육교사 3급 자격을 취득한 후 만 6개월 이상의 보육업무 경력이 있는 사람으로서 여성가족부장관이 정하는 승급교육을 받은 사람
보육교사 3급	고등학교 또는 이와 같은 수준 이상의 학교를 졸업한 사람으로서 여성가족부령으로 정하는 교육훈련시설에서 정해진 교육과정을 수료한 사람

나 2005년 이후부터는 학과와 관계없이 보육관련 교과목을 이수한 경우에만 자격을 부여하게 되었다.

2005년 당시에는 아동보육관련 학점을 35학점 이상 수료한 경우에 자격을 부여하던 것에서 2014년 이후부터는 아동보육관련 51학점을 이수한 경우에 자격을 주게 되었다. 소위 학과제에서 학점제로 전환하게 된 것이다.

이상에서 살펴본 것처럼 1982년 이전에는 아무런 자격기준도 없는 데에서 시작

표 4-4 2014년 전면 개정된 「영유아보육법」에 의한 보육교사 자격체계

보육교사 1급	1. 보육교사 2급 자격을 취득한 후 3년 이상의 보육업무 경력이 있는 사람으로서 보건복지부장관이 정하는 승급교육을 받은 사람 2. 보육교사 2급 자격을 취득한 후 보육 관련 대학원에서 석사학위 이상을 취득하고 1년 이상의 보육업무 경력이 있는 사람으로서 보건복지부장관이 정하는 승급교육을 받은 사람
보육교사 2급	1. 전문대학 또는 이와 같은 수준 이상의 학교에서 보건복지부령으로 정하는 보육 관련 교과목 및 학점을 이수하고 졸업한 사람 2. 보육교사 3급 자격을 취득한 후 2년 이상의 보육업무 경력이 있는 사람으로서 보건복지부장관이 정하는 승급교육을 받은 사람
보육교사 3급	고등학교 또는 이와 같은 수준 이상의 학교를 졸업한 사람으로서 보건복지부령으로 정하는 교육훈련시설에서 정해진 교육과정을 수료한 사람

하여 보육사에서 보육교사로 그 위상을 높여 왔다. 또한 1~2급 보육교사 제도에서 1~3급 제도로 전환함으로써 그 전문성을 향상시켰다. 이는 보육에 대한 사회적 인식의 변화와 보육교사의 전문성에 대한 요구에 기인한다고 볼 수 있다.

2) 보육교사 자격정지 및 취소

(1) 보육교사 자격정지

자격의 정지란 법률에 의하여 일정기간 동안 자격의 전부 혹은 일부를 정지시키는 것이다. 일정기간이 지나면 자격이 부활하는 것을 전제로 한다. 보육교사의 자격정지에 관해서는 「영유아보육법」 제47조에 나와 있다. 이에 대한 세부 사항은 보육사업안내(보건복지부)에 명시되어 있으며, 〈표 4-5〉와 같다.

표 4-5 「영유아보육법」 및 보육사업안내에 규정된 보육교사 자격정지

위반행위	근거 법조문	처분기준		
		1차 위반	2차 위반	3차 위반
가. 보육교사가 업무 수행 중 그 자격과 관련하여 고의나 중대한 과실로 다음의 어느 하나의 손해를 입힌 경우				
1) 영유아에게 중대한 생명·신체 또는 정신적 손해를 입힌 경우	법 제47조 제1항 제1호	자격정지 1년 (「아동복지법」 제3조제7호에 따른 아동학대 행위인 경우에는 5년	자격정지 1년 (「아동복지법」 제3조제7호에 따른 아동학대 행위인 경우에는 5년	자격정지 1년 (「아동복지법」 제3조제7호에 따른 아동학대 행위인 경우에는 5년
2) 비위생적인 급식을 제공하거나 영유아 안전 보호를 태만히 하여 영유아에게 생명·신체 또는 정신적 손해를 입힌 경우		자격정지 6개월	자격정지 1년	자격정지 1년
3) 그 밖의 경우		자격정지 2개월	자격정지 4개월	자격정지 6개월

나. 법 제23조의2에 따른 보수교육을 연속하여 3회 이상 받지 아니한 경우	법 제47조 제1항 제2호	자격정지 1개월	자격정지 3개월	자격정지 6개월
다. 보육교사가 「도로교통법」 제53조제3항부터 제5항까지에 따른 영유아의 하차 여부 확인에 관한 의무를 준수하지 아니하여 영유아가 사망하거나 신체에 제39조제3항에 따른 중상해를 입은 경우	법 제47조 제2항	자격정지 2년	자격정지 2년	자격정지 2년

이에 대한 처분절차는 다음과 같다. 첫째, 특별자치시장·특별자치도지사·시장·군수·구청장은 보육교사의 자격정지 처분을 하고자 하는 경우 법 제49조 규정에 의하여 청문을 실시하여야 한다. 다만, 청문대상자가 정당한 사유 없이 이에 응하지 아니하거나 청문이 사실상 불가능한 경우에는 그러하지 아니한다. 둘째, 청문 결과 등을 바탕으로 특별자치시장·특별자치도지사·시장·군수·구청장은 지방보육정책위원회의 심의를 거쳐 보육교사의 자격정지 기간을 결정하여야 한다. 셋째, 특별자치시장·특별자치도지사·시장·군수·구청장은 위반행위의 동기·내용 및 횟수 등을 고려하여 지방보육정책위원회의 심의를 거쳐 결정된 보육교사의 자격정지 기간의 1/2의 범위에서 늘리거나 줄일 수 있되, 늘리는 경우에도 1년을 초과할 수 없다. 넷째, 어린이집 원장은 보육교사의 자격이 정지된 기간 동안 그 업무를 대행할 보육교사를 채용하여야 한다(보건복지부 2022년 보육사업 안내 참조).

(2) 보육교사 자격취소

자격의 취소란 법률에 의하여 자격을 박탈하는 것이다. 자격정지와는 다르게 보육교사의 자격이 취소될 경우 취소된 날로부터 2년 이내에는 재교부할 수 없다. 그렇기 때문에 취소 사유도 정지 사유에 비해 엄중하다. 보육교사의 자격취소에 관해서는 「영유아보육법」 제48조에 나와 있다. 보육교사 자격취소에 대한 세부 사항은 보육사업안내(보건복지부)에 명시되어 있으며, 〈표 4-6〉과 같다.

표 4-6 「영유아보육법」 및 보육사업안내에 규정된 보육교사 자격취소

처분권자	특별자치시장 · 특별자치도지사 · 시장 · 군수 · 구청장
자격취소 사유	법 제48조 1. 거짓 또는 그 밖의 부정한 방법으로 자격증을 취득한 경우 2. 자격 취득자가 업무수행 중 그 자격과 관련하여 고의나 중대한 과실로 손해를 입히고 금고 이상의 형을 선고받은 경우 3. 「아동복지법」 제3조제7호의2에 따른 아동학대관련범죄로 처벌을 받은 경우 ※ 보육교사와 어린이집 원장 둘 다 취득한 경우에는 두 자격 모두 취소(법제처 법령해석 총괄과-1310, 2008. 8. 22) 4. 제22조의2에 따른 명의대여 금지 등의 의무를 위반한 경우 5. 자격정지처분기간 종료 후 3년 이내에 자격정지처분에 해당하는 행위를 한 경우 6. 자격정지처분을 받고도 자격정지처분기간 이내에 자격증을 사용하여 자격 관련 업무를 수행한 경우 7. 자격정지처분을 3회 이상 받은 경우 8. 제46조제4호에 해당하여 금고 이상의 형을 선고받은 경우 ※ 거짓이나 그 밖의 부정한 방법으로 보조금을 교부받거나 보조금을 유용한 경우
자격취소 사유 3에 해당하는 「아동복지법」 제3조 제7호의2에 따른 아동학대 관련 범죄 (계속)	1. 「아동학대범죄의 처벌 등에 관한 특례법」 제2조제4호에 따른 아동학대범죄 　가. 「형법」 제2편 제25장 상해와 폭행의 죄 중 제257조(상해)제1항 · 제3항, 제258조의2(특수상해)제1항(제257조제1항의 죄에만 해당한다) · 제3항(제1항 중 제257조제1항의 죄에만 해당한다), 제260조(폭행)제1항, 제261조(특수폭행) 및 제262조(폭행치사상)(상해에 이르게 한 때에만 해당한다)의 죄 　나. 「형법」 제2편제28장 유기와 학대의 죄 중 제271조(유기)제1항, 제272조(영아유기), 제273조(학대)제1항, 제274조(아동혹사) 및 제275조(유기등 치사상)(상해에 이르게 한 때에만 해당한다)의 죄 　다. 「형법」 제2편제29장 체포와 감금의 죄 중 제276조(체포, 감금)제1항, 제277조(중체포, 중감금)제1항, 제278조(특수체포, 특수감금), 제280조(미수범) 및 제281조(체포 · 감금등의 치사상)(상해에 이르게 한 때에만 해당한다)의 죄 　라. 「형법」 제2편제30장 협박의 죄 중 제283조(협박)제1항, 제284조(특수협박) 및 제286조(미수범)의 죄 　마. 「형법」 제2편제31장 약취, 유인 및 인신매매의 죄 중 제287조(미성년자 약취, 유인), 제288조(추행 등 목적 약취, 유인 등), 제289조(인신매매) 및 제290조(약취, 유인, 매매, 이송 등 상해 · 치상)의 죄 　바. 「형법」 제2편제32장 강간과 추행의 죄 중 제297조(강간), 제297조의2(유사강간), 제298조(강제추행), 제299조(준강간, 준강제추행), 제300조(미수범), 제301조(강간등 상해 · 치상), 제301조의2(강간등 살인 · 치사), 제302조(미성년자등에 대한 간음), 제303조(업무상위력 등에 의한 간음) 및 제305조(미성년자에 대한 간음, 추행)의 죄

사.「형법」제2편제33장 명예에 관한 죄 중 제307조(명예훼손), 제309조(출판물등에 의한 명예훼손) 및 제311조(모욕)의 죄

아.「형법」제2편제36장 주거침입의 죄 중 제321조(주거·신체 수색)의 죄

자.「형법」제2편제37장 권리행사를 방해하는 죄 중 제324조(강요) 및 제324조의5(미수범)(제324조의 죄에만 해당한다)의 죄

차.「형법」제2편제39장 사기와 공갈의 죄 중 제350조(공갈), 제350조의2(특수공갈) 및 제352조(미수범)(제350조, 제350조의2의 죄에만 해당한다)의 죄

카.「형법」제2편제42장 손괴의 죄 중 제366조(재물손괴 등)의 죄

타.「아동복지법」제71조제1항 각 호의 죄(제3호의 죄는 제외한다)

파. 가목부터 타목까지의 죄로서 다른 법률에 따라 가중처벌되는 죄

하. 제4조(아동학대살해·치사), 제5조(아동학대중상해) 및 제6조(상습범)의 죄

자격취소 사유 3에 해당하는 「아동복지법」 제3조 제7호의2에 따른 아동학대 관련 범죄	2. 아동에 대한「형법」제2편 제24장 살인의 죄 중 제250조부터 제255조까지의 죄 제250조(살인, 존속살해) ① 사람을 살해한 자는 사형, 무기 또는 5년 이상의 징역에 처한다. ② 자기 또는 배우자의 직계존속을 살해한 자는 사형, 무기 또는 7년 이상의 징역에 처한다. 제251조(영아살해) 직계존속이 치욕을 은폐하기 위하거나 양육할 수 없음을 예상하거나 특히 참작할 만한 동기로 인하여 분만중 또는 분만직후의 영아를 살해한 때에는 10년 이하의 징역에 처한다. 제252조(촉탁, 승낙에 의한 살인 등) ① 사람의 촉탁 또는 승낙을 받어 그를 살해한 자는 1년 이상 10년 이하의 징역에 처한다. ② 사람을 교사 또는 방조하여 자살하게 한 자도 전항의 형과 같다. 제253조(위계 등에 의한 촉탁살인 등) 전조의 경우에 위계 또는 위력으로써 촉탁 또는 승낙하게 하거나 자살을 결의하게 한 때에는 제250조의 예에 의한다. 제254조(미수범) 전4조의 미수범은 처벌한다. 제255조(예비, 음모) 제250조와 제253조의 죄를 범할 목적으로 예비 또는 음모한 자는 10년 이하의 징역에 처한다.

보육교사 자격취소 일반 절차는 [그림 4-1]과 같다.

| 자격취소 사유 발생 | 보육교사의 자격취소 사유 발생(법 제48조 위반) |

| 사실여부 확인
(시·군·구) | • 시·군·구 보육담당자는 어린이집 지도·점검 등을 통하여 사실
여부를 확인하고 필요할 경우 관련자의 확인서 등을 확보 |

| 청문 통지 및 실시
(시·군·구) | • 청문 실시 10일 전 당사자에게 청문 출석 통지
• 「행정절차법」의 규정을 준수하여 청문 실시 |

| 자격취소 처분
(시·군·구) | 자격취소 사유, 청문실시 결과를 근거로 자격취소 여부 결정 및 처분 |

| 자격취소 처분
통지 및 사후조치
(시·군·구) | • 당사자에게 자격취소 처분 결정 통지
• 보육통합정보시스템에 자격취소 처분사항 입력
• 전국 시·도지사 및 시·군·구청장에게 자격취소 결정사항 통보,
자격취소자가 채용되는 사례가 없도록 관리
• 한국보육진흥원에 자격취소 결정 사항 통보, 사후관리 철저 지시
[성명, 생년월일, 자격취소일, 처분근거 법조문(예: 제48조 제1호 등
해당 호까지 기재 요망) 반드시 포함] |

[그림 4-1] 보육교사 자격취소의 일반 절차

출처: 보건복지부(2022).

3) 보육교사 자격체계의 문제점 및 대안

현재 우리나라 보육교사의 자격체계는 무시험 검정방식이다. 관련 교과목을 이수하면 졸업과 동시에 자격을 부여받는다. 보육교사와 유사한 유치원 교사의 경우 국공립 유치원 교사가 되기 위한 임용고시가 있다. 사립유치원 교사의 경우는 보육교사와 마찬가지로 시험이 없다.

전문성의 조건은, 첫째, 진입이 어려워야 한다는 것이다. 이를 위해서는 자격시험이 필수적인데 보육교사는 그렇지 않다. 최근 들어 아동학대로 보육교사의 질이 문제가 되자, 정부에서는 보육교사 자격을 취득하기 위해 국가시험 제도를 실시할 것을 제안했다. 실제로 이 제도가 실시될지 여부를 떠나서 사회적 인정도와 전문성 향상을 위해서 보육교사 자격 취득에 국가 수준의 시험을 치도록 하는 것이 장기적으로는 필요하다.

둘째, 2급 자격의 경우 전문대학이나 4년제 대학교를 막론하고 정해진 51학점만 이수하면 주어진다. 많은 연구자(나정 외, 2001; 문기정, 2000; 양옥승, 2002)는 교육기간에 따라 자격을 차등화할 것을 제안한다. 현재 존치하고 있는 1년제 보육교사 양성과정의 경우 정규 교육기관이 아닌 곳에서 보육교사 자격증을 주는 것은 바람직하지 않다는 주장도 있다(김명순, 2013). 그러나 이러한 방안들은 양성기관 간의 갈등을 야기할 소지가 있으므로 단정지어 말하기는 어렵다.

셋째, 현재 보육교사 자격을 취득하는 방식은 학점제이다. 학과나 전공에 관계없이 학점을 이수하면 자격을 부여받는다. 그 결과 다양한 학과에서 보육교사 자격을 취득할 수 있다. 사회복지사나 유치원 교사의 경우 관련학과를 졸업해야만 자격증 취득이 가능하다. 이처럼 전공에 구애받지 않고 학점을 취득함으로써 자격을 취득하는 것은 개방형 진로체계 및 평생교육 실현의 일환으로 진행된 미래지향적 교육의 관점을 반영한 결과이나, 보육교사의 노동시장의 진입과 순환, 교사의 전문성 발달의 측면에서 보면, 보육교사의 질을 관리하고 유지하는 데 많은 한계점을 지속시키는 대표적인 문제점의 하나이다(김의향, 2013; 최윤경 외 2012).

넷째, 유치원 교사나 사회복지사와 달리 보육교사의 최저학력 기준은 고등학교 졸업이다. 보육교사 3급을 취득하기 위하여 고졸 이상의 학력을 가진 자가 1년간의 양성과정을 이수하면 된다. 보육교사 자격의 전문성과 사회적 인식의 측면에서 최저학력은 걸림돌임에 틀림없다. 이러한 의견에도 불구하고 몇몇 연구자들은 3급 보육교사를 보조교사 등 보조인력으로 양성해야 한다고 주장하고 있다.

그러나 이 모든 자격체계의 문제점이나 대안도 보육교사의 처우가 개선되지 않는다면 무용지물이다. 그동안 보육교사의 자격을 강화하는 제도가 마련되어왔으나 그에 비해 보육교사의 처우나 근로환경은 크게 개선되지 않고 있다. 그 결과 바야흐로 보육자격 100만 명 시대를 눈앞에 두고 있음(김의향, 2013)에도 불구하고 이들의 현직 종사비율이 28.6%에 그치고 있다. 아무리 보육교사의 자격제도를 강화시킨다

하더라도 질 높은 보육교사들이 현장에 진입하지 않는다면 보육의 질은 답보상태에 머무를 것이다. 따라서 보육교사의 처우나 근로환경을 개선하지 않은 채 보육교사의 자격제도만 강화하는 것은 언 발에 오줌 누기와 같다.

 해 보자

모든 교사가 동일한 유형과 동일한 양의 교육을 받아야 할까? 토의해 보자.

2. 보육교사 양성체계

우리나라의 보육교사 양성과정은 두 종류로 나눌 수 있다. 첫째는 대학에서 2급 보육교사가 되기 위하여 필요한 학점과 실습을 이수함으로써 자격을 갖추는 것이다. 보육교사를 양성하는 대학은 4년제 대학과 2년제 대학을 포함하여, 방송통신대학, 학점은행제를 시행하는 평생교육원, 사이버대학이다. 둘째는 지자체에서 지정한 보육교사 양성교육과정(보육교사교육원)에서 1년간 3급 보육교사가 되는 데 필요한 이론수업과 보육실습을 함으로써 보육교사가 되는 것이다. 이 절에서는 대학에서의 2급 양성체계와 보육교사교육원에서의 3급 양성체계에 관하여 설명한다.

1) 2급 양성체계

2011년 개정된 「영유아보육법 시행령」 및 시행규칙에 따라 보육교사 자격취득에 필요한 교과목 및 학점이 17과목 51학점으로 상향조정되었다. 그 이전까지 보육교사 2급 양성에 필요한 보육 관련 교과목 및 학점은 〈표 4-7〉과 같다.

표 4-7 대학에서 보육교사 취득에 필요한 보육 관련 교과목 및 학점(2011년 개정 이전)

구분	교과목	이수과목(학점)
보육기초	아동복지(론), 보육학개론, 아동발달(론), 보육과정	4과목(12학점) 필수
발달 및 지도	인간행동과 사회환경, 아동관찰 및 행동연구, 아동생활지도, 아동상담(론), 특수아동지도	1과목(3학점) 이상 선택
영유아교육	놀이지도, 언어지도, 아동문학, 아동음악과 동작, 아동미술, 아동 수·과학지도, 영유아프로그램 개발과 평가, 영유아교수방법(론)	3과목(9학점) 이상 선택
건강·영양 및 안전	아동건강교육, 아동간호학, 아동안전관리, 아동영양학, 정신건강(론)	2과목(6학점) 이상 선택
가족 및 지역사회협력 등	부모교육(론), 가족복지(론), 가족관계(론), 지역사회복지(론), 자원봉사(론), 보육정책(론), 보육교사(론), 보육시설 운영과 관리	1과목(3학점) 이상 선택
보육실습	보육실습(2)	1과목(2학점) 필수
계	12과목(35학점) 이상	

2011년 개정 이전에는 보육기초, 발달 및 지도, 영유아교육, 건강·영양 및 안전, 가족 및 지역사회협력, 보육실습 등 6개 영역으로 구분되어 있으며, 각 영역별로 필수와 선택과목을 합하여 전체 12과목 35학점 이상 이수하면 보육교사 2급 자격을 인정하였다.

2011년 개정을 통해 보육교사 2급 양성에 필요한 보육관련 교과목 및 학점은 17개 과목 51학점 이상 이수해야 하며, 〈표 4-8〉과 같다. 이후 2016년에는 영역의 구분을 교사 인성, 보육지식과 기술, 보육실무 등으로 구분하되 17과목 51학점 이상은 유지하였으며 〈표 4-9〉와 같다.

표 4-8 대학에서 보육교사 취득에 필요한 보육 관련 교과목 및 학점(2011년 개정)

구분	교과목	이수과목(학점)
보육필수	아동복지(론), 보육학개론, 영아발달, 유아발달, 보육과정, 보육교사론	6과목(18학점) 필수
발달 및 지도	인간행동과 사회환경, 아동관찰 및 행동연구, 아동생활지도, 아동상담(론), 특수아동이해, 장애아지도	1과목(3학점) 이상 선택

영유아교육	놀이지도, 언어지도, 아동문학, 아동음악, 아동동작, 아동미술, 아동수학지도, 아동과학지도, 영유아프로그램 개발과 평가, 영유아교수방법(론)	6과목(18학점) 이상 선택
건강·영양 및 안전	아동건강교육, 아동간호학, 아동안전관리, 아동영양학, 정신건강(론)	2과목(6학점) 이상 선택
가족 및 지역사회협력 등	부모교육(론), 가족복지(론), 가족관계(론), 지역사회복지(론), 보육정책(론), 어린이집 운영과 관리	1과목(3학점) 이상 선택
보육실습	보육실습	1과목(3학점) 필수
계	17과목(51학점) 이상	

표 4-9 대학에서 보육교사 취득에 필요한 보육 관련 교과목 및 학점(2016년 개정)

구분		교과목	이수과목(학점)
교사 인성 영역	필수 교과목	보육교사(인성)론, 아동권리와 복지	2과목(6학점)
보육 지식과 기술 영역	필수 교과목	보육학개론, 보육과정, 영유아발달, 영유아교수방법론, 놀이지도, 언어지도, 아동음악(또는 아동동작, 아동미술), 아동수학지도(또는 아동과학지도), 아동안전관리(또는 아동생활지도)	9과목(27학점)
	선택 교과목	아동건강교육, 영유아 사회정서지도, 아동문학교육, 아동상담론, 장애아 지도, 특수아동이해, 어린이집 운영 관리, 영유아 보육프로그램 개발과 평가, 보육정책론, 정신건강론, 인간행동과 사회환경, 아동간호학, 아동영양학, 부모교육론, 가족복지론, 가족관계론, 지역사회복지론	4과목(12학점) 이상
보육실무 영역	필수 교과목	아동관찰 및 행동연구, 보육실습	2과목(6학점)
계		17과목 51학점 이상	

* 보육교사 자격취득 17개 교과목 중 9개 과목을 대면교과목(밑줄)으로 지정하여 출석 수업(대면교과목당 8시간) 및 1회 이상의 출석시험 의무화

* 2016년 8월 1일부터 시행하나, 2017년 1월 1일 전 대학 등에 입학한 사람이 이수하여야 하는 보육 관련 교과목 및 학점은 종전의 규정을 따른다.

모든 교사가 알아야 할 핵심적인 지식과 기술이 있는지 토의해 보자.

2) 3급 양성체계

보육교사교육원은 전문성과 자질을 갖춘 보육교사 양성을 목적으로 「영유아보육법」에 의해 지정된 전문교육기관이다.

2016년 8월 1일 이전에는 보육교사 양성교육과정인 교육훈련시설(보육교사교육원)에서 고등학교 졸업 이상의 학력자가 보육 관련 교과목 25과목 65학점 이상(이론 975시간 이상, 실습 160시간 별도 이수)을 이수하고 수료하면 보육교사 3급 자격을 얻을 수 있었다. 보육교사 교육원의 교육과정도 대학(교)과 동일한 영역으로 구성되어 있으며, 대학(교)보다 많은 교과목과 학점을 이수하도록 되어 있다.

2016년 8월 1일 기준으로 「영유아보육법 시행규칙」이 개정되어 3급 보육교사 양성교육과정은 22과목 65학점 이상 이수하면 된다.

표 4-10   보육교사교육원에서 보육교사 취득에 필요한 보육 관련 교과목 및 학점(2016. 8. 1. 이전)

구분	교과목	이수과목(학점)
보육기초	아동복지(3), 보육학개론(3),보육과정(3)	3과목(9학점) 필수
발달 및 지도	아동발달(3), 인간행동과 사회환경(3), 아동생활지도(3), 아동상담(3), 특수아동지도(특수교육학)(3), 영유아보육의 실제(3), 방과후 아동지도(2)	7과목(20학점) 필수
영유아교육	놀이지도(3), 언어지도(2), 아동음악과 동작(2), 아동미술(2), 아동수 · 과학지도(2), 교재교구개발(3), 영유아교수방법론(3)	7과목(17학점) 필수
건강/영양 및 안전	아동간호학(2), 아동안전관리(2), 아동영양학(2)	2과목(4학점) 이상 선택

가족 및 지역사회협력 등	부모교육(3), 지역사회복지(3), 보육정책(2), 어린이집운영과 관리(3), 정보화 교육(2)	5과목(13학점) 필수
보육실습	보육실습(2)	1과목(2학점) 필수
계	25과목(65학점) 이상	

교육대상: 고등학교 또는 이와 동등 이상의 학교를 졸업한 자
교육기간: 전체 교과목을 1,135시간 이상(이론 975시간, 실습 160시간)
교육과목: 25과목, 65학점 이상
과목별 80% 이상 출석하고 교육훈련성적이 70점 이상인 자
전체 교과목 수업시간인 975시간의 80% 이상을 출석한 자
보육실습(4주, 160시간 이상)을 실시하고 실습평가점수가 80점 이상인 자
1년 과정 수료 후 국가공인 보육교사 3급 자격증 취득
자격 취득 후 경력 2년 이상 시 보수교육(승급교육)을 통해 2급 자격 취득

표 4-11 보육교사교육원에서 보육교사 취득에 필요한 보육 관련 교과목 및 학점(2016년 개정)

구분	교과목	이수과목(학점)
교사 인성	보육교사(인성)론(3), 아동권리와 복지(3)	2과목(6학점) 필수
보육지식과 기술	보육학개론(3), 보육과정(3), 영유아 발달 및 지도(3), 아동생활지도(3), 영유아 문제행동지도 및 상담(3), 특수아동 이해와 지도(3), 놀이지도(3), 언어지도(3), 아동음악과 동작(3), 아동미술지도(3), 아동수학지도·아동과학지도(3), 영유아 교수방법론(3), 교재교구개발(3), 부모교육(3), 영유아 건강지도(2), 영유아 영양지도(2), 아동안전관리(3), 어린이집 운영관리(3)	18과목(52학점) 필수
보육실무	아동관찰 및 실습(3), 보육실습(4)	2과목(7학점) 필수
계	22과목(65학점) 이상	

교육대상: 고등학교 또는 이와 동등 이상의 학교를 졸업한 자
교육기간: 전체 교과목을 1,215시간 이상(이론 975시간, 실습 240시간)
교육과목: 22과목, 65학점 이상
과목별 80% 이상 출석하고 교육훈련성적이 70점 이상인 자
전체 교과목 수업시간인 975시간의 80% 이상을 출석한 자
보육실습(6주, 240시간 이상)을 실시하고 실습평가점수가 80점 이상인 자
1년 과정 수료 후 국가공인 보육교사 3급 자격증 취득
자격 취득 후 경력 2년 이상 시 보수교육(승급교육)을 통해 2급 자격 취득

3) 보육교사 양성체계의 문제점 및 대안

보육교사 양성과정에서는 전문적 태도, 지식, 직업만족도, 전문성 인식, 자기개발 동기 및 실행 등을 보육교사의 전문성 확립을 위한 가장 중요한 조건으로 강조하고 있다. 전문적이지 못한 교사에 대한 첫 번째 요인으로 사전교육의 부적절성이 지적되어 왔다. 우리나라 보육지원인력의 사전교육은 대학 및 보육교사교육원에서 이루어지고 있어, 양성과정에 있어서 수업연한, 교육과정 등이 다양하고 편차가 큰 편이다. 먼저, 수업연한과 관련하여 현재 최저학력기준을 살펴보면 유치원 교사의 경우 전문대 이상 학력을, 보육교사의 경우 고졸이상의 학력을 요구하고 있다. 그러나 여러 연구자(나정, 한유미, 2001; 양옥승, 2002; 윤정일, 2002)가 보육교사와 유치원교사의 최저학력을 4년제로 해야 한다고 주장하였고, 이를 통해 다른 학제의 교사들과 동등한 학력이 될 수 있다고 보았다.

이외의 다른 연구(김은영, 2016; 이미정, 2013; 이미화, 2006; 최윤경, 문무경, 원종옥, 김재원, 2011)에서는 공통적으로 유능한 교사를 양성하기 위해서는 최소한 전문대 이상의 대학을 통한 교사 양성을 제안했다. 이들 연구에서는 점진적으로 4년제 교육과정으로 기준 상향이 필요하다고 하였다.

해 보자

교육과 그 목적, 영유아에 대하여 반드시 알아야 할 최소 수준의 내용은 무엇인지 토의해 보자.

한편, 유치원교사의 적정 학력에 대한 의견은 응답자의 소속에 따라 차이가 나타났다. 2년제 대학 소속교수와 학생의 경우는 42%가 '3년제 졸업'을, 4년제 대학 소속교수와 학생의 경우는 89%가 '4년제 졸업'을 적정 학력으로 보았다(임승렬, 박은혜, 김명순, 김희진, 2003). 한편, 홍혜경, 김영옥 그리고 지성애(2003)의 연구 결과, 선호하는 수업연한은 보육교사의 경우 2년제 대학, 유치원 교사의 경우 4년제 대학으로 보고되어 유치원교사와 보육교사에 대한 수업연한의 선호 및 기대가 다른 것으로 나타났다. 그러나 유치원교사와 보육교사의 역할이 점점 유사해진다는 점을 고려할 때, 보육교사도 유치원교사의 학력과 동등하게 나아가야 할 것이라는 주장도 있다(조형숙, 이경민, 2004).

교육내용의 측면을 보면, 유치원교사 양성내용은 교양·교직·전공과목으로, 보육교사의 경우 6개 영역에 걸친 전공과목으로 각각 다르게 구성되어 있다. 특히 교육내용의 구성상 유치원교사와 보육교사간의 가장 큰 차이점은 교직과목을 들 수 있다. 혹자는 보육교사의 경우 교사로서 필요한 지식의 기초를 습득할 수 있는 교직 관련 교육시간이 없기 때문에, 교직 전문성 확보에 제한점이 있다(서영숙, 이미화, 임승렬, 조부경, 2005)고 주장하기도 한다.

하지만 유치원교사이든, 보육교사이든 유아의 보육과 교육을 담당할 전문적인 보육의 전문성(개념적 이해 지식과 자질)을 갖춘 교사를 양성해야 하므로, 양성교육 내용의 공통된 기본방향을 명확히 설립하고 현재와 같은 차이점을 좁혀야 한다(서영숙 외, 2005). 이에 따라 일부 전문가들은 영유아교사로서 필요한 지식의 기초를 분명히 규명하여 이를 교육과정에 반영함으로써 교사 교육과정을 체계화하고 표준화하여야 한다고 주장하고 있다.

직업 전문성을 위한 주요 요건에는 관련 인력이 처한 사회적인 수요와 공급 상황이 포함된다. 이미정(2013)은 현재의 개방형 보육교사 양성제도는 한 해에 어느 학과에서 몇 명이나 보육교사 자격을 취득하는지 알 수 없어 보육교사 수급 조절이 어려우며, 이로 인해 보육교사의 질 관리가 현실적으로 불가능하다고 비판했다. 특히 이경인, 김은숙, 양다교, 김명찬(2017)은 2008년 이후부터 시행된 학점은행제를 통한 보육교사 자격 취득 제도는 다양한 배경 출신의 인력과 경력이 단절된 여성에 대한 일자리 창출이라는 긍정적 평가와 함께, 보육교사에 내한 부정적 정체성과 보육의 질 저하라는 문제점을 양산하게 되었음을 지적하고 있다. 이미화, 강은진, 김은영, 김길숙, 엄지원(2015) 또한 개방형의 보육교사 양성체계가 보육교사 공급 과잉과 보육교사의 전문성 및 질 저하라는 또 다른 문제를 야기하였음을 지적하며, 학과제 도입 방안을 제시하였다. 무엇보다도 보육교사의 수요와 공급은 전문성에 상당한 영향을 주는 요인으로서, 전문성을 높이기 위한 구체적인 정책 대안들 또한 수급에 관한 과학적인 평가를 바탕으로 제시되어야 한다.

3. 보육교사 자격 유지

일련의 양성 및 자격 과정을 거친 전문직의 다음 단계로 획득한 전문성을 유지하고 향상시키는 재교육과정은 직업에 대해 보람과 전문적 의식을 가지고 꾸준한 자기개발을 위해 노력하는 전문가의 특성 중 하나이다. 재교육을 통해 영유아를 담당하는 교사는 스스로의 전문성을 향상시킬 수 있을 뿐 아니라(Spodeck et al., 1987), 교육과 보육 실제에 적용할 수 있는 지식, 정보, 기술들을 시기적절하게 배움으로써 전문성을 유지시킬 수 있다. 따라서 보육교사가 보수교육 및 다양한 연수에 적극적으로 참여하고, 워크숍 등을 통해 새로운 기술을 익히며 정보를 교환하는 등 지속적인 재교육에 참여할 때 교사의 전문성이 신장될 뿐 아니라 교육 및 보육의 질도 향상된다고 할 수 있다.

1) 승급교육

① 보육교사 3급 자격을 취득한 후 보육업무 경력이 만 1년 이상 경과한 자는 2급 승급교육을 받을 수 있음
② 보육교사 2급 자격을 취득한 후 보육업무 경력이 만 2년 이상 경과한 자는 1급 보육교사 승급교육을 받을 수 있음
  • 다만, 보육교사 2급 자격을 취득한 후 보육관련 대학원에서 석사 학위 이상을 취득한 자는 보육업무경력이 만 6개월 이상 경과한 경우 1급 승급교육을 받을 수 있음
  ※ 승급을 위한 보육교사 경력은 자격증 상의 자격인정시점을 기준으로 산정
  • 직무교육과 승급교육을 같은 해에 받아야 하는 경우에는 승급교육을 받은 자는 일반직무교육을 이수한 것으로 봄

표 4-12 보육교사 승급 교육

교육 구분		교육 대상	교육 시간	비고
승급 교육	2급 승급 교육	보육교사 3급의 자격을 취득한 후 보육업무 경력이 만 1년이 경과한 자	80시간	이수하고자 하는 자
	1급 승급 교육	보육교사 2급의 자격을 취득한 후 보육업무 경력이 만 2년이 경과한 자 및 보육교사 2급의 자격을 취득한 후 보육관련 대학원에서 석사 학위를 취득한 경우 보육업무 경력이 만 6개월이 경과한 자	80시간	이수하고자 하는 자

2) 직무교육

① 일반

- 현직 보육교사는 보육업무 경력이 만 2년이 경과한 경우와 직무교육을 받은 해부터 만 2년이 경과한 해에 보육교사 직무교육을 받아야 함
- 현직 어린이집 원장은 원장의 직무를 담당한 때부터 만 2년이 지난 경우와 직무교육을 받은 해부터 만 2년이 경과한 해에 어린이집 원장 직무교육을 받아야 함
- 어린이집 원장 및 보육교사가 일반직무교육을 받아야 하는 연도에 일반직무교육을 받지 못한 경우에는 다음 연도 12월 31일까지 받아야 하며, 특별직무교육을 받은 경우 일반직무교육을 받은 것으로 인정

② 특별

- 영아 · 장애아 · 방과후 보육을 담당하고자 하는 보육교사 및 어린이집 원장은 영아 · 장애아 · 방과후 보육 직무교육을 받을 수 있음
- 영아 · 장애아 · 방과후 보육을 담당하고 있는 일반직무교육 대상자는 영아 · 장애아 · 방과후 직무교육을 받을 수 있음
- 영아 · 장애아 · 방과후 담당 보육교사로 근무하고자 하는 자는 사전에 특별직무교육을 받아야 하는 것이 원칙이나, 불가피하게 받지 못한 경우에는 채용 후 6개월 이내에 받아야 함

표 4-13 일반직무교육과 특별직무교육

교육 구분		교육 대상	교육 시간	비고
일반 직무 교육	보육교사	현직에 종사하고 있는 보육교사로서 보육업무 경력이 만 2년이 경과한 자와 보육교사 직무교육(승급교육 포함)을 받은 해부터 만 2년이 경과한 자	40시간	매 3년마다
	원장	현직에 종사하고 있는 어린이집 원장으로서 어린이집 원장의 직무를 담당한 때부터 만 2년이 경과한 자와 어린이집 원장 직무교육을 받은 해부터 만 2년이 경과한 자	40시간	매 3년마다
	장기 미종사자	만 2년 이상 보육업무를 수행하지 아니하다가 다시 보육업무를 수행하고자 하는 보육교사 또는 원장 자격 취득자	40시간	이수하고자 하는 자
특별 직무 교육	영아보육	영아보육을 담당하고 있는 일반직무교육 대상자와 영아보육을 담당하고자 하는 보육교사 및 어린이집 원장	40시간	이수하고자 하는 자
	장애아보육	장애아보육을 담당하고 있는 일반직무교육 대상자와 장애아보육을 담당하고자 하는 보육교사 및 어린이집 원장	40시간	이수하고자 하는 자
	방과후보육	방과후보육을 담당하고 있는 일반직무교육 대상자와 방과후보육을 담당하고자 하는 보육교사 및 어린이집 원장	40시간	이수하고자 하는 자

3) 원장 사전직무교육

① 일반·가정·영아전담·장애아전문어린이집 원장 중 어느 하나의 자격을 취득하고자 하는 자는 어린이집 원장 사전직무교육을 받아야 함

※ 2014. 3. 1. 이후 원장 자격증 신청자는 사전직무교육 이수 원칙

② 원장 사전직무교육을 받은 사람은 일반직무교육을 이수한 것으로 봄

표 4-14 원장의 사전직무교육

교육 구분		교육 대상	교육 시간	비고
원장 사전 직무교육	-	「영유아보육법 시행령」[별표 1] 제1호의 가목부터 라목(일반, 가정, 영아전담, 장애아전문어린이집 원장)까지 어느 하나의 자격을 취득하고자 하는 자	80시간	이수하고자 하는 자

4) 보육교사 자격 유지에 관한 문제점 및 대안

여러 선행연구 결과 육아관련 전문가와 현장의 인력 모두 전문성 유지 및 향상을 위해서 재교육은 필요하며 도움이 된다고 인식하는 것으로 나타났음에도 불구하고 (김애리, 2004; 이연승, 조미나, 2005), 전문성의 중요 요인인 재교육이 실효성 있게 운영되고 있지는 않는 것으로 보인다. 그러나 보육교사의 보수교육은 시설의 여건상 보수교육 참여 자체가 쉽지 않은 것으로 보고되고 있다. 2004년도에 여성부에서 실시한 전국 보육시설 실태조사 결과, 많은 교사가 대체교사의 부족과 보수교육에 대한 정보 부족으로 재교육에 불참한다고 보고하였다(이미화 외, 2005). 이 같은 결과는 보수교육과 관련한 여러 연구에서 일관되게 보고되어 왔다(김애리, 2004; 이연승 외, 2005). 보수교육시간(40시간)이 유치원교원의 자격연수 시간(180시간 이상)에 비해 상대적으로 적으며, 보육교사 대상으로 한 연구에서 보수교육시간을 최소 80시간 이상으로 연장할 것을 요구하는 것으로 나타난 결과(김애리, 2004)를 고려하여 볼 때, 보육교사들이 보다 많은 보수교육에 참여할 수 있도록 제반여건을 조성하는 것이 무엇보다도 시급하다고 할 수 있다. 따라서 대체교사의 수급 자체가 어렵고, 대체교사 운영 시 영유아와의 적응이 어려운 관계로 보육교사가 보수교육에 참여하는 경우 원장과 동료교사가 대체교사의 역할을 담당하게 되는 실태에 대한 다각적인 대안이 필요하다.

4. 보육 관련직으로의 확장

1) 육아종합지원센터

육아종합지원센터는 영유아 보육에 대한 제반 정보제공과 상담을 통하여 보육수요자에게 보육에 대한 편의를 도모하고, 어린이집과의 연계체제를 구축하여 어린이집 운영의 효율성을 제고하기 위하여 운영되는 기관으로, 중앙육아종합지원센터와 지방육아종합지원센터가 있다. 육아종합지원센터의 보육전문요원은 보육교사 1급의 자격을 가진 자로 어린이집지원사업과 가정양육지원사업을 담당한다.

2) 한국보육진흥원

보건복지부에서는 한국보육진흥원의 설립을 허가하여 효과적인 보육관련 사업 수행을 통한 보육의 질 향상과 체계적인 보육정책 지원을 통한 영유아와 부모, 보육종사자 등 수요자의 만족에 기여하고 있다. 한국보육진흥원은 어린이집 평가 업무를 담당하는 평가사업국과 보육교사 및 어린이집 원장 자격증을 발급하고 재교육하는 교직원지원국, 한국보육진흥원의 전반적인 운영을 기획·관리하는 경영기획국, 국공립 확충 및 공공형 품질관리 등을 담당하는 정책사업지원단 등으로 구성되어 있으며, 중앙육아종합지원센터도 위탁·운영하고 있다.

3) 육아정책연구소

육아정책연구소는 우리나라 모든 영유아의 건강한 삶을 보장하고 부모와 가정, 지역사회가 행복한 육아를 수행할 수 있도록 지원하는 육아 및 유아교육·보육정책을 종합적으로 연구하는 기관이다. 국가인적자원 육성을 위한 육아정책 연구를 종합적·체계적으로 수행하고, 유아교육과 보육의 발전을 위한 합리적인 정책방향을 제시하고 있다.

4) 아동복지시설

(1) 아동복지시설이란

아동의 상담, 지도, 치료, 양육 및 그 밖에 아동의 복지를 위한 시설로서,「아동복지법」에 따라 국가 또는 지방자치단체가 설치하거나 그 밖의 자가 관할 시장 · 군수 · 구청장에게 신고하고 설치 · 운영하는 시설이다.

(2) 아동복지시설의 운영 목적

아동복지시설은 모든 아동이 발달과 복지를 보장하기 위해 직접 서비스를 제공하는 일정한 장소를 말한다. 아동복지시설은 최근에 와서 요보호아동뿐만 아니라 일반아동의 보호 · 예방 등의 기능도 가지고 있다.

(3) 아동복지시설의 종류(「아동복지법」제52조 '아동복지시설의 종류')

표 4-15 아동복지시설의 종류

아동양육시설	보호대상아동을 입소시켜 보호, 양육 및 취업훈련, 자립지원 서비스 등을 제공하는 것을 목적으로 하는 시설
아동일시보호시설	보호대상아동을 일시보호하고 아동에 대한 향후의 양육대책수립 및 보호조치를 행하는 것을 목적으로 하는 시설
아동보호치료시설	아동에게 보호 및 치료 서비스를 제공하는 다음 각 목의 시설 가. 불량행위를 하거나 불량행위를 할 우려가 있는 아동으로서 보호자가 없거나 친권자나 후견인이 입소를 신청한 아동 또는 가정법원, 지방법원소년부지원에서 보호위탁된 19세 미만인 사람을 입소시켜 치료와 선도를 통하여 건전한 사회인으로 육성하는 것을 목적으로 하는 시설 나. 정서적 · 행동적 장애로 인하여 어려움을 겪고 있는 아동 또는 학대로 인하여 부모로부터 일시 격리되어 치료받을 필요가 있는 아동을 보호 · 치료하는 시설
공동생활가정	보호대상아동에게 가정과 같은 주거여건과 보호, 양육, 자립지원 서비스를 제공하는 것을 목적으로 하는 시설
자립지원시설	아동복지시설에서 퇴소한 사람에게 취업준비기간 또는 취업 후 일정 기간 동안 보호함으로써 자립을 지원하는 것을 목적으로 하는 시설

아동상담소	아동과 그 가족의 문제에 관한 상담, 치료, 예방 및 연구 등을 목적으로 하는 시설
아동전용시설	어린이공원, 어린이놀이터, 아동회관, 체육·연극·영화·과학실험전시시설, 아동휴게숙박시설, 야영장 등 아동에게 건전한 놀이·오락, 그 밖의 각종 편의를 제공하여 심신의 건강유지와 복지증진에 필요한 서비스를 제공하는 것을 목적으로 하는 시설
지역아동센터	지역사회 아동의 보호·교육, 건전한 놀이와 오락의 제공, 보호자와 지역사회의 연계 등 아동의 건전육성을 위하여 종합적인 아동복지서비스를 제공하는 시설

5) 초등학교 방과후 돌봄교실

(1) 돌봄교실이란

유치원 및 초등학교에서 엄마의 보살핌이 필요한 저소득층 및 맞벌이가정의 자녀를 대상으로 아침 6시 30분부터 저녁 10시까지 온종일 연중 운영하며, 보육, 식사제공 및 지도, 학습지도, 과제학습, 특기·적성교육 등 돌봄과 교육의 기능을 함께 하는 프로그램을 말한다. 교육과학기술부에서는 교육복지 정책의 일환으로 전국에 1,000여 개소의 돌봄교실을 운영하고 있다(종전의 방과후교실, 초등보육교실, 종일돌봄교실 등의 명칭을 돌봄교실로 통일함).

(2) 돌봄교실의 운영 목적 및 돌봄 내용
① 돌봄교실의 운영 목적
- 돌봄교실 프로그램 운영으로 학생의 전인적 성장 발달 도모
- 다양한 프로그램 개발·운영과 쾌적한 방과후 교육여건으로 교육의 질 제고
- 방과후 보육·교육을 통한 학부모의 사교육비 경감
- 여성인력의 효과적 활용 및 맞벌이 가정 자녀 지원을 통한 실질적인 교육 복지 실현

② 돌봄교실의 돌봄 내용
- 학교 과제 지도 및 준비물 점검

- 건강 · 위생 · 안전 및 바른생활습관 지도(식사 · 간식 및 휴식생활 지도)
- 놀이 및 체육 활동지도 등 특기 · 적성 계발을 위한 지도
- 논술 · 음악 · 영어 · 미술 · 과학 등 교과교육 지도
- 친구관계 및 문화체험 지도 등

참고문헌

김은영(2016). 유치원 교사와 보육교사 양성교육과정에 대한 인식에 기초한 영유아교사 양성 교육과정 개선 방향. 유아교육학논집, 20(2), 29-52.

김의향(2013). 보육교직원 전문성 향상을 위한 자격관리와 처우개선 방안. 2013 한국보육지원학회 춘계학술대회 자료집.

나정 외(2001). 유아교육의 기능 변화와 교원양성정책: 양성체제와 양성과정 정책을 중심으로. 경남대학교 교육문제연구소. 71-95.

보건복지부(2012). 어린이집 원장 · 보육교사 자격검정 업무편람.

보건복지부(2022). 2022 보육사업안내.

서영숙, 이미화, 임승렬, 조부경(2005). 한국 유치원/보육교사교육의 역사와 미래: 유아교육, 보육의 질적향상과 유아교사의 전문성 제고를 위한 교사교육. 한국유아교육학회 정기학술발표논문집.

조형숙, 이경민(2004). 유아교육의 전문성 신장을 위한 영유아교사 양성체제 확립방안. 한국영유아교원교육학회. 유아교육학 논집. 219-237.

양옥승(2002). 보육서비스의 질적 수준 제고를 위한 보육정책의 방향. 대한지방행정공제회, 13-21.

양옥승(2002). 유치원 교사 양성체계와 유아교육의 전문성 신장. 한국교원교육연구, 19(1), 25-43.

이경인, 김은숙, 양다교, 김명찬(2017). 유보통합에 대비한 유아교사 양성과정에 대한 고찰 ─ 보육교사를 대상으로─. 한국유아교육 · 보육복지연구, 21(3), 151-180.

이미정(2013). 유보통합: 교사의 통합플랜과 과제. 2013 한국보육지원학회 추계학술대회 자료집, 85-127.

이미정(2013). 통합교사 자격체계 방안의 모색. 한국보육학회지, 13(4), 387-402.

이미화(2006). 유치원 교사와 보육교사 양성체제의 문제점과 개선방안. 육아정책포럼, 3, 8-25.

이미화, 강은진, 박진아, 윤재석, 조아라, 신혜원, 신나리(2015). 보육교직원 자격체계 개편 연구. 보건복지부 · 육아정책연구소.

이연승, 조미나(2005). 보육교사의 전문성 향상을 위한 실태 연구. 한국열린유아교육학회. 41-67.

임승렬, 박은혜, 김명순, 김희진(2003). 유치원교사의 자격제도와 임용고사에 관한 연구. 열린유아교육학회. 열린유아교육연구.

최윤경, 문무경, 원종옥, 김재원(2011). 육아지원 인력 체계의 통합적 추진을 위한 단 · 중기적 전략. 육아정책연구소.

홍혜경, 김영옥, 지성애(2003). 한국 영유아 교원의 양성을 위한 대학에서의 교과과정 현황 및 과제. 2003년도 연차 학술대회-한국 영유아교원의 전문성 향상을 위한 방향 모색. 한국영유아교원교육학회.

Spodek, D. B., Saracho, O. N., & Davis, M. D. (1987). *Foundation of early childhood education*. Englewood Cliffs. NJ: Prentice-Hall.

www.law.go.kr(국가법령정보센터) 아동복지법, 영유아보육법

제5장

예비 보육교사

1. 왜 보육교사를 선택하는가

직업을 선택하는 것은 대학 진학이나 학과 선택과는 또 다른 차원이라고 할 수 있다. 대학 졸업 후에 특정 직업을 선택한다는 것은 그 직업을 통해 장기적으로 타인이나 사회와 관계를 맺으며 자기를 실현하고 생계를 유지한다는 것을 의미한다. 대학에 진학할 당시의 동기보다 더 중요한 것은 졸업하고 실제로 교사가 되고자 하는 동기다. 따라서 졸업을 앞두고 있는 예비교사로서 보육교사를 직업으로 선택하는 동기를 점검해 보는 것이 필요하다.

1) 교사 선택 동기

특정한 직업을 선택하는 것에는 그 직업이 갖는 매력 요인이 선택을 좌우한다. 일반적으로 교직을 선택하는 사람들은 일차적으로 교육의 사회적 중요성에 대한 인식을 꼽는다. 이 외에도 예비교사들은 다양한 동기에서 교사가 되고자 하는데

(Sinclair, Dowson, & McInerney, 2006), 어떠한 매력 요인에 의해 교사를 선택했는가는 향후 교사로서의 역할수행 능력 및 성공적인 직무수행에 영향을 미치는 중요한 요인이다(김현진, 2012).

직업 선택 동기는 선택의 소재가 결정하는 사람의 내부에 있는가, 아니면 외부에 있는가에 따라 내재적 동기와 외재적 동기로 구분할 수 있다(Reeve, 1996). 내재적 동기는 자신의 자발적 선택과 결정이 중요한 능동적 동기의 특성을 가지며, 외재적 동기는 외부 상황의 영향을 받는 수동적 동기, 경제적 보상과 같은 물질적 동기를 포함한다(Huberman, 1993).

(1) 내재적 동기

내재적 동기는 교사에 대한 소명의식을 가지고 영유아에 대한 사랑과 가르치는 기쁨으로 교직을 선택하고자 하는 것과 관련되며, 교사의 적성, 흥미, 인성, 가치관 등과 같이 개인 자신이 지니고 있는 요인이 중요하게 작용한다. 개인이 내재적으로 동기화가 되어 있을 때는 활동 그 자체가 보상으로 작용한다.

- 영유아와의 활동: 영유아와 함께 생활하는 것이 좋아서, 영유아가 성장하고 발전하는 것을 지켜보는 것이 좋아서
- 교직의 가치: 가르치는 일이 좋아서, 교사로서의 보람이 있어서
- 지적 자극: 지적으로 도전적인 직업이어서, 지속적인 자기갱신 및 자아실현을 할 수 있어서, 가르치고 배우는 과정 자체를 즐겨서
- 이타주의적 성향: 사회에 공헌하는 직업이어서, 타인을 돕는 직업이어서, 봉사하고자 하는 욕구가 있어서
- 자신의 성격과 맞아서: 자신의 꿈, 성격, 적성, 흥미에 맞아서

(2) 외재적 동기

외재적 동기는 자발적 의지보다는 부모 등 타인의 권유나 상황적 여건과 같은 수동적 동기 또는 교사라는 직업적 조건, 직업의 안정성과 같은 물질적 동기와 관련된다. 외재적으로 동기화가 될 경우 활동 그 자체보다는 그것이 가져다줄 결과에 관심이 있다.

- 부모 및 타인의 권유가 있어서: 교직에 종사하는 주변 사람의 권유로, 여성에게 적절한 직업이어서
- 사회적 인식: 사회적으로 존경받고 높은 평가를 받는 직업이어서
- 신분 보장과 경제적 안정: 급여, 신분 보장, 장기간 근무 가능성이 있어서
- 직업적 비전: 직업적 발전 가능성, 승진 가능성이 있어서

교사가 되고자 하는 동기는 여러 가지 동기 요인이 복잡하게 얽혀 있다. 예비교사가 교직을 선택할 때의 동기는 교직에 입문하기 전에 결정되는 요인이지만, 교직에 입문한 이후에도 지속적으로 교사의 직무 수행 및 만족 등에 영향을 미친다. 내재적 · 능동적 동기가 높은 예비교사가 수동적 동기나 물질적 동기와 같은 외재적 동기가 높은 예비교사보다 높은 수준의 목적성취 성향을 가지며, 적응적인 교수전략과 효율적인 교사업무수행을 한다(김현진, 2012; 오숙자, 박은주, 2015; Malmberg, 2006; Roth, Assor, Kanat-Maymon, & Kaplan, 2007). 내재적 동기도 중요하지만 외재적 동기 역시 한 인간으로서 자신의 생활을 독립적으로 꾸려 나가는 데 중요하다. 그러나 교사로 첫발을 내딛었을 때의 동기가 외재적 동기에만 머문다면 교사생활은 교사의 생계를 위한 방편밖에 되지 않을 것이다.

교사의 내재적 동기는 교사의 직무만족도에 영향을 미칠 뿐만 아니라 영유아에게도 긍정적인 영향을 미친다. 교사는 다른 직업과는 달리 영유아와의 정서적인 교감을 통해 업무를 수행하므로 교사가 자신이 하는 일에 대해 자부심을 가지고 즐거운 마음으로 임할 때 영유아에게도 긍정적인 영향을 줄 수 있다. 따라서 예비교사 교육과정을 통해 지속적으로 자신을 성찰하며 교사로서 내재적 동기를 높일 수 있도록 노력하는 것이 필요하다.

2) 예비 보육교사의 선택 동기

예비 보육교사를 대상으로 한 조사 결과(유미림, 탁수연, 2010)에 따르면, 예비 보육교사들은 보육교사 선택 동기로 〈표 5-1〉에 제시된 바와 같이 '아이들을 좋아함' '어릴 적 꿈'이라든가, '적성에 맞음' '선생님으로서의 보람'을 꼽았다. 이는 예비 보육교사들의 직업적 동기가 일로부터 만족을 얻고자 하는 내재적 동기로 나타난 것

표 5-1 예비 보육교사가 되고 싶은 동기, 좋은 점, 어려운 점

보육교사가 되고 싶은 동기	보육교사가 되면 좋은 점	보육교사로서 어려운 점
아이들을 좋아함	아이들과 함께할 수 있음	수업준비의 어려움
어릴적 꿈	선생님으로서의 보람	아이들 지도 및 안전 문제
적성에 맞음	원하는 일을 할 수 있음	학부모, 주변 선생님과의 관계
흥미를 느낌	자신의 개발에 도움	육체적 피로, 개인시간 부족
선생님으로서의 보람	사회생활 경험	낮은 급여
취업	안정된 직장생활	교사에 대한 부담감
안정적인 직장생활	교사라는 직업이 좋음	

출처: 유미림, 탁수연(2010)에서 재구성.

이다. 영유아와 함께하고, 영유아를 지도하는 것을 즐거워하고 보람을 느끼는 것은 교직에서 가장 중요한 적성이므로 직업에 대한 매우 바람직한 양상이며, 이는 높은 직무만족으로 연결될 수 있다.

교사로서 발전하기 위해서는 내재적 동기와 외재적 동기 모두 중요하다. 그러나 상대적으로 경제적 안정이나 직업조건과 같은 외재적 동기는 약하게 나타나고 있다. 실제로 보육교사직을 수행할 때 외재적 동기 측면도 충족되어야 지속적인 교사

해 보자

나의 전공 선택 동기와 직업으로서 '보육교사' 선택 동기에 대해 생각해 보고 써 보자. 소집 단별로 자신의 선택 동기에 대해 이야기를 나누고, 선택 동기에 변화가 있었다면 이에 대해 이야기를 나누어 보자.

구분	전공(학과) 선택 동기	보육교사 선택 동기
내재적 동기		
외재적 동기		

생활이 이루어질 수 있으므로 낮은 급여 및 근무조건 등 보육교사의 열악한 처우를 개선하고 지원하는 정책이 뒷받침되어야 한다. 또한 보육교사로서 어려운 점으로 수업준비, 영유아 지원, 학부모 및 동료교사와의 관계 등을 예측하고 있어서 예비교사 교육과정을 통해 내재적 동기를 뒷받침할 수 있는 전문가로서의 역량을 갖추어 나가는 것이 중요하다.

2. 어떤 교사가 좋은 보육교사인가

교육의 질은 교사의 질을 넘어설 수 없기에 예비교사 교육과정에서 예비교사의 질적 수준을 향상시키기 위해 많은 노력을 기울이고 있다. 그러나 이 과정이 '어떻게 잘 가르칠까'에 초점을 두어 주로 교수 · 학습 기술의 향상에만 집중하고 있지 않은지 돌아볼 필요가 있다. 이 절에서는 어떤 교사가 좋은 보육교사인지에 대해 알아보고, 구체적으로 보육교사로서 갖추어야 할 자질과 신념에 대해 설명할 것이다.

1) 교사의 기본 자질

자신의 의사표현이나 자기보호 능력이 부족한 영유아를 교육할 예비 보육교사는 교사로서의 역할을 성공적으로 수행할 가능성과 잠재적 능력을 가지고 있는지 살펴볼 필요가 있다. 교사에게는 학습자에 대한 사랑, 공감, 성실성, 인내심, 도덕성, 원만한 인간관계와 같은 인성적 특성을 포함하는 개인적 자질과 교육과정에 대한 지식, 학습자의 발달에 대한 지식, 교수법에 대한 이해 및 실천 능력, 상호작용 능력 등과 같은 전문적 자질이 요구된다. 교사가 가르치는 행위는 가르치는 방법이나 요령, 즉 교수법과 같은 전문적이고 기술적인 측면만이 아닌, 자신이 소유한 인간적이고 정신적인 자질을 총체적으로 적용하는 하나의 '창조적 행위'다(Banner & Cannon, 1997).

배너와 캐넌(Banner & Cannon, 1997)은 『훌륭한 교사는 이렇게 가르친다(The Elements of Teaching)』라는 책에서 교사가 갖추어야 할 기본 자질로 학습, 권위, 도덕, 질서, 상상, 연민, 인내, 인격, 즐거움의 아홉 가지 덕목을 제시하였다. 즉, 교사는 새로운 지식을 쌓기 위해 늘 학습해야 하며, 수업 효과를 높이기 위해 권위도 세워야 한다. 또한 도덕적이어야 하고, 외적·내적 질서를 바로잡도록 노력해야 한다. 그리고 교사는 상상, 연민, 인내를 통해 학생의 입장에서 학생을 이해하고, 한계를 인정해야 한다. 마지막으로, 교사는 학생을 가르치는 데 필요한 인격을 꾸준히 다듬어야 하며, 수업을 즐거운 놀이로, 교실을 즐거운 배움의 장소로 만들어야 한다. 학생에게 존경받는 교사는 지식이 풍부한 교사이기보다는 학생을 이해하고 격려하며 훌륭한 인격을 갖추고 몸소 학생의 본보기가 되는 교사다.

보육교사는 교사의 기본적이고 일반적인 자질을 공유하는 동시에 어린 영유아를 돌보고 가르친다는 직무 특성에서 또 다른 자질과 적성을 요구한다. 영유아와 상호

해 보자

1. 지금까지 내가 경험했던 선생님 중에서 Best Teacher를 생각해 보고, 그 선생님을 Best Teacher로 꼽게 된 특징을 써 보자. 또한 Worst Teacher를 생각해 보고, 그 선생님을 Worst Teacher로 꼽게 된 특징을 써 보자.

구분	Best Teacher	Worst Teacher
1		
2		
3		
4		
5		

2. 소집단별로 각각의 특징들에 대해 이야기를 나누어 보고 집단별로 Best Teacher, Worst Teacher의 공통된 특징 다섯 가지를 찾아보자.

구분	Best Teacher	Worst Teacher
1		
2		
3		
4		
5		

작용을 해야 하는 보육교사에게는 사랑, 인내심, 성실성 등의 인성적 측면이 강조되며, 최근에는 전문직으로서 교사에 대한 사회적 요구가 강화되면서 반성적 사고와 같은 교육전문가로서의 자질이 좋은 교사의 측면도 요구되고 있다. 종합해 보면 좋은 교사란 '영유아에 대한 사랑과 이해를 바탕으로 교직에 대한 바람직한 태도와 가치관을 가지고 신체적·정신적 건강 및 교직 수행에 필요한 전문적 지식과 기술을 갖춘 사람'으로 학습자에 좋은 영향을 미치는 교사를 의미한다.

2) 좋은 보육교사에 대한 신념 형성하기

'좋은'이라는 개념은 주관적이고 추상적이기 때문에 '좋은 교사'의 의미를 한마디로 규명하기는 어렵다. 좋은 교사는 지식뿐 아니라 인간의 바람직한 자질을 영유아에게 전달하며, 이를 통해 영유아를 변화시키고, 영유아의 삶을 바꾸게 된다.

예비교사들은 대학에 들어오기 전에 적어도 12년 이상의 교육을 받으며 다양한 교사를 경험하고 그들의 교수행동을 관찰하며 어떤 교사가 좋은 교사인지 나름의 감각을 발달시킨다. 예비교사들은 실제 교수경험을 가지고 있지는 않지만, 개인적 경험과 함께 사회로부터 기대되는 역할과 자질에 대한 인식을 바탕으로 '좋은 교사'에 대한 기본적인 신념과 가치를 형성한다.

'좋은 교사'에 대한 예비교사의 인식은 교육적 측면에서 보면 교사의 교직신념으로 발전한다. 교직신념이란 교사가 가진 교육의 목적, 가치 등에 대한 이해를 토대로 구성된 교사 개인의 교육적 성향을 말한다(Kagan, 1992). 교사의 신념은 무엇을, 어떻게 가르칠 것인가뿐만 아니라 학습자를 어떤 존재로 보느냐에도 영향을 미친다(Bennett, Gottesman, Rock, & Cerullo, 1993).

예비 보육교사가 되려는 학생들의 교직신념을 알아보고자 대학입시 면접에서는 학생들의 '지원동기'와 '어떤 보육교사가 되고 싶은지'를 질문한다. 이에 학생들은 어려서부터 아이들을 무척 좋아했고, '아이들을 사랑하는 교사' '아이들의 마음을 이해해 주는 교사' '아이들의 눈높이에 맞추는 교사'가 되고 싶다며 자신의 경험에 비추어 좋은 보육교사에 대한 신념을 드러낸다(윤희경, 2013). 예비 보육교사들이 이미 지니고 있는 신념은 전공교과목 이수, 참관, 현장관찰, 모의수업, 보육실습 등 예비교사 교육과정에서 새롭게 수정·변화되어 졸업 후 교사로 복무할 때 자신의 교직

신념으로 작용한다.

좋은 교사가 되려는 강한 신념은 교사의 개인적 교수효능감에 영향을 주고 (Darling-Hammond & Baratz-Snowden, 2007), 교직 현장에 나가서도 외적인 어려움을 극복할 수 있는 교수역량(power of teaching)(Ashton & Webb, 1986; Colker, 2008; Ng, Nicholas, & Williams, 2010)과 관련이 높다. 따라서 예비 보육교사 교육과정에서 '좋은 교사'에 대한 교직신념을 잘 발달시키는 것이 중요하다.

예비 보육교사들의 좋은 교사에 대한 신념 변화를 살펴본 윤희경(2013)의 연구에 따르면, 예비 보육교사 교육과정을 통해서도 예비 보육교사들에게 변하지 않았던 좋은 교사에 대한 신념은 '사랑으로 돌보고 가르치려는 엄마와 같은 교사'였다. 학년에 상관없이 예비 보육교사들은 좋은 보육교사에 대해 엄마와 같은 특성, 즉 사랑, 따뜻함, 포근함, 포용력, 칭찬, 존중, 이해, 엄격함, 일관성, 인내 등의 인성적 자질을 가지고 있어야 한다고 생각하였다. 교사가 아무리 수업을 잘한다 하더라도 아이들에게 무관심하고 사랑을 주지 않으면 좋은 교사라 할 수 없다는 확고한 신념을 가지고 있는 것이다. 예비 보육교사들은 또한 보육교사가 가정 밖에서 처음으로 만나는 또 다른 엄마라는 신념을 가지고 있었다. '사랑'이라는 큰 명제에는 영유아와의 강한 유대와 신뢰관계, 헌신과 소명감이 내포되어 있다(Colker, 2008; Goldstein, 1997). 이는 어린 자녀의 양육은 일차적으로 어머니의 책임이라는 사회적 전통이 오늘날 보육교사직 혹은 좋은 보육교사 신념으로 이어져 온 것으로 해석할 수 있다(윤희경, 2013). 영유아 교육은 영유아를 가정에서 돌보는 것이나 영유아 교육기관에서 돌보는 것에 커다란 차이를 두지 않으며, 영유아 교육기관에서는 가능한 한 가정과 같은 편안한 분위기를 제공하려고 노력한다. 이러한 마음과 태도는 카츠(Katz, 1989)가 제시한 모친 모형(maternal model), 친밀 · 헌신 · 열정으로 사랑의 요소를 정의한 스턴버그(Sternberg, 1988)의 주장, 어린아이들에게 가장 중요한 요소는 사랑, 안전, 돌봄이라 강조한 에이어스(Ayers, 1989)의 생각과 일치하는 부분이다. 이는 보육의 중심에는 사랑과 돌봄이 크게 차지하고 있음을 의미한다. 예비 보육교사들이 가지고 있는 '엄마와 같은 교사' 신념은 예비 보육교사들이 좋은 교사를 정의하는 데 교수내용 지식(content knowledge)보다 개인적 · 사회적 · 정서적 특성을 더 강조한 것으로 볼 수 있다(Holt-Reynolds, 1992).

해 보자

교사로서의 나의 좌우명(座右銘) 정해 보기

좌우명이란 늘 자리 옆에 갖추어 두고 가르침으로 삼는 말이나 문구다. 한자 그대로 설명하자면 앉을 좌(座), 오른 우(右), 새길 명(銘)으로 항상 옆에 두고 자신을 경계하게 하는 것으로, '어떤 사람이 되고 싶다'는 것이 아닌 어떠한 행동과 실천의 기준을 잡아 주는 것이다. 좌우명을 정하면 자신의 생활을 반성할 수 있고 욕구와 충동을 조절하여 자율적인 삶을 살게 되며 자신이 원하는 방향으로 진로를 설계할 수 있다.

나는 이런 교사는 되지 않겠다	나는 이런 교사가 되겠다

예비 보육교사들은 전공수업, 현장 관찰과 참여, 실습을 경험하면서 좋은 보육교사에 대한 신념이, 첫째, 외형적 측면에서 영유아와 어울리는 교사에서 영유아의 마음과 행동을 헤아리는 교사로, 둘째, 개인적 경험에 기반한 신념에서 역할과 관련된 구체적 신념으로, 셋째, 교사중심의 교수행동에서 상호작용적 교수활동의 강조로, 넷째, 단순 역할에서 복합적 역할 수행으로, 다섯째, 다른 사람에게 인정받고 싶은 교사에서 스스로에게 만족하고 성장하는 교사로 변화하게 된다(윤희경, 2013).

3. 어떻게 좋은 보육교사가 될 것인가

보육교사의 직무수행은 육체노동, 정신노동, 감정노동의 총합으로 구성된다. 어린 영유아의 신체적·생리적 욕구를 충족시켜 주기 위해서는 육체적 에너지 소모가 많으므로 무엇보다도 보육교사는 신체적으로 건강해야 한다. 또한 영유아의 발달적 특성, 개인차 등에 맞는 상호작용과 교육활동을 계획하기 위해서는 인지적 활동이 원활하게 이루어져야 한다. 여기에 더하여 영유아를 돌보고 가르치는 것은 정서적 교감을 기반으로 하기 때문에 정서노동의 강도는 그 어떤 직업보다도 높다. 이러한 직무 특성으로 인해 아이들을 사랑하는 마음으로 보육교사를 선택했다고 하더라도 소진되기 쉽다. 예비 보육교사는 이러한 보육교사의 직무 특성과 어려움을 알고 이에 대처하기 위한 능력을 예비교사 교육과정 중에 함양한다면, 보육교사가 된 후에 자신이 예비 보육교사 때 꿈꾸었던 좋은 보육교사로서 아이들과 함께 즐겁고 행복하게 생활할 수 있을 것이다. 여기에서는 예비 보육교사로서 좋은 보육교사에 한걸음 더 다가서기 위한 방법에 대해 살펴보고자 한다.

1) 자기 성찰하기

대부분의 예비 보육교사는 초등학교를 졸업하고 중학교를 졸업하고 고등학교에 진학하고 대학에 갈 나이가 되어 남들처럼 대학에 다니게 되었을 것이다. 그 과정에서 자기 자신에 대해 생각해 보는 기회나 경험을 하는 것은 쉬운 일이 아니다. 이제 예비 보육교사로서 자신을 돌아보고 성찰하는 것은 보육교사로서 정체성을 갖는 데 도움이 될 수 있다.

(1) 생애곡선 그리기

생애곡선 그리기 활동을 통해 나의 생애곡선을 그려 봄으로써 인생의 전반적인 목표들을 생각해 볼 수 있다. 즉, 출생부터 현재까지의 성장과정을 돌아보는 경험을 통해 과거를 돌아보고 현재를 분석하며 앞으로 미래에 나아갈 방향을 정립할 수 있는 활동이다. 다음 '해 보자'에 자세히 나와 있듯이 가운데 선은 나의 생애주기이며, 가운데 선을 기준으로 위쪽 영역은 (+) 영역으로 생애에서 행복과 기쁨의 순간을 의미하고, 아래쪽 영역은 (−) 영역으로 생애에서 불행과 슬픔의 순간을 의미한다. 자신의 생애 각 단계에서 어떤 순간이었는지를 그 정도에 따라 해당 영역에 표시하고 표시된 점을 이으면 나의 생애곡선이 된다. 또한 현재 상태에서 더 나아가서 직업인으로서의 5년, 20년, 30년 후 자신의 생애곡선을 예측하여 그려 봄으로써 나의

✦✦ **해 보자**

◎ 지금까지 살아온 나의 생애곡선을 그려 보고, 대학 졸업 이후 나의 예상되는 생애곡선도 그려 보자.

	유년기	초등학교	중학교	고등학교	대학교 저학년	대학교 고학년	취업				
+10											
행복 기쁨 보람											
0								☐	☐	☐	☐
불행 슬픔 고난											
-10						현재					

진로목표를 점검해 보는 시간을 가질 수 있다. 생애곡선을 그리는 것도 의미 있지만, 다 그린 곡선을 소집단 구성원들과 공유하면서 보육교사로서의 비전을 함께 세워 보는 기회로 삼을 수도 있다.

(2) 자서전 쓰기

생애곡선을 참고하여 자신의 자서전을 써 보고, 5년 후, 10년 후, 20년 후 미래의 내 모습을 상상하며 자서전을 미리 써 보는 것도 자기성찰을 위한 작업이 될 수 있다(최연주, 조덕주, 2011). 자서전적 방법은 파이너와 그러메(Pinar & Grumet, 1976)에 의해 소개되었고, 예비교사 교육의 방법으로 활용되고 있다. 자서전 쓰기는 개인의 경험에 대한 시간적이고 반성적인 움직임을 묘사하는 방법으로서, 과거를 회상하는 후향(regressive), 미래를 상상하는 전향(progressive), 과거와 미래와 현재 사이의 관계를 이해하는 분석(analytical), 앞선 경험을 토대로 현재를 재구성하는 종합

(synthetical)의 과정으로 구성된다(〈표 5-2〉 참조). 이는 각 개인으로 하여금 과거에서부터 현재에 이르기까지 자신이 처해 있는 여러 가지 상황과 조건을 하나하나 끄집어내어 그것을 스스로 대면하게 함으로써 자신을 구속하고 있는 현상이나 거짓된 인식을 걸어 내고 자신의 정체성을 회복해 가는 과정이다(한혜정, 2005). 자서전적 방법이 개인의 경험과 이를 둘러싼 다양한 요인과의 상호작용에 의미를 두는 만큼 여러 가지 경험에 관하여 지속적으로 사고하는 과정이 필수적이다. 고등학교 시절의 성적과 교사의 모습뿐만 아니라 그 이전의 경험과 가족을 비롯하여 자기 인생에서 중요한 의미를 갖는 인물과 사건, 그리고 현재 교사 교육과정에서의 경험과 지식 또한 교사의 관점과 신념을 구성하는 결정적인 요소가 된다. 장차 교사로서의 자신을 의식하고, 교육 또는 가르치는 일에 대한 자신만의 관점과 신념을 인식하는 것은 예비교사 교육과정에서 매우 중요하다. 예비교사는 자서전을 작성함으로써 '내가 교사가 된다는 것'을 스스로 인식해 나가게 된다.

표 5-2 자서전적 글쓰기 주제

단계	자서전적 글쓰기 주제
후향	1. 나의 교육 연대기 작성하기
	2. 교육 연대기 중에서 현재의 나에게 가장 영향을 주는 사건(인물)은 무엇인가?
	3. 나의 과거 경험 중에서, • 잠재적 교육과정을 통해 얻은 것이라고 생각되는 부분이 있는가? 그것으로부터 나는 어떤 영향을 받았다고 생각되는가? • 나의 교육적 경험에서는 어떤 교육과정 이념들이 발견되는가? 그리고 내가 선호했던 입장은 무엇이었나?
	4. 나의 경험들 중에서, • 흥미를 자극하거나 희망 또는 용기를 주었던 경험들은 무엇인가? (긍정적인 경험) • 그 당시 나는 어떤 생각들을 하고 있었는가? 그리고 내 주변(집, 학교, 지역사회, 세상)에서는 어떤 일들이 벌어지고 있었는가?
	5. 나의 경험들 중에서, • 나를 위축되게 하거나 포기하게 했던 경험들은 무엇인가? (부정적인 경험) • 그 당시 나는 어떤 생각들을 하고 있었는가? 그리고 내 주변(집, 학교, 지역사회, 세상)에서는 어떤 일들이 벌어지고 있었는가?

전향	6. (미래를 상상해 볼 때) 나는 어떤 사람인가? • 나는 어떤 일에 가장 많은 시간을 할애하는가? • 내가 많은 시간을 보내는 공간은 어디인가? • 나는 어떤 일에서 보람을 느끼는가? • 나는 어떤 상황에서 어려움을 느끼는가? • 나는 어떤 신념을 가지고 살고 있는가? • 주변 사람들은 나에 대해 어떻게 이야기하는가?
분석	7. 내가 소속된 집단(가족, 학교, 친구, 모임 등)에서 나는 어떤 사람인가? • 나는 주변 사람들에게 어떤 영향을 주며, 주변 사람들로부터 나는 어떤 영향을 받는가? ※ 글을 쓴 다음, 나를 잘 알고 있는 사람과 인터뷰하고, 나의 생각과 비교해 보아도 좋다. 8. 과거와 현재, 현재와 미래, 미래와 과거의 나를 연결시켜 볼 때, • 자연스럽게 연결이 되는 부분은 어디인가? 무엇에 의해 연결되고 있는가(어떤 일관성이 보이는가)? • 연결이 잘 되지 않는 부분은 어디인가? 왜 그 부분은 연결되지 않은 채 따로 존재하고 있다고 생각하는가?
종합	9. 나의 경험에 관한 글을 쓰면서 새롭게 발견한 부분이 있다면 무엇인가? 글쓰기 전의 '나'와 글쓰기 후의 '나' 사이에 어떤 변화가 있는가? 10. 자서전적 글쓰기를 경험한 후 예비교사 교육과정에 대한 나의 생각에는 어떤 변화가 있는가?

출처: 최연주, 조덕주(2011).

해 보자

◎ 〈표 5-2〉의 자서전적 글쓰기 주제를 참고하여 자서전을 써 보자.

_____

_____

_____

_____

_____

_____

_____

_____

_____

2) 보육교사 인성 측정해 보기

보육교사는 영유아가 가정 밖에서 맨 처음 만나는 중요한 사람으로, 영유아와 인격적인 만남을 통해 전인적 발달을 지원하는 역할을 한다. 따라서 보육교사의 인성은 영유아의 전인적 발달에 직접적인 영향을 미치는 요인이 된다는 점에서 매우 중요하다.

인성의 개념을 명확히 하나로 정의하기 어렵다. 인성을 인격(character), 성격(personality), 도덕(morality), 인간 본성, 인간의 본연이나 인간다운 품성으로 볼 것이냐에 따라 인성의 의미는 다양해질 수 있다. 인성의 사전적 의미는 '사람의 성품'이며, '각 개인이 가지는 사고와 태도 및 행동 특성'이다. 인성이란 개인의 독특한 특

표 5-3 보육교사의 인성 요인

구분	구성 요소	정의
보편적 인성	사회성	• 사회적 상황에 적응하는 능력 • 적극적 참여, 협동, 원만한 관계 유지, 사교적, 친절
	책임감·성실성	• 맡은 일을 완수하고자 하는 의욕과 자발성이 강한 정도 • 자신이 맡은 일을 열심히 하고 끝까지 마무리 짓는 성향
	타인존중·배려	• 다른 사람의 생각이나 감정을 인정 • 상대방 입장을 먼저 생각하고 다른 사람을 돕는 행동
	자기조절	• 자신의 감정 상태를 인식하여 정서를 조절하고 통제할 수 있는 능력 • 불안감, 우울, 편집증 등 정신 건강 구성 요소의 정상성
	심리적 건강	• 정신적인 균형 유지와 정신건강과 적응의 조화 • 불안감, 우울, 편집증 등 정신 건강 구성 요소의 정상성
교사로서의 인성	공감·정의감	• 타인이 느끼고 생각하는 바를 이해하는 인지적 공감 • 타인의 정서를 대리 경험하는 정서적 공감 • 공정·공평성, 약자에 대한 우선권 고려
	교직관	• 직업적 활동에 삶의 의미와 목적 부여 • 직업을 천직으로 여기고 헌식
	민감성·수용성	• 이해하고 수용할 수 있는 열린 마음 • 다양한 신호와 접근을 이해하고 요구에 신속하게 대처함

출처: 김은설, 김길숙, 이민경(2015).

성을 바탕으로 길러지는 그 사람의 사람됨으로 정의할 수 있다. 인성은 타고나는 부분도 있지만 속하고 있는 사회의 생활방식과 가치관에 따라 바람직한 인성에 대한 판단이 달라질 수 있다. 많은 인성의 덕목이 사회가 지향하는 가치관을 포함하고 있는데 이는 좋은 인성이란 인성교육을 통해 올바른 사회구성원으로 성장해 나가는 과정을 의미한다. 좋은 인성을 도덕적이고 윤리적인 것으로 한정해서 볼 것이 아니라, 사회정서적 역량을 바탕으로 자기 자신과 타인에 대한 이해의 정도가 높고, 윤리적이고 책임감 있게 행동하는 사람으로 확장할 필요가 있다.

또한, 개인의 인성은 일상생활의 장면에서뿐만 아니라, 직무수행 장면에서 매우 중요한 요인으로 작용한다. 즉, 개인의 인성은 인간으로서의 보편적 인성과 함께 자신의 수행하는 직무에서 요구되는 인성을 포함하는 구성적 개념이라도 할 수 있다(김경령, 서은희, 2014)

보편적 인성은 직업과 관련없이 인간으로서, 사회인으로서 누구나 지니고 있어야 할 도덕적·윤리적·정서적 기본 특성으로 자기조절, 자존감, 책임감, 성실성, 도덕성, 사회성, 타인존중배려, 심리적 건강 등이 포함된다. 교사로서의 인성은 다른 직업종사자가 아닌 교사이기에 특별히 요구되는 사회정서적 요인들과 관련된 인성을 의미한다.

김은설, 김길숙, 이민경(2015)은 교사 인성 관련 선행연구를 바탕으로 〈표 5-3〉과 같이 보편적 인성과 교사인성으로 구분하고 각각 구성요인을 제시하였다.

〈표 5-4〉는 김은설, 김길숙, 이민경(2015)이 개발한 예비 영유아교사 인성측정 도구이다. 이 측정도구를 활용하여 자신의 보육교사로서의 인성 특성의 강점과 약점을 파악한다면, 좋은 보육교사가 되는 것에 도움을 받을 수 있을 것이다.

표 5-4 KICCE 예비영유아교사 인성측성 도구

문항	전혀 그렇지 않다	별로 그렇지 않다	보통 이다	대체로 그렇다	매우 그렇다
1. 나는 아무런 가치도 없다고 느낄 때가 있다.	①	②	③	④	⑤
2. 무슨 일을 하던 정신을 집중하기가 힘들다.	①	②	③	④	⑤
3. 종종 낯선 사람들이 나를 훔잡듯이 쳐다보는 것 같다.	①	②	③	④	⑤
4. 매사에 매우 침울하고 희망이 없어 보일 때가 있다.	①	②	③	④	⑤

5. 다른 사람들보다 더 많이 실패한 것 같다.	①	②	③	④	⑤
6. 아무도 믿지 않는 것이 안전하다고 생각하는 편이다.	①	②	③	④	⑤
7. 다른 사람을 대할 때 실수를 저지를까 봐 두려움을 느낀다.	①	②	③	④	⑤
8. 편안하게 쉴 수가 없다.	①	②	③	④	⑤
9. 걱정을 하거나 막연한 불안감을 느낀다.	①	②	③	④	⑤
10. 도무지 무엇을 시작할 기운이 나지 않을 때가 있다.	①	②	③	④	⑤
11. 잘못된 일이라는 것을 알아도 그 일을 중단할 수 없을 때가 있다.	①	②	③	④	⑤
12. 때로는 공허하고 허전한 감이 든다.	①	②	③	④	⑤
13. 사람들은 남의 일에 진정한 관심을 갖지 않는다고 생각한다.	①	②	③	④	⑤
14. 일이 잘못되었을 때 남의 탓을 하는 경향이 있다.	①	②	③	④	⑤
15. 책임감이 무거운 일을 맡기가 두렵다.	①	②	③	④	⑤
16. 종종 일이 잘못될까 봐 걱정을 한다.	①	②	③	④	⑤
17. 새로운 사람을 만나는 자리에 참석하는 것이 즐겁다.	①	②	③	④	⑤
18. 많은 사람과 함께 있는 것이 좋다.	①	②	③	④	⑤
19. 익숙하지 않은 대인관계에서도 편안함을 느낀다.	①	②	③	④	⑤
20. 사람들과 쉽게 친해지고 원만한 관계를 유지할 수 있다.	①	②	③	④	⑤
21. 내가 필요할 때 도와줄 친구가 많다.	①	②	③	④	⑤
22. 인사성이 밝다.	①	②	③	④	⑤
23. 시작한 일은 끝까지 마치는 편이다.	①	②	③	④	⑤
24. 내가 해야 할 일은 책임지고 마무리한다.	①	②	③	④	⑤
25. 나는 꾸준하고 열심히 하는 사람으로 알려져 있다.	①	②	③	④	⑤
26. 내가 할 일을 남에게 미루지 않는다.	①	②	③	④	⑤
27. 일정을 잘 맞춰서 사람들로부터 신뢰를 받는다.	①	②	③	④	⑤
28. 시간을 잘 지키는 편이다.	①	②	③	④	⑤
29. 마음이 내키지 않더라도 맡은 일은 반드시 한다.	①	②	③	④	⑤
30. 다른 사람보다 옳고 그름을 가리는 데 엄격한 편이다.	①	②	③	④	⑤
31. 규칙을 잘 지키는 편이다.	①	②	③	④	⑤
32. 사소한 일이라도 최선을 다 한다.	①	②	③	④	⑤
33. 즐거움과 재미 때문에 주어진 일을 끝내지 못할 때가 있다.	①	②	③	④	⑤
34. 내가 목표한 일에서 좋은 결과를 얻을 수 있다.	①	②	③	④	⑤
35. 장기적 목표를 위해 계획을 세워 행동하는 편이다.	①	②	③	④	⑤
36. 남에게 내 차례를 잘 양보하는 편이다.	①	②	③	④	⑤

문항	①	②	③	④	⑤
37. 친구들로부터 따뜻한 사람이라는 말을 듣는다.	①	②	③	④	⑤
38. 남의 기분을 상하지 않도록 행동과 말을 조심하는 편이다.	①	②	③	④	⑤
39. 사람들은 나를 다정하고 상냥한 사람이라고 생각한다.	①	②	③	④	⑤
40. 남의 말을 잘 경청하는 편이다.	①	②	③	④	⑤
41. 만나는 사람에 따라 그 사람들에게 맞춰서 행동하는 편이다.	①	②	③	④	⑤
42. 다른 사람들이 좋아할 말이나 행동을 하려고 노력한다.	①	②	③	④	⑤
43. 다른 사람들을 잘 도와주는 편이다.	①	②	③	④	⑤
44. 상대방의 의견을 존중한다.	①	②	③	④	⑤
45. 다른 사람이 나와 다른 생각을 가지고 있더라도 이해해 보려고 한다.	①	②	③	④	⑤
46. 다른 사람들과의 의견을 잘 조율한다.	①	②	③	④	⑤
47. 교사는 신뢰와 존경을 받는 직업이라고 생각한다.	①	②	③	④	⑤
48. 나에게 교사라는 직업은 매우 중요한 의미를 가진다.	①	②	③	④	⑤
49. 영유아를 가르치고 돌보는 것은 가치 있는 일이라고 생각한다.	①	②	③	④	⑤
50. 교사는 일반인보다 더 높은 윤리의식을 가져야 한다고 생각한다.	①	②	③	④	⑤
51. 미래에 좋은 교사가 되기 위해 자기계발을 한다.	①	②	③	④	⑤
52. 좋아하는 음식을 먹을 때 과식하는 경향이 있다.	①	②	③	④	⑤
53. 충동적으로 일을 벌이고 나서 후회하는 경향이 있다.	①	②	③	④	⑤
54. 머릿속에 떠오르는 대로 말하는 경향이 있다.	①	②	③	④	⑤
55. 화를 참지 못하는 편이다.	①	②	③	④	⑤
56. 위기나 곤란에 처한 아이들을 보면 보호해 주고 싶은 마음이 든다.	①	②	③	④	⑤
57. 환경과 배경에 따라 상대를 차별하지 않는다.	①	②	③	④	⑤
58. 다친 아이를 보면 정말 마음이 아프다.	①	②	③	④	⑤

출처: 김은설, 김길숙, 이민경(2015).

해 보자

◎ 자기측정 해 보고 서로 이야기를 나누어보자.

1. [예비유아교사 인성 자기측정도구]를 읽고 자기 평가를 5점으로 해 본다.

　※ 역채점 문항은 역채점할 것

2. 응답지에 인성영역별로 요인별 합계점수를 낸다.

3. 점수를 문항수로 나눈다.

4. 그래프에 자신의 결과를 표시해 본다.

5. 자신의 인성요인에서 강점과 약점을 찾아보고 이야기를 나눈다.

	요인	문항수	문항	요인합산점수	합산점수/문항수
보편적 인성	심리적 건강*	16	1~16		
	사회성	6	17~22		
	책임감, 성실성	13	23~35		
	타인존중, 배려	11	36~46		
	자기조절*	4	52~55		
교사로서의 인성	공감, 정의감	3	56~58		
	교직관(소명의식)	5	47~51		

*역채점문항

5							
4							
3							
2							
1							
	심리적 건강	사회성	책임감 성실성	타인존중 배려	자기조절	공감 정의감	교직관 (소명의식)

3) 보육교사로의 역량 기르기

좋은 교사로서의 자질을 갖추어 나가는 것은 예비교사 교육과정과 밀접하게 연관되어 있어서 어떠한 교육과정을 경험하는가에 따라 예비 보육교사가 겪는 경험도 달라지며, 궁극적으로는 어떠한 교사로 성장할지에 중요한 영향을 미친다. 예비 보육교사들에게 예비교사 교육과정은 인생에서 자기 미래의 삶을 찾아가는 여정이므로 단순히 보육교사가 되기 위해 필요한 내용에 제한할 것이 아니라 자신의 삶을 더 큰 맥락에서 준비하고 성찰하는 가운데 보육교사로서의 역량을 갖춰 나가도록 한다.

(1) 전문적 지식 역량 기르기

예비 보육교사는 교육과정에서 수업을 통해 영유아 보육과 관련된 전문적인 지식을 습득한다. 또한 교과목 수업 중의 참관 및 관찰자로의 경험, 관찰일지 작성, 놀이 지원 경험, 연구모임 등 다양한 경험을 하며, 보육실습을 통해 실천적 지식을 구축해 간다. 이에 더하여, 예비 보육교사가 대학생활에서 경험하는 학교 안팎의 다양한 경험은 예비 보육교사가 보육교사로서 성장 · 발달해 가는 데 직 · 간접적으로 영향을 미친다(연세희, 염지숙, 2016). 예비 보육교사는 자신들이 선택해서 보육을 전공하고 있지만 대학생활을 하면서 전공, 인간관계, 진로 등 다양한 고민을 한다. 또한 현장과 연계된 수업을 통해 현장과 교류하면서 현장에 대한 감각을 익히며, 실습을 통해 현장에서 필요한 전문적이고 실천적인 지식을 습득하는 것은 물론, 보육교사로서의 긍지와 자부심을 경험하면서 보육교사로 성장해 나간다.

영유아와 어떻게 잘 상호작용할 것인가에 대한 지식을 습득하는 것도 중요하지만, 보다 궁극적으로는 가르치는 일이란 무엇인지, 가르침의 과정에서 교사의 역할은 무엇인지, 학습자인 영유아를 어떻게 바라볼 것인지, 학습자인 영유아는 어떻게 배워나가는지 등에 대한 성찰(안소영, 2014)이 함께 이루어져야 한다.

(2) 실천 역량 기르기

예비 보육교사는 단순히 교과지식을 축적하는 데에서 한 발 더 나아가 현장의 현실적이고 의미 있는 실제를 경험하여 실제로 무언가를 할 수 있는 능력을 키우기 위한 노력(Korthagen, 2001)을 해야 한다.

보육실습은 예비 보육교사들에게 자신에 대한 새로운 가능성을 발견하는 기회이자 전문성을 지닌 교사로서 정체감을 형성해 가는 의미 있는 과정이다. 예비 보육교사들은 교직 수행과 관련된 이론과 실제를 보다 구체적으로 통합시켜 볼 수 있는 보육실습을 통해 실제 현장에서 자신의 직업에 대한 신념, 의식, 정체성을 형성할 수 있는 매우 좋은 기회를 얻을 수 있다. 보육실습을 통해 예비 보육교사는 보육교사로서의 정체성과 교사로서의 보람을 느끼는 등 긍정적인 경험을 하면서 본격적으로 보육교사라는 직업에 대한 비전을 가지게 된다. 예비 보육교사들에게 보육실습의 경험은 보육현장과 보육교사에 대한 모호한 인식이 명확하고 긍정적으로 변화할 수 있는 계기를 만들어 준다. 또한 진로결정에 중요한 요인으로 작용하며, 보육교사로서 필요한 전문성과 실천적 지식을 기를 수 있도록 한다(김정원, 조혜선, 2012; 이선미, 2012).

보육실습을 통해 예비 보육교사들은 인식, 태도, 신념의 변화가 생기며, 이러한 변화들은 보육교사가 되었을 때 이들의 가치관에 영향을 미친다. 보육실습은 예비 보육교사들에게 교사역할의 실제를 경험하고 훈련하는 기회이기 때문에 실습을 통해 실습지도교사가 보여 주는 교수실천은 예비 보육교사들에게 교사역할에 대한 실천적인 지식이 된다.

김정원, 조혜선(2012)은 교사자화상 그리기와 면담을 통해 예비 보육교사들의 보육실습 전후의 변화에 대해 살펴보았다. 실습 전에 예비 보육교사들은 교사로서의 자신을 막연하게 인식하고 교사 주도적인 수업을 중시하였으나, 실습 후에는 영유아와 함께하는 교사, 영유아와 긍정적인 경험을 함께하는 교사의 모습을 좀 더 중요하게 생각하는 것으로 변화하였다. 실습과정에서 노력과 성취에 대한 자기만족 및 실습지도교사의 격려와 칭찬은 교사로서의 자신감을 얻게 되는 계기가 되었고, 무엇보다도 자신들로 인해 영유아가 변화하는 모습을 통해서 얻는 긍정적인 경험은 교사로서 효능감을 키우는 계기가 되었다. 또한 실습지도교사의 멘토링과 실습동료들과의 상호 협력 경험은 실습을 통해 교수·학습뿐만 아니라 긍정적 인간관계 형성을 배울 수 있는 기회가 되었다.

보육실습은 교사로서의 정체감을 형성하는 긍정적 경험이 되기도 하지만 부정적 경험을 하는 경우도 있다. 예비 보육교사들이 실습과정에서 느끼는 부정적 경험은 크게 두 가지로, 개인적 측면과 기관의 측면으로 대별된다(차영숙, 강민정, 유희정,

2011). 개인적 측면으로는 예비 보육교사 자신의 준비 부족 혹은 개인의 능력과 관련되며, 기관의 측면은 실습기관의 분위기 및 질적 수준, 실습지도교사의 자질, 비정상적인 교육과정 운영 등에서 비롯되는 것으로 나타났다. 예비 보육교사 자신의 수업지도 능력, 영유아와의 상호작용, 영유아들에 대한 지도 능력의 부족에 해당하는 개인적 측면은 교사양성 교육과정에서 교과와 관련된 현장 경험 및 활동을 통하여 이론을 실제화하도록 도와줄 수 있다. 그러나 실습기관의 질적 수준, 실습지도교사의 자질, 대학에서 배운 이론과 실제의 차이 등과 관련하여 예비 보육교사가 겪는 딜레마는 대학에서 관리하거나 통제할 수 없는 분야이므로 예비 보육교사에게 더 큰 어려움이 될 수 있다.

예비 보육교사들은 실습기간 중에 예상하지 못한 다양한 딜레마에 부딪칠 경우 보육실습 후 좌절하는 경우가 발생할 수 있다. 예비 보육교사들은 보육실습과정에서 교육이론과 교육실제 간에 발생하는 간극으로 인해 교수행위, 영유아 지도, 동료 관계에 대한 딜레마를 경험하게 될 경우(좌승화, 오정희, 2015), 보육교사로서의 비전과 정체성의 혼란을 겪게 된다. 예비 보육교사는 실습과정에서 경험한 이러한 딜레마 상황을 좋은 교사가 되길 희망하는 자신의 상황에 통합하여 반성적으로 사고하는 과정에서 자신을 한 단계 성장시키는 계기로 만들려는 노력이 필요하다(좌승화,

해 보자

◎ 보육실습을 통해 자신에게 변화되고 발전된 부분에 대해 생각해 보고 써 보자.

오정희, 2015). 이러한 노력으로 보육실습에서 경험하는 딜레마 상황은 예비 보육교사에게 부정적인 경험이 되는 동시에 긍정적인 경험이 되므로 예비 보육교사는 이를 교육현장에 대한 폭넓은 인식과 통찰을 갖는 기회로 삼아야 한다.

예비 보육교사들은 교육현장의 복잡성과 한계를 이해하는 한편, 자신들이 경험한 딜레마를 중심으로 교육과정 실행과 평가 및 지원, 영유아와의 상호작용 및 지도방법, 동료교사와의 관계 등에 관한 전문지식과 기술을 반성적으로 되돌아봄으로써 스스로 교육신념을 형성하고 다양한 맥락에서 발생하는 딜레마에 대한 올바른 교육적·윤리적 판단의 근거를 마련해 나가야 한다. 즉, 실습과정을 단순히 현장을 보고 체험하는 것에서 그치지 않고, 현장경험을 통해 보고 듣고 느낀 것을 자신만의 실천적 지식으로 재구성하는 기회로 만들어야 한다.

(3) 딜레마 상황에서의 판단 역량 기르기

어린이집 현장에서 보육교사의 일은 매우 복잡하고 불확실하며 많은 사건이 동시 다발적으로 일어나는 특징을 가지고 있다. 교사들은 활동을 진행하는 순간에도, 영유아와의 개인적인 상호작용 시에도, 통제와 자율, 자유와 관리, 허용과 개입 등 무엇이 옳은지, 어떻게 해야 하는지를 갈등한다. 어린이집 현장은 영유아들 사이, 영유아와 교사 사이, 교사와 교사 사이, 교사와 원장 사이, 교사와 부모 사이, 부모와 부모 사이 등 각기 다른 욕구와 이해관계를 가지고 있고, 보육교사들은 이러한 상황 속에서 크고 작은 딜레마를 경험한다.

- 점심시간에 갑자기 밥을 먹지 않겠다고 하는 영유아가 있다면 어떻게 해야 할 것인가?
- 놀이하고 있는 영유아에게 개입을 해야 하는가, 그대로 두어야 하는가?
- 내가 너무 교사 중심적으로 활동을 진행하고 있지는 않은가?
- 나는 통제적으로 영유아들을 다루고 있지 않은가? 아니면 책임 없이 너무 방임하고 있는 건 아닌가?
- 영유아의 놀이에 함께 참여하며 상호작용을 해야 하는데, 다음 시간을 위한 준비도 해야 한다. 나는 어느 쪽을 더 중요하게 택해야 하는가?
- 나를 불편하게 하는 그 부모를 피할까? 아니면 정면 돌파할까?

• 이 길이 나에게 맞는 길인가? 나는 내년에도 교사직을 계속해야 하는가?

이와 같은 상황을 해결할 수 있는 표준화된 원리와 방법은 없다. 확실한 대안은 보육교사 스스로 사고하고 의사를 결정할 수 있는 능력과 판단을 할 수 있는 능력을 갖추는 것이다. 보육교사에게 반성적 사고가 필요한 이유는 교사의 사고과정 및 신념체계가 실천행위에 영향을 주고, 교수활동의 복잡성 및 불확실성을 극복할 수 있게 하기 때문이다. 교사들이 불확실한 것들을 명백히 하기 위해서는 경험에 대한 반성을 통해 배워야 할 필요가 있다. 이를 통해, 교사는 자신의 생각과 행동을 돌이켜 신중히 재고하게 되고, 자신의 행동을 스스로 수정하고 개선시켜 나갈 수 있는 역량을 가지게 된다.

이러한 역량은 예비교사 교육과정에서 자기 분석, 소집단 토의 및 협의, 동료관찰, 저널 쓰기, 자서전 쓰기, 포트폴리오 등 다양한 교육 경험 및 실습을 통해 기를 수 있다.

해 보자

◎ 자신이 보육실습에서 경험한 딜레마 상황을 생각해 보고 어떻게 극복했는지 써 보자.

_____

_____

_____

_____

_____

_____

_____

4) 자기주도적 셀프리더십 기르기

성인학습자로서 예비 보육교사는 자신의 학습을 스스로 설계하고 주도하는 자기주도적 학습자가 되어야 한다. 자기주도적 학습자는 자신의 삶과 자신의 결정에 대한 책임을 질 수 있는 능력을 의미하는 셀프리더십의 기초가 된다.

어떠한 상황에서 특정한 일을 수행하기 위해 자신에게 스스로 영향력을 행사하는 과정으로, 자기지시(self-direction)와 자기동기화(self-motivation)를 포함한다. 셀프리더십은 자기 스스로 목표를 설정하고 목표달성에 따른 내적 보상을 얻거나 목표를 달성하지 못했을 경우 자율적으로 수정하고 조절하는 능력을 의미한다(Manz, 1983). 셀프리더십은 효과적인 행동을 위한 행동 중심 전략과 효과적인 사고와 태도를 위한 건설적 사고 전략, 그리고 내적 보상을 활용하는 자연적 보상 전략으로 구성(조부경, 서윤희, 2011; 조윤정, 2010; Houghton & Neck, 2002)이 된다.

(1) 행동 중심 전략

행동 중심 전략이란 사람은 자신과 타인의 행동과 그 결과를 관찰하고, 행동을 하는 이유와 목적을 스스로 인식하며, 행동을 변화시키는 것을 말한다. 이러한 행동 중심 전략에는 자기설정 목표, 단서 관리, 예행연습, 자기관찰, 자기보상, 자기처벌 등이 있다.

① 자기설정 목표

스스로 구체적이면서도 도전적인 목표를 세우는 것이다. 목표설정 이론에 의하면 인간의 성취에 가장 직접적인 영향을 미치는 변수가 목표라고 한다. 목표는 그것이 인간의 마음속에 받아들여질 때 강력한 동기 유발 요인이 된다고 한다.

② 단서 관리

건설적 활동을 하도록 하는 바람직한 자극을 제공하고 유해한 자극을 제거함으로써 자신을 더욱 효율적으로 관리하는 방법이다. 단서란, 벽에 붙인 격문, 간단한 팻말, 표지 등에서부터 일일 점검 목록에 이르기까지 다양하다. 이것들은 개인의 주의를 환기시키고, 새로운 의욕을 주기도 하며, 잊기 쉬운 사항을 기억하게 해 주기도 하는 등 여러 가지 역할을 한다.

③ 예행연습(리허설)

어떤 작업활동을 실제로 수행하기 전에 그 작업활동을 사전에 신체적·정신적으로 리허설해 보는 것이다. 중요한 과업을 수행하기 전에 충분히 생각하고 리허설해 보는 것은 셀프리더십의 중요한 전략 중의 하나다.

④ 자기관찰

자신이 업무를 수행하는 과정에서 나타나는 구체적인 행동을 관찰하고 그 행동에 관한 정보를 수집하는 전략이다. 자기관찰을 통해 자신이 가지고 있는 성격, 능력상의 장단점에 대해 깊이 성찰하고, 이를 자신의 삶 속에서 어떻게 활용 혹은 극복할까를 궁리하게 된다. 자기관찰은 또한 자기평가를 위한 정보를 제공하기도 한다. 수집한 정보를 분석함으로써 자신의 작업 노력의 효과성을 개인적으로 평가할 수 있게 된다.

⑤ 자기보상

바람직한 행동을 해냈을 때 그것에 대해 자기 자신이 가치 있게 여기는 보상을 자기 자신에게 제공하는 것이다. 우리가 노력의 대가로 무엇을 받든지 간에 그것은 동기 유발과 미래 활동의 선택에 중요한 영향을 미친다. 자기보상은 자기평가 후에 따르는 것으로서 물질적 또는 정신적 형태를 지닐 수 있다. 의도적으로 자기 자신에게 높은 업적의 대가로 육체적 및 정신적 보상을 제공하는 것은 동기 유발과 작업 노력의 유지에 도움이 될 수 있다.

⑥ 자기처벌

바람직하지 못한 방법으로 행동했을 때 그것에 대해 자신에게 비판이나 벌을 가하는 전략이다. 그러나 자기처벌이 지나치면 동기 유발이나 노력을 손상시킬 수 있다. 이 경우에는 자기 스스로 교정하는 건설적인 피드백이 효과적이다.

(2) 건설적 사고 전략

자신의 생각을 바람직한 방향으로 수정하고 올바른 사고를 확립할 수 있는 방법을 사용하는 전략이다. 행동의 습관을 개발하는 것처럼 사고방식에도 습관을 개발할 수 있는데, 바람직한 방향으로 생각을 수정하고 확립하는 데 초점을 두고 있다(Houghton & Neck, 2002; Neck & Manz, 1996). 건설적 사고 전략에는 자신의 신념 관리, 상상적 경험 그리고 자신과의 대화 등이 포함된다.

① 신념 관리

비합리적 신념과 가정들을 합리적인 신념으로 조정하는 전략이다. 신념이나 믿음은 변화를 위한 기조적 역할을 하게 되기 때문에 개인이 어떤 어려운 상황에 대처하지 못하는 것은 비합리적인 신념이 그 원인이 된다고 할 수 있다. 그 일을 성공적으로 수행할 수 있는 능력이 있다는 긍정적인 신념이 실제로 그것을 잘할 수 있는 가능성을 증대시킨다.

② 상상적 경험

실제로 하나의 일을 행하기 전에 성공적인 결과를 상상하는 전략이다. 예를 들어, 주요한 도전에 직면하였지만 극적인 성공을 거두고 있는 자신의 모습을 상상하는 것이다.

③ 자신과의 대화

사건과 경험을 평가하고 구성하고 반응하면서 생각하는 것으로 일종의 자기충족적 예언을 하는 전략이다. 자신과의 대화는 내부적 수준에서 이루어지는 자신과의 지속적인 대화로서 자기를 설득, 격려, 질책, 비판, 위로하는 등 때에 따라 적절한 대화를 하며 자신을 이끌어 가는 것을 말한다. 자신과의 대화의 근본에는 자신에 대한 강한 긍정과 믿음이 깔려 있어야 한다. 그렇지 않으면 자기 질책이나 비판이 자칫 자기비하로 바뀌어 파괴적인 효과를 낼 수도 있다. 그러므로 자신과의 대화를 스스로 관찰하고 장애 요소들을 건설적으로 바꾸려고 노력하는 과정이 반복 실천되어야 한다.

(3) 자연적 보상 전략

내적 보상에 초점을 둔 사고로 자신의 업무를 즐기고 일 자체에 의해 동기가 유발될 수 있도록 하는 전략이다. 인간은 자신이 좋아하는 일이나 활동을 수행할 경우, 그 자체를 수행한다는 것만으로 행복을 느끼며 만족해한다. 자신의 노력에 대한 건설적인 사고와 감정을 끌어내기 위해 내적 보상을 활용하는 방법에는 과업의 자기재설계와 작업환경 여건의 재설계 등이 포함된다.

① 과업의 자기재설계

직무 내의 내적 보상 수준을 높이기 위해 무슨 일을 어떻게 할 것인가를 자신이 재설계하는 것이다. 여기에서는 과업의 재설계에 대한 단기적 시각과 장기적 시각을 생각해 볼 수 있다. 단기적 시각에서 과업의 재설계는 초점을 현재의 과업에 두고, 즉 '현재의 직무 그 자체를 어떻게 하면 보다 더 자연스러운 내적 보상을 느끼도록 만들 것인가?'에 집중하는 것이다. 장기적인 시각에서 과업의 재설계는 여러 해 동안에 걸쳐 일의 성질을 변화시킴으로써 내적 보상을 더 느끼도록 만드는 것이다.

② 작업환경 여건의 재설계

스스로 자신의 작업환경을 재설계하거나 작업의 시간과 장소를 변경하여 내적 보상을 증진시키는 것이다. 이 같은 내적 보상을 통하여 자신의 일이나 활동에서 진정한 가치와 보람을 찾아 유능감과 자기통제감을 얻게 된다.

표 5-5 예비 보육교사의 셀프리더십 교육활동 내용 및 방법 예시

주제	셀프리더십 전략	활동 내용 및 방법
자기관찰법 활용하기	자기관찰	• [강의] 자기지각을 개발하기 위한 자기관찰법 활용방법 • [보고서 작성] 자기관찰 보고서 작성 및 발표 −하루 동안 자신에게 주어진 일을 한 시간 단위로 시간, 행동, 사건의 내용으로 나누어 객관적으로 기록해 보고 반성해 보기

나에게 말 걸기	셀프토크	• [대집단활동] 긍정적 셀프토크 vs 부정적 셀프토크 　−자기관찰 보고서에서 자신에 대한 긍정적 셀프토크와 부정적 셀프토크를 　　찾아보고, 부정적 셀프토크를 긍정적 셀프토크로 변환시켜 보기 • [대집단활동 및 발표] 긍정적 셀프토크 팝업책 만들기 • [과제 제시] 팝업책의 목록을 토대로 일주일간 긍정적 셀프토크 활용해 보기
긍정적 사고의 힘	신념의 관리	• [대집단활동] 나의 사고패턴 점검하기 　−체크리스트를 통해 나의 사고패턴 상황을 분석하기 • [소집단토론] 긍정적 셀프토크 실천경험 공유하기 　−일주일간의 긍정적 셀프토크 연습경험에서의 성공경험과 문제점 공유하기 • [강의] 역기능적 사고의 범주 알아보기
기회를 만드는 생각	성공적 결과 상상하기	• [비디오 시청 및 토의] '닉부이치치'의 삶 • [대집단활동] 성공적 상상 경험 증진 활동 　−대학생활 중 직면했던 도전적인 과업을 선정하여, 이를 해결할 때 자신을 　　관찰해 보고 부정적 · 긍정적 사고를 분석해 본 뒤, 성공적인 결과를 상상 　　해 보기
단서 활용하기	단서 관리	• [강의] 단서 관리 전략의 활용방법 　−기억촉진제, 관심집중제, 부정적 힌트 제거, 긍정적 힌트 늘리기 전략 탐색 • [대집단활동] 긍정적 힌트 늘리기 활동 　−자기관찰 보고서에서 바람직한 행동을 하게 해 주는 긍정적 힌트를 늘려 　　보기
나에게 주는 선물	자기보상 자연적 보상	• [강의] 외재적 보상과 내재적 보상의 의미와 활용 • [대집단활동] 삶 속에 내재적 보상 길들이기 활동 　−내재적 보상을 발견하고 나의 생활환경을 재설계해 보기
자기탐구 1	자기관찰	• [강의] 자기탐구 보고서 소개 • [보고서 작성] 자기탐구 보고서 작성하기 　−나는 누구인가, 내가 가치를 부여하는 일, 나의 강점과 약점, 내가 평생 이 　　루고 싶은 일의 목록, 교사로서의 내 모습에 대한 보고서 작성
자기탐구 2	자기관찰	• [대집단발표 및 토의] 자기탐구 보고서 발표하고 공유하기
대학생활 4년을 설계하기	목표설정	• [대집단활동] 4년 뒤의 내 모습을 향한 목표 설정하기 　−4년 뒤 나는 구체적으로 어떤 모습을 하고 있을지 생각해 보기 　−4년 뒤 유아교사로 성장하기 위해 1~4학년까지의 구체적 목표를 설정하 　　고, 이를 위해 현재 해야 할 일의 목록 작성하기
내가 꿈꾸는 미래	목표설정	• [대집단활동] 버킷리스트 작성하기 활동 　−평생 꼭 해야 할 일이나 달성하고자 하는 목표 설정하기 　−보육교사가 되어서 꼭 하고 싶은 일과 목표 설정하기 • [저널 쓰기] '예비 보육교사로서의 내 모습' 저널 쓰기

단기목표 실천하기	목표설정	• [대집단발표 및 토의] 개인 보육사례별 발표 및 공유 －개인별로 단기목표 실천을 위한 셀프리더십 전략의 적용과정을 공유하고 문제점과 대안에 대해 토의하기

출처: 조부경, 서윤희(2011: 101-102).

이러한 셀프리더십의 행동적 전략과 인지적 전략은 타고나는 것이 아니라 교육과 경험을 통해 형성될 수 있다(Bannan, 2004; Manz & Sims, 1991). 셀프리더십은 어느 누구나 학습을 통해 개발할 수 있고, 교직 인적성, 자기효능감, 자기주도 학습능력 등 개인의 태도와 성과에 긍정적인 영향을 미친다는 점에서(조부경, 서윤희, 2011; 조윤정, 2010) 예비 보육교사를 위한 교사교육에 많은 시사점을 제공해 준다.

참고문헌

김경령, 서은희(2014). 예비교사의 교직인성 자기점검도구 개발 연구, 한국교원교육연구, 31(1), 117-139.

김은설, 김길숙, 이민경(2015). 영유아 교사 인성 평가 및 교육 강화 방안. 육아정책연구소.

김정원, 조혜선(2012). 보육실습 전, 후 예비 보육교사의 교사 이미지 변화: 교사자화상 그리기와 심층면담을 통한 분석. 미래유아교육학회지, 19(2), 1-19.

김현진(2012). 예비유아교사의 교직에 대한 열정, 교사동기 그리고 교사효능감에 관한 연구. 열린유아교육연구, 17(6), 249-275.

박선혜(2016). 좋은 교육에 대한 예비유아교사의 관점 분석. 유아교육학논집, 20(1), 173-191.

안소영(2014). 예비 보육교사교육에서 예비교사가 구성한 가르침의 의미. 한국보육지원학회지, 10(2), 237-260.

연세희, 염지숙(2016). 예비유아교사의 양성과정 경험: 유아교사 되어가기. 유아교육·보육복지연구, 20(2), 35-60.

오숙자, 박은주(2015). 예비유아교사의 정서지능과 교직선택동기가 자기효능감에 미치는 영향. 아시아아동복지연구, 13(2), 79-97.

유미림, 탁수연(2010). 예비 영유아교사의 교직선택동기와 만족기대의 인식. 한국보육학회지, 10(1), 127-141.

윤희경(2013). 좋은 교사에 대한 예비유아교사들의 신념변화. 한국보육학회지, 13(2), 103-122.

이선미(2012). 예비 보육교사의 보육실습 경험에 대한 질적 탐색. 미래유아교육학회지, 19(4), 179-200.

조부경, 서윤희(2011). 셀프리더쉽 교육활동이 예비유아교사의 자기효능감 및 교직에 대한 인식에 미치는 효과. 열린유아교육연구, 16(6), 93-115.

조윤정(2010). 성인학습자의 자기주도성 함양을 위한 셀프리더십 전략과 개발 방법. 전인교육, 2, 165-184.

좌승화, 오정희(2015). 예비유아교사들이 보육실습에서 경험하는 딜레마에 관한 연구. 생태유아교육연구, 14(1), 123-145.

차영숙, 강민정, 유희정(2011). 예비유아교사들이 교육실습과정에서 겪는 어려움과 긍정적 경험. 유아교육학논집, 15(3), 369-394.

최연주, 조덕주(2011). 예비교사교육에서의 자서전적 방법 적용연구. 교육인류학연구, 14(3), 69-101.

한혜정(2005). 자아성찰과 교수방법으로서의 "자서전적 방법". 교육과정연구, 23(2), 117-132.

Ashton, P., & Webb, R. (1986). *Making a difference: Teacher'sense of efficacy and student achievement*. New York: Longman.

Ayers, W. (1989). *The good preschool teacher: Six teachers reflect on their lives*. New York: Teachers College Press.

Bannan, D. A. (2004). Leadership development as a transformational process. Unpublished doctoral dissertation, Michigan State University, East Lansing.

Banner, J. M., & Cannon, H. C. (1997). *The Elements of Teaching*. New Haven, CT: Yale University Press.

Bennett, R. E., Gottesman, R. L., Rock, D. A., & Cerullo, F. (1 993). Influence of behavior perceptions and gender on teachers' judgments of students' academic skill. *Journal of Educational Psychology, 85*, 347-356.

Colker, L. J. (2008). Twelve characteristics of effective early childhood teachers. *Young Children, March*, 68-73.

Darling-Hammond, L., & Baratz-Snowden, J. A. (2007). A good teacher in every classroom: Preparing the highly qualified teachers our children deserve. *The National Academy of Education Committee on Teacher Education*, 111-131.

Goldstein, L. S. (1997). *Teaching with love: A feminist approach to early childhood education*. New York: Peter Lang Inc. 염지숙 역(2001). 사랑으로 가르치기: 유아교육에 대한 페미니스트

접근. 서울: 창지사.

Holt-Reynolds, D. (1992). Personal history-based beliefs as relevant prior knowledge in course work. *American Educational Research Journal, 29*, 325-349.

Houghton, J. D., & Neck, C. P. (2002). The revised self-leadership questionnaire: Testing a hierarchical factor structure for self-leadership. *Journal of Managerial Psychology, 17*(8), 672-691.

Huberman, M. A. (1993). *The lives of teachers*. New York: Teachers College Press.

Kagan, D. M. (1992). Implications of research on teacher belief. *Educational Psychologist, 27*, 65-90.

Katz, L. G. (1989). *Talks with teachers and More talks with teachers*. 이차숙 역(1990). 유아교사를 위한 제언. 서울: 양서원.

Korthagen, F. A. J. (2001). Linking practice and theory: The pe dagogy of realistic teacher education. Paper presented at the annual meeting of the American Educational Research Association, Seattle, WA.

Malmberg, L. E. (2006). Goal-orientation and teacher motivation among teacher applicants and student teachers. *Teaching and Teaching Education, 22*, 58-76.

Manz, C, C. (1983). *The Art of Self-leadership: Strategies for personal Effectiveness in Your Life and Work*. Englewood Cliffs, NJ: Prentice Hall.

Manz, C. C., & Sims, H. P. (1991). Super-leadership: Beyond the myth of heroic leadership. *Organizational Dynamics, 19*, 18-35.

Neck, C. P., & Manz, C. C. (1996). Thought self-leadership: The impact of mental strategies on employee cognition, behavior, and affect. *Journal of Organizational Behavior, 17*, 445-467.

Ng, W., Nicholas, H., & Williams, A. (2010). School experience influences on pre-service teachers' evolving beliefs about effective teaching. *Teaching and Teacher Education, 26*, 278-289.

Pinar, W., & Grumet, M. (1976). *Toward a poor curriculum*. Dubuque, IA: Kendall/Hunt.

Roth, G., Assor, A., Kanat-Maymon, Y., & Kaplan, H. (2007). Autonomous motivation for teaching: How self-determined teaching may lead to self-determined learning. *Journal of Educational Psychology, 99*, 761-774.

Reeve, J. (1996). *Motivating Others: Nurturing Inner Motivational Resources*. Boston: Allyn and Bacon.

Sinclair, C., Dowson, M., & McInerney, D. M. (2006). Motivations to Teach: Psychometric Perspectives Across the First Semester of Teacher Education. *Teachers College Record*, *108*(6), 1132-1154.

Sternberg, R. J. (1988). Triangulating love. In R. J. Sternberg & M. Barnes (Eds.), *The Psychology of love* (pp. 119-138). New Haven, CT: Yale University Press.

제6장

초임 보육교사의 적응

1. 초임 보육교사로 자리 잡기

　모든 조직사회에 새롭게 입문하는 사람은 새로운 위치에서 요구되는 행동을 학습해야 하고, 조직 사회의 위계적 구조에도 익숙해져야 하는 중요한 단계에 있다. 초임 보육교사들도 오랜 학교생활을 거쳤지만 학생이 아닌 교사로서의 입문 과정을 희망과 기대뿐만 아니라 두려움과 걱정으로 맞이하게 된다. 초임교사들은 오랜 기간의 학교생활 경험과 실습 경험 때문에 다른 직장에 입문하는 것에 비해 교직에 적응하는 것이 훨씬 수월하게 보일 수 있다. 그러나 학생의 신분에서 교사의 신분으로 전환되는 것은 역할의 전환이라는 의미에서 볼 때, 학생 신분에서 이루어진 무의식적인 관찰만을 가지고 교사의 역할을 수행하기에는 어려움이 따를 수밖에 없다(오현미, 2009).

　어린이집에 출근한 첫날부터 초임 보육교사는 담임교사로서의 여러 가지 업무를 수행해야만 한다. 바쁘게 돌아가는 어린이집 일상 속에서 영유아와 부모, 원장, 동료교사와 원만한 관계를 맺어나가야 한다. 연간·월간·일일보육계획안을 작성하여 하루일과표에 맞추어 보육활동을 실행하고, 영유아에게 필요한 교재·교구 제작 및 준비를 위해 많은 시간도 필요하다. 영유아의 기본생활습관 지도 및 안전교육에도 관심을 기울여야 한다. 또 어린이집 행사 및 각종 서류, 담당 업무 등을 체크하며 정기적인 혹은 불시에 있을 지도점검과 어린이집 평가도 대비해야 한다.

　익숙하지 않은 일에서 혹시 실수가 생기면 동료교사나 어린이집에 피해를 주지는 않을까, 어린이집 아동학대 사건에 연루되지는 않을까 하는 생각에 초임 보육교사는 늘 긴장 속에서 생활할 수밖에 없다. 오현미(2009)는 첫 1년의 초임 보육교사의 경험이 앞으로 교사생활을 계속하게 될지 이직하게 될지를 결정하게 되는 중요한 시기라고 하였다. 이때 원장과 경력교사의 지원이 초임 보육교사가 그 조직내에서 자리를 잡는 데 중요한 역할을 하게 된다. 그러나 유치원 교사가 되어가는 과정에 관한 연구(이명순, 2001)에서 초임 교사는 모방과 눈치를 통해 유치원에 적응하고, 조직의 분위기에 많은 영향을 받는다고 하였다. 어린이집에서 초임 보육교사가 잘 적응하기 위해서는 그 어린이집의 운영체계를 잘 알고 있는 선배 교사나 원장의 도움이 필요한데 현실적으로 초임교사를 위한 인적·물적 지원체계가 부족한 실정이다.

　우리나라의 보육교사들이 경험하는 낮은 사회적 지위와 정체성의 부재, 인간 관계의 문제, 수업 및 학급 경영능력 부족 등의 문제는 초임 보육교사의 업무 적응을 더욱 어렵게 한다. 그로 인해 초임 보육교사들은 교직에 대한 필요 이상의 불안감을 갖게 되고 "나는 교직에 맞는 사람인가?"라는 근본적인 물음과 함께 교직에 대한 교사로서의 자긍심마저 상실하게 될 위험이 높다. 실제로 경력이 낮은 교사들은 열악한 근무환경과 업무에 따른 소진, 낮은 보상, 자아상과 정체감의 상실과 직무스트레스 등으로 경력교사들에 비해 이직 및 전직률이 더 높은 것으로 나타나고 있다(정현숙, 이지현, 임승렬, 2002; 문은영, 신혜원, 2012, 재인용). 보육교사의 직무스트레스에 관한 연구들(김보들맘, 신혜영, 2000; 김유진, 2003; 신혜영, 2005)에서 보육교사는 직업적으로 특정의 지식과 기술을 가르치는 일을 넘어서 한 인간의 성격, 가치관, 인간성 등을 형성하는 일까지도 돕는 것으로 다양한 역할을 수행해야 한다. 또한 영유아와의 상호작용뿐 아니라 동료교사, 원장, 학부모와의 복합적인 상호작용을 하기 때문에 스트레스는 더욱 가중된다고 하였다.

　초임 보육교사가 새로운 환경에 적응기간이 필요한 것은 당연하지만 소규모의 조직문화라는 특성을 띠는 어린이집에서 업무를 수행하는 데 있어 적응기간을 단축시킬 수 있는 방안을 모색할 수 밖에 없다(황해익 외, 2015). 초임 보육교사가 원장 및 동료 교사로부터 적절한 격려를 받을 때 직무만족도나 조직 헌신도가 높다고 나타난 연구(이윤경, 1999; 서은희, 2002)에서 원장과 경력교사의 지원은 초임 보육교사 적응에 중요한 요소라 하였다. 다시 말해 어린이집에서 초임 보육교사로 자리잡기 위해 원장과 경력교사의 지지가 절대적으로 필요한 것이다. 원장은 오리엔테이션을 통해 그 기관의 역사와 특성, 장·단점 등에 대해 충분히 안내해 주어야 한다. 경력교사와 초임교사가 멘토-멘티가 되어 수업에 대한 장학과 조언을 받을 수 있는 분위기를 만들어 주고, 보육과정의 기초와 심화교육을 정기적으로 받아 보육교사로서의 전문성을 개발할 수 있도록 지원해 주어야 한다. 그 외 지역의 육아종합지원센터를 통해 보육과정 운영에 대한 어려움이나 다양한 재교육, 직무스트레스 관리에 대한 전문 상담을 받을 수 있으므로 지역사회의 자원도 적극적으로 활용하여야 한다.

또 초임 보육교사는 어린이집마다 고유한 조직문화가 있으므로 학급을 잘 운영하기 위해 자신이 속한 어린이집 문화를 이해하고 인적 환경에 적응하기 위해 노력해야 한다. 원장은 어떤 보육철학과 개인 성향을 지니고 있는지, 선배 교사와 후배 교사들 간의 관계는 어떠한지, 교사들은 어떤 말씨와 태도로 학부모와 전화 상담을 하는지 등을 구체적으로 파악하고 나면 교사는 자신의 학급을 준비하는데 좀 더 자신감을 가질 수 있다(박은혜 외, 2010). 아동학대 예방을 위해 영유아 발달 특성을 이해하고 재교육이나 다양한 컨설팅 참여를 통해 교사로서의 본인 모습을 객관적으로 들여다볼 수 있어야 한다. 초임교사로 가져야 하는 태도와 마음가짐을 점검해 보고, 현재 본인이 느끼는 스트레스는 무엇인지, 극복하기 위한 해결방법은 어떤 것이 있는지 등에 대해 적극적으로 자신을 관리하는 것도 필요하다. 또 초임 보육교사의 기본자세, 필요한 자질 등을 익혀 자신의 부족한 부분을 개선해 나가며, 어린이집에서 초임 보육교사로 자리 잡을 수 있도록 노력해야 한다.

표 6-1　초임 보육교사로서의 태도 및 마음가짐 점검하기

초임 보육교사로서의 태도 및 마음가짐 점검하기	확인
• 우리 어린이집의 운영방향과 보육 중점 내용을 파악하고 있는가?	
• 우리 반 아이들의 연령별 특성에 대해 알고 있는가?	
• 연령별로 상호작용하는 방법에 대해 알고 있는가?	
• 어린이집 보육계획안에 대해 알고 있는가?	
• 연간 보육계획안, 월간 보육계획안, 주간 보육계획안, 일일 보육계획안을 작성하는 방식을 알고 있는가?	
• 바람직한 보육실 구성과 교재・교구 선택 원리에 대해 알고 있는가?	
• 어린이집에 확보되어 있는 보육자료 및 교수자료 등을 파악하고 있는가?	
• 어린이집의 교재・교구실, 자료실 등 물리적 환경에 대해 파악하고 있는가?	
• 계절별, 주제별로 교실환경을 꾸며 주고 영역별로 알맞은 교구를 제공할 수 있는가?	
• 보육실의 환경이 쾌적하고 교구는 잘 정비되도록 할 수 있는가?	
• 영유아들이 보육실을 방문했을 때 편안하며 머무르고 싶은 공간으로 구성할 수 있는가?	

출처: 황해익 외(2015).

 해 보자

▶ 초임교사로 현재 느끼고 있는 스트레스는 무엇인가요?
▶ 나의 스트레스의 원인은 무엇인가요?
▶ 스트레스를 해결하기 위해 내가 할 수 있는 것은 무엇인가요?
▶ 스트레스를 해결하기 위해 주변에서 어떤 도움을 받고 싶은가요?

 읽어 보자

• 초임교사로 현재 느끼고 있는 스트레스는 무엇인가요?(예시)
　–영유아 문제행동 및 일상생활 지도
　–어린이집 평가 준비를 위한 점검 및 서류 업무

−영유아 발달에 대한 지식 및 경험 부족

−내 말을 잘 따라주지 않는 영유아

−여러 많은 업무를 놓치지 않고 해야 하는 것

−영유아 안전사고

−부모와 대화 시 대처능력 부족

−체력적으로 힘듦

−보육활동 준비 시간 부족

2. 초임 보육교사의 기본자세

1) 사명감 가지고 일하기

보육교사는 만 0~5세 영유아를 보호(care)하고 교육(education)하는 역할을 담당한다. 인간에게 인생 초기 경험은 평생에 영향을 미치는데 보육교사는 생애 첫 선생님으로 영유아에게 부모 다음으로 중요한 사람이다. 영유아가 어떤 보육교사와 1년의 시간을 보내느냐에 따라 영유아의 신체, 인지, 언어, 사회 · 정서 발달 등 모든 발달에서 차이가 나타난다. 따라서 초임 보육교사는 어린이집에서 영유아가 배우고 느끼는 모든 일들이 우리의 미래를 만들어 가는 중요한 일임을 알고 사명감을 가지고 본인의 일을 즐기고 사랑해야 한다. 이를 위해 먼저 다음과 같은 사항을 스스로 점검해 볼 필요가 있다.

- 나는 우리 어린이집의 보육목표와 철학 등에 대해 알고 있는가?
- 나는 보육교사로 근무하고자 하는 이유에 대한 분명한 가치관을 정립하고 있는가?
- 나는 보육교사로서 열정을 가지고 있는가?
- 나는 어린이집에서 필요한 업무를 수행할 능력이 있는가?
- 나는 원활한 업무 수행을 위해 좀 더 개발해야 할 점이 무엇인지 알고 있는가?

- 나는 보육교사에게 필요한 자질과 직업윤리를 가지고 있는가?
- 나는 동료들과 원만한 인간관계를 형성하고 어린이집의 모든 일에 적극적으로 협조 하려는 자세를 가지고 있는가?

2) 보육교사로서의 전문성 개발하기

보육교사는 영유아기에 습득해야 할 발달과업과 연령별로 연계되는 보육활동을 진행해 나가야 한다. 따라서 보육교사로서 보육과정의 기초 및 심화과정을 이해하고, 다양한 교수법 및 상호작용 방법을 개발하기 위해 끊임없이 노력해야 한다. 또 보육교사로서 숙지해야 하는 아동학대 예방이나 영유아 권리 존중을 위한 교육, 영유아 안전교육 등에도 적극적으로 참여하여 영유아에게 질 높은 보육을 할 수 있도록 전문성을 개발해 나가야 한다. 초임 보육교사는 다음과 같은 교육에 참여하여 전문성을 개발할 수 있다.

- 중앙육아종합지원센터 교육(온라인): 제4차 어린이집 표준보육과정(0~2세, 3~5세), 2019 개정 누리과정 연수, 보육과정 온라인 컨설팅 등
- 육아종합지원센터 교육: 아동학대 예방 및 어린이집 내 안전사고 예방교육, 제4차 어린이집 표준보육과정(0~2세, 3~5세) 심화교육, 기타 초임 보육교사를 위한 다양한 교육 등
- 보수 및 승급교육: 보수교육(매 3년), 1, 2급 승급교육
- 각종 연수 및 세미나 참석: 우수 어린이집 견학, 아동관련 학회 세미나 참석 등
- 상급학교 진학: 대학원 진학
- 어린이집 자체 교육: 교재를 선정하여 함께 읽고 토의하기(영유아 문제행동 지도법), 연구수업 후 피드백 주기 등

3) 똑똑하게 일하기

바쁜 어린이집 일상 속에서 효율적으로 일하는 방법을 터득하기 위해 열심히 일하기(hard work)보다 똑똑하게 일하기(smart work)는 것이 필요하다. 업무 스타일은

개인마다 차이가 있을 수 있으나 초임 보육교사는 매일, 매달, 매년 진행되는 어린이집 일정에 맞추어 효율적으로 일하는 방법을 찾아야 한다. 이를 위해서는 동일한 실수 반복하지 않기, 업무 시간 효율적으로 사용하기, 집중하여 일하기, 자신의 생각과 방법으로 업무를 보다 창의적으로 하기, 체계적인 업무 능력 기르기 등을 위한 노력이 필요하다(중앙육아종합지원센터, 2016). 초임 보육교사는 자신의 부족한 부분을 개선할 수 있도록 부단히 노력해야 한다. 본인의 실수로 어린이집 평가나 지자체 점검에 문제가 발생할 수도 있기 때문이다. 초임 보육교사로 정해진 시간을 효율적으로 관리하여 똑똑하게 일할 수 있는 방법에는 어떤 것들이 있는지 알아보자.

- 연간, 월간, 일일 보육계획안은 미리 작성하고, 보육활동에 필요한 물품 등은 미리 신청해 둔다.
- 일일보육계획안, 관찰일지 등은 미루지 말고 매일 또는 매달 작성하여 정해진 결재일에 제출할 수 있도록 미루지 않는다.
- 자신만의 업무 다이어리를 만들어 매일, 매달, 분기, 년 단위로 해야 하는 업무들을 적어 두고, 매일 아침 체크한다.
- 어린이집 근무 시간 중 담당 업무들을 처리할 수 있도록 영유아 낮잠시간이나 휴게시간을 활용한다.
- 기존에 해 왔던 방식일지라도 시간을 줄일 수 있는 더 간단한 방법은 없는지 고민하여 서류 등의 작업을 간소화시킬 수 있는 방법을 모색한다.
- 혼자 해결하기 어려운 문제가 발생할 때 주변의 인적자원(원장, 경력교사, 동료교사, 육아종합지원센터 보육전문요원이나 상담요원 등)을 적극 활용한다.

3. 영아반 초임 보육교사가 준비해야 하는 것

영아반 초임 보육교사들은 교사의 역할에서 보살피는 역할의 비중이 크기 때문에 교사가 아닌 듯한 생각을 갖게 되어 가르치는 일과 보살피는 일의 이중적인 역할에 대한 혼돈의 과정을 겪는다. 또 보육교사로서의 생활에서는 하루 종일 영아의 교육과 안전한 보호를 위해 상호작용하며 긴장해야 하는 매우 힘든 생활로 많은 인내심을 요구하고 있다. 부모와의 관계에서도 전문인으로서의 권위를 인정받고 싶어하는 교사와 전문인에 대한 인식을 하지 못하는 부모와의 괴리는 교사의 정체성 과정에 혼란을 가져온다(이완희, 2005)

어린이집은 영아반의 수가 유아반에 비해 많으므로 초임 보육교사의 경우 대부분 영아반을 맡게 될 가능성이 높다. 먼저 영아반을 초임 보육교사로서 준비해야 하는 것에 대해 살펴보자.

1) 영아 및 영아 가정에 대한 존중

어린 영아가 어린이집 집단생활에 적응하는 것은 매우 힘든 과정이다. 맞벌이 가정이 증가하면서 부득이하게 영아를 어린이집에 보내 종일 보육을 하는 가정도 있고, 전업주부인 경우에도 기본 보육 또는 시간제 보육서비스를 이용하는 가정도 많아지고 있다. 또 다문화, 한부모, 조손, 외국인 가정 등 가정의 형태가 다양해짐에 따라 각 가정의 다양한 문화를 존중할 수 있어야 한다. 이러한 이해와 존중을 바탕으로 초임 보육교사는 영아와 영아 가정이 어린이집에 잘 적응하도록 돕고, 자녀 양육에 필요한 적절한 서비스를 받을 수 있도록 지원해야 한다.

영아가 건강하게 성장, 발달하는 데 일차적으로 가정의 역할이 매우 중요하므로 부모가 전달해 주는 정보는 어린이집에서 영아를 이해하는 데 중요한 자료가 된다. 영아들이 어린이집 입학 시 제출하는 생활기록부를 통해 영아의 인적사항, 기본생활습관 및 발달상황, 출결상황(재원생), 표준예방접종기록, 병력, 신체발달 상황에 대한 정보를 얻을 수 있다. 또 재원생의 경우 전년도 담당 보육교사에게 영아에 대한 정보를 얻을 수도 있다. 하지만 예전의 정보만으로 영아를 판단할 수 없다. 영아기는 급속하게 성장하는 시기이므로 예전의 정보를 바탕으로 현재 보육실이나 어린이집에서의 생활을 잘 관찰하여, 영아의 발달정도와 흥미 수준에 맞추어 초임 보육교사는 민감하고 적극적으로 영아와 상호작용해야 한다.

영아반 초임 보육교사는 부모와 여러 가지 방식[개별 면담, 알림장(대화수첩), 가정통신문, 전화, 상담, 이메일, 홈페이지, 메시지 등]으로 소통하며 긴밀한 관계를 맺어야 한다. 교사와 부모가 일관된 양육을 할 때 영아는 편안하고 안정적으로 일상생활을 할 수 있다. 특히 초임 보육교사가 부모와 일대일로 만나야 하는 경우 부담감이 클

수 있다. 그러므로 상담 전 부모와 이야기 나눌 자료를 충분히 준비하고 필요 시 원장이나 경력교사와 함께 상담에 들어가는 것도 도움이 된다. 어린이집과 가정의 일상 속의 작은 변화도 함께 공유하며 부모에게 열린 마음을 가지고 다가갈 때 부모에게 신뢰받는 교사가 될 수 있을 것이다.

영아 부모들은 연령에 따른 발달과정을 알지 못하여 자녀의 발달을 위해 어떠한 자극이 필요한지 모르는 경우가 대부분이다. 부모들이 알고 있는 정보는 육아서적이나 인터넷 정보, 혹은 주변인들로부터 얻는 내용이 전부이기 때문이다. 이 정보들속에는 잘못된 정보도 있어 초임 보육교사보다 부모가 더 정확한 양육지식을 가지고 있다고 보기 어렵다. 특히 첫 아이를 어린이집에 보내는 경우는 더욱 그러하다. 그러므로 초임 보육교사는 자신감을 가지고 영아의 발달 특성을 숙지하여 부모에게 필요한 정보를 주고, 나아가 영아의 다음 단계를 예측하여 부모가 대비할 수 있도록 도와주어야 한다.

2) 영아의 건강·안전의 중요성과 초임 보육교사의 역할

영아기에 어린이집에 입소하는 영아는 면역력이 약해 감기나 전염병 등에 취약할 수밖에 없다. 그러므로 영아반 초임 보육교사는 영아의 건강·안전 관리에 특히 중점을 두어야 한다. 영아의 건강관리를 위해 항상 보육실을 청결하게 관리하고, 영아와 교사 자신의 개인 위생을 철저히 관리해야 한다. 또 양질의 급·간식을 통해 충분한 영양을 섭취하여 건강하게 성장할 수 있도록 지원해야 한다. 그리고 어린이집 안팎에서 일어날 수 있는 사고나 위험으로부터 영아를 보호하고, 어린이집에서 안전하게 생활할 수 있도록 해야 한다.

(1) 영아 건강·안전의 중요성

영아가 어린이집에서 건강하고 안전하게 생활할 수 있도록 지원하는 것은 영유아의 기본적인 권리와 삶의 질을 보장하는 필수 요건이다. 영유아의 건강과 안전은 일차적으로 신체적 상해 없이 건강하게 보호되는 것을 말하지만, 궁극적으로는 방임, 학대 등과 같은 정서적 문제로부터도 안전하게 보호되는 것을 포함한다. 사회와 가족 환경의 변화에 따라 어린이집에서 생활하는 영유아의 연령이 점점 더 어려지고 있고, 어린이집에서 보내는 시간이 더 길어지면서 영유아의 건강·안전에 대한 보육교직원의 역할과 중요성은 점점 더 커지고 있으며 그 책임 역시 막중해졌다(한국보육진흥원, 2020). 2021 어린이집 평가 매뉴얼에서 어린이집 평가 4개 영역 중 3영역인 '건강·안전'은 총 5개의 지표로 구성되어 있는데 영아의 건강과 영양, 안전에 대한 내용을 포함하고 있다. 실내외 공간의 청결 및 안전, 급·간식, 건강증진을 위한 교육 및 관리, 등·하원의 안전, 안전교육과 사고예방 등에 대해 평가한다. 3영역 건

표 6-2 어린이집 평가 3영역 건강·안전 평가지표 및 평가항목

평가지표		평가항목	
3-1	실내외 공간의 청결 및 안전	3-1-1	실내외 공간을 청결하고 쾌적하게 관리한다.
		3-1-2	실내외 공간과 설비를 위험요인 없이 안전하게 관리한다.
		3-1-3	실내외 공간의 놀잇감 및 활동자료와 위험한 물건을 안전하게 관리한다.
3-2	급·간식	3-2-1	영양의 균형을 고려한 급·간식을 제공하고 있다.
		3-2-2	식자재의 구입·보관 및 조리공간을 위생적으로 관리하고 있다.
		3-2-3	조리 및 배식과정을 청결하고 위생적으로 관리하고 있다.
3-3	건강증진을 위한 교육 및 관리	3-3-1	손 씻기, 양치질 등 청결한 위생습관을 실천한다.
		3-3-2	교사는 영유아의 건강상태를 살펴보고 적절하게 지원한다.
		3-3-3	영유아와 보육교직원의 건강증진을 위한 예방관리와 교육을 실시한다.
3-4	등·하원의 안전	3-4-1	교사는 영유아의 출석을 확인하며 인계규정에 따라 귀가지도를 한다.
		3-4-2	영유아는 등원부터 하원까지 성인의 보호 하에 있다.
		3-4-3	등·하원용 차량을 운행할 경우 안전요건을 갖추어 관리한다.
3-5	안전교육과 사고예방	3-5-1	영유아를 대상으로 안전교육을 지속적으로 실시하고 있다.
		3-5-2	보육교직원은 안전교육을 받고 영유아 학대 예방 지침을 준수한다.
		3-5-3	안전설비를 비상시 효율적으로 사용할 수 있도록 관리하고 있다.

출처: 한국보육진흥원(2020).

강·안전의 평가지표와 항목은 〈표 6−2〉와 같다.

영아의 건강·안전은 초임 보육교사가 꼭 숙지하고 있어야 하는 내용으로 어린이집 평가 지표를 중심으로 보육실과 어린이집 실내외를 점검해 본다면, 현재 본인이 놓치고 있는 부분들은 없는지 점검해 보고 개선해 나갈 수 있을 것이다.

(2) 표준보육과정의 건강·안전 내용

0~5세 어린이집 영유아를 위한 국가 수준의 보육과정인 '제4차 어린이집 표준보육과정'에서 0~1세와 2세 보육과정 6개 영역(기본생활, 신체운동, 의사소통, 사회관계, 예술경험, 자연탐구) 중 건강, 안전의 내용은 기본생활에 포함된다. 표준보육과정을 기초로 연간·월간·일일 보육계획안을 작성하여 실행하고 평가해야 하므로 초임 보육교사는 표준보육과정의 건강·안전 내용을 숙지해야만 한다.

① 만 0~1세

기본생활 영역은 0~1세 영아가 건강하고 안전한 일상생활을 편안하고 자연스럽게 경험하는 것을 목표로 한다. 씻고, 먹고, 자는 등 기본적인 욕구를 충족시키는 일상생활은 교사와 영아가 애착을 형성하는 긴밀한 시간이자 영아의 상태나 발달을 점검하는 기회가 될 수 있다. 교사는 영아의 개별적 요구를 수용하고, 영아가 스스로 시도해 볼 수 있도록 안전한 환경과 기회를 마련한다. 또한 적절한 도움과 격려를 제공하여 영아가 편안하고 자연스럽게 일상을 경험하도록 지원한다(보건복지부, 2020).

가. 목표
• 건강한 일상생활을 경험한다.
• 안전한 일상생활을 경험한다.

나. 내용

표 6-3 0~1세 기본생활 내용범주 및 내용

내용 범주	내용
건강하게 생활하기	• 도움을 받아 몸을 깨끗이 한다.
	• 음식을 즐겁게 먹는다.
	• 하루 일과를 편안하게 경험한다.
	• 배변 의사를 표현한다.
안전하게 생활하기	• 안전한 상황에서 놀이하고 생활한다.
	• 안전한 상황에서 교통수단을 이용해 본다.
	• 위험하다는 말에 주의한다.

출처: 보건복지부(2020).

② 만 2세

2세 영아는 어린이집에 등원하여 즐겁게 놀이하면서 일상생활을 경험한다. 식사와 휴식, 낮잠을 통해 에너지를 충전하고, 필요할 때 혼자 칫솔질을 하거나 씻어 보는 시도를 할 수 있으며, 스스로 배변하는 습관을 갖추어간다. 또한 2세 영아는 움직임이 활발하고 주변에 대한 호기심이 많으므로 놀이와 일상생활에서 위험 상황에 조심해 보는 경험을 통해 점차 안전에 대한 인식을 키우게 된다. 기본생활 영역은 2세 영아가 건강하고 안전한 생활습관의 기초를 형성하는 것을 목표로 한다. 교사는 위생과 청결, 급·간식, 낮잠, 배변 및 안전 경험을 통해 2세 영아가 즐겁고 쾌적하며 안전하게 일과를 보냄으로써 몸과 마음이 더욱 건강해질 수 있도록 지원해야 한다(보건복지부, 2020).

가. 목표
  • 건강한 생활습관의 기초를 형성한다.
  • 안전한 생활습관의 기초를 형성한다.

나. 내용

표 6-4 2세 기본생활 내용범주 및 내용

내용 범주	내용
건강하게 생활하기	• 자신의 몸을 깨끗이 해 본다. • 음식에 관심을 가지고 즐겁게 먹는다. • 하루 일과를 즐겁게 경험한다. • 건강한 배변 습관을 갖는다.
안전하게 생활하기	• 일상에서 안전하게 놀이하고 생활한다. • 교통수단을 안전하게 이용해 본다. • 위험한 상황에 대처하는 방법을 경험한다.

출처: 보건복지부(2020).

▶ [건강하게 생활하기]-자신의 몸을 깨끗이 해 본다.

▶ [건강하게 생활하기]-하루 일과를 즐겁게 경험한다.

▶ [안전하게 생활하기]-위험한 상황에 대처하는 방법을 경험한다.

(3) 영아반 초임교사의 역할

① 건강관리

- 보육실 및 화장실 등 영아가 사용하는 공간 청결(먼지, 곰팡이, 에어컨 필터 등)관리
- 개별 이불, 요, 베개 등은 주 1회 가정에서 세탁. 수시로 오염물이 묻지 않았는지 점검
- 영아와 교사 모두 손 씻기를 통한 개인 건강관리
- 계절에 적절한 보육실 온 · 습도 유지
- 교구를 입에 넣고 빨았을 경우를 대비해 세척용 바구니 보육실에 비치
- 등원 시 영아 건강상태 확인하고 질병이나 전염성 질환 발생 시 확산되지 않도록 즉시 조치
- 부모 동의 없이 투약 금지
- 안전사고 발생 시 비상연락망 등 필요한 것은 교사가 언제든지 볼 수 있는 곳에 비치
- 영아와 보육교사 연 1회 이상 건강검진, 영유아 검진 및 예방접종 시기 파악하여 부모에게 전달
- 아픈 영아가 있을 시 조용한 곳에서 편안히 쉴 수 있도록 배려하고, 수시로 관찰하며 증상 체크

 읽어 보자

서둘러 병원에 데리고 가야 할 증상

- 경련을 일으킬 때
- 열이 높을 때
- 구토나 설사를 되풀이 할 때
- 갑자기 심하게 울 때
- 갑자기 창백해지고 몸이 처질 때
- 혈변이 있을 때 등

출처: 보건복지부(2014).

아픈 영아의 일반적인 특징

• 음식을 잘 먹지 않고 마시지도 않는다.

• 고열, 발진, 설사, 탈수현상을 보인다.

• 입이 마르고 대천문이 함몰되어 있다.

• 눈을 잘 맞추지 못한다.

• 잠을 잘 자지 못하고 보챈다.

• 이유 없이 울고 짜증을 많이 낸다.

• 숨 쉬기가 고르지 않다.

• 몸의 일부분(머리, 귀, 배 등)이 아프다고 한다.

출처: 보건복지부(2014).

② 영양관리

• 식품알레르기 조사를 통해 알레르기가 있는 영아를 위한 대체식품 등을 미리 식단표에 표시

• 부모에게 영아의 수유, 이유식, 간식, 급식 등에 관해 먹는 양, 싫어하는 음식, 선호하는 음식 등을 파악하여 영아의 개별적 욕구를 고려

• 수유를 하는 영아는 수유 후 반드시 트림을 시킴

• 영아가 먹는 물은 끓여서 식힌 물을 제공

• 개인 컵을 사용하거나 깨끗한 컵을 사용 전후로 구분하여 관리

• 배식 시 배식용 앞치마 착용

• 편식이 심한 영아는 억지로 먹게 하지 말고, 조금씩 먹어 볼 수 있도록 권유. 교사가 모델링 되어 주기

• 늦게 먹는 영아의 경우 배식 순서를 빨리 하여 다른 영아들보다 먼저 식사할 수 있도록 배려

읽어 보자

수유 시 유의할 점

- 수유 시 젖병을 물리고 잠을 재우지 않는다.
- 젖병 없이 자는 것을 낯설어하는 아기라면 보리차나 생수 등을 젖병에 넣어 주어서 익숙해 지도록 유도한다.
- 젖병을 빤 채로 자는 것을 습관화하지 않는다(심할 경우 젖니가 완전히 올라오기도 전에 치아가 썩어서 자랄 수 있음).
- 수유 후에는 보리차를 마시게 하거나, 거즈에 물을 묻혀 잇몸과 혓바닥을 닦아 준다.
- 손가락을 너무 깊숙이 넣으면 아기가 구토를 일으킬 수도 있으니 주의한다.

출처: 보건복지부(2014)

③ 안전관리

- 영아 발달특성을 고려한 안전한 보육실 환경(모서리 보호, 벽면 보호, 유독성 물건 관리 등) 구성
- 영아 놀잇감 안전(3.5cm 이상의 놀잇감, 칠이 벗겨지지 않은 것, 깨지지 않은 것 등) 점검
- 보육실을 최대한 넓게 쓸 수 있도록 영역을 구성하여 영아들끼리 부딪치는 일이 없도록 함
- 교사용 비품(칼, 가위, 글루건, 코팅기 등)은 보육실에 비치하지 않음
- 교사는 항상 전체 영아를 관찰할 수 있는 곳에 위치
- 보육실 안전사고를 줄일 수 있도록 노력(교구장 위치 변경, 바닥 미끄럼 방지, 동일한 놀잇감 충분히 구비 등)하고, 안전사고 발생 시 즉시 대처할 수 있는 방안 마련
- 보육사업안내의 안전교육 실시 주기 및 시간 등을 준수하여 영아 눈높이에 맞는 안전 교육 실시

표 6-5 영유아 안전교육 기준

구분	성폭력 · 아동학대 예방교육	실종 · 유괴의 예방 · 방지교육	감염병 및 약물의 오용 · 남용예방 등 보건위생관리 교육	재난대비 안전교육	교통안전교육
실시 주기 (총시간)	6개월 1회 이상 (연간 8시간 이상)	3개월 1회 이상 (연간 10시간 이상)	3개월 1회 이상 (연간 10시간 이상)	6개월 1회 이상 (연간 6시간 이상)	2개월 1회 이상 (연간 10시간 이상)
교육 내용	1. 내 몸의 소중함 2. 내 몸의 정확한 명칭 3. 좋은 느낌과 싫은 느낌 4. 성폭력 예방법과 대처법	1. 길을 잃을 수 있는 상황 이해하기 2. 미아 및 유괴 발생 시 대처 방법 3. 유괴범에 대한 개념 4. 유인 · 유괴 행동에 대한 이해 및 유괴 예방법	1. 감염병 예방을 위한 개인위생 실천 습관 2. 예방접종의 이해 3. 몸에 해로운 약물 위험성 알기 4. 생활주변의 해로운 약물 · 화학제품 그림으로 구별하기 5. 모르면 먼저 어른에게 물어보기 6. 가정용 화학제품 만지거나 먹지 않기 7. 어린이 약도 함부로 많이 먹지 않기	1. 화재의 원인과 예방법 2. 뜨거운 물건 이해하기 3. 옷에 불이 붙었을 때 대처법 4. 화재 시 대처법 5. 자연 재난의 개념과 안전한 행동 알기	1. 차도, 보도 및 신호등의 의미 알기 2. 안전한 도로 횡단법 3. 안전한 통학버스 이용법 4. 날씨와 보행안전 5. 어른과 손잡고 걷기
교육 방법	1. 전문가 또는 담당자 강의 2. 장소 · 상황별 역할극 실시 3. 시청각 교육 4. 사례 분석	1. 전문가 또는 담당자 강의 2. 장소 · 상황별 역할극 실시 3. 시청각 교육 4. 사례 분석	1. 전문가 또는 담당자 강의 2. 시청각 교육 3. 사례 분석	1. 전문가 또는 담당자 강의 2. 시청각 교육 3. 실습교육 또는 현장 학습 4. 사례 분석	1. 전문가 또는 담당자 강의 2. 시청각 교육 3. 실습교육 또는 현장 학습 4. 일상생활을 통한 반복 지도 및 부모교육

출처: 보건복지부(2021).

4. 유아반 초임 보육교사가 준비해야 하는 것

1) 유아의 발달과 초임 보육교사의 역할

유아기는 신체의 크기나 모습에서 영아기와는 또 다른 현저한 변화가 나타난다. 눈과 손의 협응능력뿐 아니라 대근육 운동과 소근육 운동능력이 급속도로 발달하면서 식사와 옷 입기, 배변 훈련 등 신변처리 활동을 스스로 수행할 수 있게 된다. 인지능력의 발달로 주변 환경에 대한 탐색이 활발하게 이루어지고 많은 어휘와 문법을 습득함으로써 다른 사람과의 의사소통도 활발해진다. 그로 인해 대인관계의 폭이 넓어지고 다양해지는 시기이다(정옥분 외, 2015). 유아반 초임 보육교사는 유아의 신체발달, 인지발달, 사회정서발달의 변화와 그 발달수준을 파악하여 그에 적절한 보육교사의 역할을 수행해야 한다.

(1) 신체발달과 초임 보육교사의 역할

영아기 만큼 빠른 속도는 아니지만 유아기에도 신장과 체중이 꾸준히 증가한다. 3세 유아는 직선으로 걷거나 뛸 수 있게 되고, 4세 유아는 한 발로 깡충깡충 뛸 수 있고, 양손으로 큰 공을 잡을 수 있으며, 1년 전에 할 수 있었던 것보다 더 멀리 더 빠르게 뛸 수 있다. 5세가 되면 어른처럼 달릴 때 팔을 흔들고, 자전거를 탈 수 있을 정도로 균형감도 좋아진다. 그러나 종종 유아들은 자신의 신체 능력을 과대평가하여 더 대담하게 행동하여 멍이 들거나, 베고, 긁히는 등 손상을 입기도 한다(Schwebel & Plumert, 1999: 송길연, 이지연 역, 2009, 재인용).

신체가 발달하면서 다양한 대·소근육 활동을 즐기게 되고, 혼자 할 수 있는 것들이 많아지면서 유아는 성취감과 자신감을 느낄 수 있다. 5세 누리과정에 기초한 어린이집 프로그램에 제시된 영역별 활동에서 대소근육을 기를 수 있는 활동들은 다음과 같다.

- 언어영역: 책장 넘기기, 연필로 글씨쓰기, 카드로 단어 만들기, 손인형으로 말하기 등

▶ [미술영역]-가위로 자르기

▶ [쌓기영역]-블록으로 우리 동네 꾸미기

- 미술영역: 그림 그리기, 크레용, 색연필 등으로 색칠하기, 가위로 자르기, 꾸미기 활동 등
- 음률영역: 악기 연주하기, 리듬에 맞춰 몸 흔들기, 신체표현 등
- 수 · 조작영역: 퍼즐 맞추기, 그래프 그리기, 수세기 활동, 길이재기 등
- 과학영역: 양팔저울로 물건 재기, 과학실험, 식물 기르기 등
- 역할놀이영역: 역할의상 입고 벗기, 신체검사 놀이, 다양한 역할극 하기 등
- 쌓기영역: 여러 종류의 블록으로 놀이하기, 내 키만큼 쌓기 등

유아반 초임 보육교사는 유아의 신체발달 향상을 위해 다음과 같은 역할을 할 수 있다.

- 다양한 대 · 소근육 활동을 매일 경험하게 하여 유아의 신체 능력의 향상을 돕고 실패 하더라도 자신감을 가지고 도전할 수 있도록 지도한다.
- 매일 바깥활동을 통해 걷고, 달리고, 뛰어 보는 등의 보육실에서 하기 어려운 대근육 활동을 실외에서 자유롭게 할 수 있는 기회를 제공한다.
- 등 · 하원 시 스스로 옷 입고 벗기, 신발 신고 벗기, 신발 끈 묶기 등 생활 속에서 소근육 활동을 자극할 수 있는 기회를 주고 교사는 기다리는 시간까지 생각하여 활동시간을 계획한다.
- 식사시간에 올바른 수저 사용법과 식판 정리, 자리 정리 등 기본생활습관 형성

과 관련된 신체활동도 격려한다.

- 유아의 연령에 적절한 영양 및 위생교육을 통해 건강하게 신체가 발달할 수 있도록 돕는다.
- 유아는 신체발달과 동시에 여러 안전사고에 노출될 위험이 커지므로 항상 안전하게 생활할 수 있도록 지도하고, 보육사업안내 기준에 맞추어 안전교육을 실시한다.

(2) 인지발달과 초임 보육교사의 역할

Piaget의 인지발달 단계 중 유아기는 전조작기(preoperational stage)로 정신적 표상이 가능해지는데 이는 한 대상이나 사건을 사용하여 다른 것을 나타낼 수 있는 기호적(semiotic)기능이 가능해지기 때문이다. 4세 아동은 진짜 비행기를 나타내기 위해 '비행기'라는 단어나 하늘을 나는 손 모양, 비행기 그림, 장난감 비행기 등을 사용할 수 있다. 또 과거, 현재, 미래를 한꺼번에 다룰 수 있고 부분을 조합하여 실제로 존재하지 않는 것도 만들어 낼 수 있다. 그러나 유아의 인지구조 특성인 자아중심성과 중심화(centration) 경향성으로 인해 한 번에 여러 가지 사실을 동시에 고려할 능력은 없다(성현란 외, 2006).

인지기능의 발달로 기억능력 및 언어능력도 발달하여 어린이집에서 교사나 또래와 더 효율적으로 의사소통하며 다양한 놀이에 참여하고, 학습능력의 발달로 언어, 수 능력도 향상된다. 특히 만 5세가 되면 초등학교 입학준비를 위해 부모의 교육에 대한 요구와 관심이 높아 보육교사에게 더욱 많은 요구를 하게 된다. 대부분의 부모들은 결과물을 볼 수 있는 학습지 방식의 교재사용 수업을 원한다. 그러나 유아기에는 교재를 활용한 지필식 교육방법이 적절하지 않고 이러한 방법은 유아의 흥미를 지속시키기 어렵다. 따라서 유아가 언어, 수 활동 외 초등학교 1학년 과정과 연계되어 있는 누리과정에서 제시하는 다양한 활동에 관심을 가지고 적극적으로 참여할 수 있도록 초임 보육교사는 효과적인 교수법을 연구(외부 전문가 교육, 원장이나 경력교사를 통한 지도 등)해야만 한다.

유아반 초임 보육교사가 유아의 인지발달에 도움을 주기 위해서는 다음과 같은 역할을 수행해야 한다.

- 독서교육의 중요성을 인식하고, 어린이집과 가정이 연계하여 독서교육을 통해 말하기, 듣기, 읽기, 쓰기의 언어발달을 촉진시킨다.
- 누리과정 프로그램에서 제시된 다양한 활동을 직접 경험해 볼 수 있는 기회를 자주 제공(견학, 체험, 산책 등)한다.
- 지역사회연계를 통해 어린이집 주변의 마트, 우체국, 병원, 은행 등을 방문하여 기관의 역할을 유아가 직접 체험할 수 있도록 한다.
- 교실환경 꾸미기, 규칙 정하기 등 보육실에서 할 수 있는 모든 일들은 유아들이 주도할 수 있도록 한다.
- 다양한 놀이 활동을 통해 한글, 수 교육이 이루어질 수 있도록 교사는 유아의 인지발달 수준을 고려(소집단, 개별적으로 진행)하여 다양한 교육방법을 연구한다.
- 가정과 어린이집의 일상생활 속에서 유아의 관심을 찾아내어 학습한 것과 연관시켜 볼 수 있도록 유도한다(예: 급식 도우미를 하며 간식 숫자세기, 산책하며 본 간판 글자 책에서 찾아보기 등).

(3) 사회정서발달과 초임 보육교사의 역할

출생 시 아기들은 흥미, 괴로움, 혐오 및 기본적 미소로 나타나는 만족감을 보인다. 2~7개월 사이에는 분노, 슬픔, 기쁨, 놀람, 공포 등이 표출되고, 만 2세가 되면 당혹감, 수치심, 죄책감, 부러움, 자부심과 같은 정서를 표출하기 시작한다. 3세 유아는 자신의 수행이 좋은지 나쁜지를 평가할 수 있을 때 또는 어려운 과제에 성공했을 때는 자부심을 보이는(미소를 짓거나, 박수치거나, "내가 해냈어."라고 소리친다.) 반면, 쉬운 과제에 실패했을 때는 수치심("나는 이것을 잘 못해."라는 말과 함께 풀이 죽음)을 보인다(Lewis, Alessandri & Sullivan, 1992; Stipek, Recchia & McClintic, 1992: 송길연, 이지연 역, 2009, 재인용).

Erikson의 심리사회적 발달에서 유아는 주도성 대 죄의식의 위기를 겪는 시기로 자신의 역량을 넘는 책임을 받아들이려 노력하여 목표나 활동은 때때로 부모나 다른 가족의 목표나 활동과 갈등을 빚기 시작하고, 이 갈등은 유아에게 죄의식을 느끼게 만든다고 하였다. 이런 위기를 성공적으로 해결하기 위해 유아는 주도성을 계속 유지하면서 타인의 권리, 특권, 목표를 침범하지 않는 것을 학습해야 한다. 이때 가족이 중요한 사회적 대리인이다(송길연, 이지연 역, 2009).

어린이집에서 유아는 놀이를 통해 긍정적인 정서(미소보내기, 소리 내어 웃기 등) 또는 부정적인 정서(소리 지르기, 짜증내기, 울기 등)를 표현한다. 대부분의 경우 유아가 교사나 또래와 놀이하면서 긍정적인 정서를 표현하면 즐겁고 편안함을 느끼지만, 부정적인 정서를 표현하면 그 유아와 함께 놀이하는 것을 불편하게 느끼고, 싫어한다. 그러나 유아는 자신이 지닌 여러 심리적 문제를 부정적 감정으로 표현하면서 정화하기도 하고, 놀이를 통해 긴장을 해소하거나 스트레스를 풀기도 한다. 부정적인 감정을 나타내는 것이 나쁜 아이를 의미하는 것은 아니므로 교사는 유아의 부정적 정서를 공감해 주며 자신의 마음을 충분히 표현하고, 해결할 수 있도록 도와주려는 마음을 가져야 한다. 유아반 초임 보육교사는 유아가 어린이집 생활 속에서, 또 놀이 속에서 자신의 감정을 적절히 표현하고 다른 또래들과 적극적으로 상호작용할 수 있도록 지도하며 유아의 사회정서발달을 위해 다음과 같은 역할을 할 수 있다.

- 유아의 긍정적 · 부정적 정서를 있는 그대로 표현할 수 있는 기회를 준다.
- 다양한 미술활동(색깔, 표정 등)으로 유아의 기분이나 마음을 표현할 수 있도록 해 준다.
- 유아가 가지는 부정적 정서를 긍정적인 방식으로 해소할 수 있는 방법을 가르쳐 준다.
- 보육교사는 유아가 또래와 긍정적인 상호작용을 할 수 있도록 격려한다.
- 보육교사는 유아가 자신과 가족, 주변 사람이나 사회에 관심을 갖도록 격려한다.
- 유아가 놀이나 활동에서 스스로 할 수 있다는 성공감, 자신감을 가질 수 있도록 격려한다.

2) 유아의 문제행동과 초임 보육교사의 대처방법

일반적으로 어떤 기준에서 벗어난다고 생각되는 행동들을 발달상 문제행동이라고 한다. 여기서 기준이라는 것은 평균에서 벗어나는 정도, 연령에 따른 발달규준, 사회문화적 기준 등에 따라 달라진다(Wicks-Nelson & Israel, 2000). 영유아가 보이는 문제행동은 다양하지만, 크게 내재화 문제행동(internalizing behaviors)과 외현화 문제행동(externalizing behaviors)으로 나뉜다. 내재화 문제행동은 자신의 행동을 지나치게 억제하거나 자신의 감정을 적절히 표현하지 못하는 것에서 비롯된 것으로 불안, 공포, 우울, 위축 등을 포함한다. 외현화 문제행동은 자신의 행동을 적절히 통제하지 못하여 발생하는 것으로 공격성, 반항, 불복종, 과잉 행동 등을 포함한다(정옥분 외, 2015).

어린이집에서 만 4세 이상 유아반 초임 보육교사 1명은 20명의 유아들과 생활하게 된다. 영아반과 달리 대집단생활을 하면서 유아들이 겪는 크고 작은 갈등과 유아 가정에서 나타난 특성들(유아의 기질, 부모의 양육행동, 부모-자녀 애착관계 등)이 보육실 안에서 유아의 문제행동으로 연결되기도 한다. 주로 보육실에서 나타나는 유아의 문제행동은 놀이 중 놀잇감을 뺏거나, 또래와 함께 놀이 하지 않으려 하며 밀치기, 때리기, 소리 지르기 등이다. 또 보육교사의 지시에 잘 따르지 않고 대소집단 시간에 마음대로 돌아다니며 다른 또래들의 활동을 방해하기도 한다. 이런 행동들은 외현화 문제행동으로 대부분의 유아반 초임 보육교사들은 이러한 문제행동을 지도하는 데 어려움을 호소한다. 그러나 초임 보육교사는 유아의 내재화 문제행동에도 관심을 기울여야 한다. 문제행동이 겉으로 드러나지 않아 당장 교사에게 유아가 요구하는 것이 없기 때문에 내재화 문제행동을 보이는 유아에게 관심을 가지지 않게 된다.

유아에게 문제행동이 나타날 때 무엇보다 교사가 보이는 태도가 중요하다. 유아들은 교사의 행동이나 말투를 모델링하게 되는데, 교사가 문제행동을 보이는 유아에게 어떤 태도로 대하느냐에 따라 그 유아는 또래들이 좋아하지 않는 친구가 될 수도 있다. 즉, 초임 보육교사의 대처에 따라 문제행동을 보이는 유아의 또래관계에 중요한 영향을 미치게 된다. 유아가 문제행동을 보일 때 초임 보육교사의 대처방법에 대해 알아보자.

• 유아가 문제행동을 보이는 시간, 장소, 대상 등에 대해 자세히 관찰해 보고, 그 원인을 먼저 찾아보고, 그에 따른 해결방법을 모색해 본다.
• 내재화 문제행동을 보이는 유아의 경우(지나치게 수줍어함, 불안하고 두려움이 많아 새로운 활동에 참여하지 못함) 억지로 발표를 시키거나 또래와 놀게 하는 것은

오히려 유아의 불안감을 더 키워 어린이집에 오기 싫어할 수도 있다. 교사는 유아가 천천히 보육실 분위기에 적응할 수 있도록 충분한 시간을 배려해 주고, 필요하다면 교사 옆에서 활동하거나 다른 친구 활동을 지켜보다가 천천히 놀이에 참여할 수 있도록 유도한다.

- 공격적인 행동을 보이는 유아의 경우(친구를 때리거나, 밀치거나, 놀잇감을 뺏는 것 등) 다른 유아가 다칠 수 있는 상황이라면 우선 유아들을 분리해야 한다. 공격적인 행동을 하는 원인, 유아의 욕구 등을 파악하는 것이 중요하다. 그런 다음 유아가 느끼는 부정적인 감정을 교사가 공감해 주고, 다른 친구가 느끼는 정서도 공감할 수 있도록 해 준다. 또 본인이 원하는 것을 긍정적인 방법으로 말하거나 행동하는 방법에 대해 알려 준다.

- 부주의한 유아의 경우(대소집단 활동시간에 자리에 앉아 있지 못하고 돌아다님) 집중 시간이 짧아 다른 유아를 방해하는 상황이 보육실에서 발생한다. 이런 유아의 경우 한 번에 하나씩, 짧은 시간 내 해결할 수 있는 활동을 제시해 주고, 활동을 마치고 나면 나머지 시간은 자유롭게 보낼 수 있도록 허용해 준다. 또 좋은 역할모델이 되어 줄 수 있는 또래와 짝을 만들어 주어 또래의 도움을 받으며 활동을 이끌어가는 것이 방법이 된다.

- 충동적인 유아의 경우 부적절한 모든 행동에 교사가 주의를 주기보다는 적절히 무시하는 것도 필요하다. 교사가 유아의 문제행동을 지적할 때 비난하기보다는 적절한 방법을 알려 주는 것으로 지도하고, 유아가 조금이라도 칭찬받을 만한 행동을 한 경우에는 즉각적으로 보상해 준다.

- 초임 보육교사는 유아가 보이는 문제행동을 예방하기 위해 사전에 적극적인 자세로 예방할 수 있는 환경을 만드는 것이 필요하다.

- 유아가 보이는 문제행동에 교사가 부정적인 태도로 대하면 교사–유아와 또래 간의 관계에 더 어려움이 생기므로 초임 보육교사는 문제행동 자체에 집중하여 지도한다.

- 유아의 문제행동에 대해 원장, 경력교사, 동료교사들에게 조언을 구한다. 또 부모와 상호작용하며 유아가 어린이집에서 보이는 문제행동들에 대해 설명하고, 가정에서 보이는 행동은 어떠한지, 유아에게 요즘 다른 변화가 있는지 등을 조사해 보며 부모와 함께 해결해 갈 수 있도록 한다.

참고문헌

김보들맘, 신혜영(2000). 어린이집 교사의 직무스트레스에 관한 탐색적 연구. 유아교육연구, 20(3), 253-276.

김유진(2003). 영아보육교사의 전문성 인식과 직무스트레스에 관한 연구. 덕성여자대학교 대학원 석사학위논문.

문은영, 신혜원(2012). 보육시설 초임교사 입문교육의 운영형태에 따른 초임교사 교직적응. 열린부모교육연구, 4(2), 67-92.

박은혜, 김은심, 김난실, 곽아정, 최혜진, 이혜경(2010). 유치원교사를 위한 교직실무. 서울: 창지사.

보건복지부(2014). 어린이집 표준보육과정에 기초한 영아보육프로그램 운영의 이해.

보건복지부(2020). 제4차 어린이집 표준보육과정 해설서.

보건복지부(2021). 2021 보육사업안내.

서은희(2002). 유치원 교사의 직무만족, 조직헌신과 이직의도의 관계. 카톨릭대학교 대학원 석사학위논문.

성현란, 이현진, 김혜리, 박영신, 박선미, 유연옥, 손영숙(2006). 인지발달. 서울: 학지사.

송길연, 이지연 역(2009). 사회성격발달. 서울: 시그마프레스.

신혜영(2005). 어린이집 교사의 직무스트레스와 교사효능감이 교사행동의 질에 미치는 영향. 연세대학교 박사학위논문.

오현미(2009). 초임보육교사 지원에 대한 인식 연구. 덕성여자대학교 교육대학원 석사학위논문.

이명순(2001). 유치원 교사가 되어 가는 과정에 관한 이야기. 중앙대학교 대학원 박사학위 논문.

이완희(2005). 영아반 초임교사의 정체성 형성과정. 중앙대학교 대학원 박사학위논문.

이윤경(1999). 유치원 교사의 직무만족도 및 물리적 근무환경과 조직 헌신성과의 관계연구. 유아교육연구, 18, 223-231.

정옥분, 김경은, 김미진, 노성향, 박연정, 엄세진, 임정하, 정순화(2015). 보육교사론. 서울: 학지사.

정현숙, 이지현, 임승렬(2002). 유아교사의 자아상 유형에 관한 연구. 유아교육연구, 22(4), 201-227.

중앙육아종합지원센터(2016). 육아종합지원센터 신입 직원 직무교육.

한국보육진흥원(2020). 2021 어린이집 평가 매뉴얼(어린이집용).

황해익, 송연숙, 정혜영, 남미경, 정혜영, 유수경(2015). 보육교사론. 경기: 정민사.

Harms, T., Clifford, R. M., & Cryer, D. (1998). *Early childhood environment rating scale*. New York: Teachers College Press.

Lewis, M., Alessandri, S. M., & Sullivan, M. W. (1992). Differences in pride and shame as a function of children's gender and task difficulty. *Child Development, 63*, 630–638.

Schwebel, D. C., & Plumert, J. M. (1999). Longitudinal and concurrent relations among temperament, ability estimation, and injury proneness. *Child Development, 70*, 700–712.

Stipek, D., Recchia, S., & McClintic, S. (1992). Self-evaluation in young children. *Monographs of the Society for Research in Chind Development, 57*(1), Serial No. 226.

Wicks-Nelson, R., & Israel, A. C. (2000). *Behavior disorders of childhood*(4th ed.). New Jersey: Prentice-Hall.

제7장

경력교사의 전문성 향상

교사는 진화하고 발달한다. 그러나 정체하거나 퇴보하기도 하며 많이 그만두기도 한다. 초임시기에 그만두기도 하고 경력교사이면서도 늘 언제 그만둘까 생각하기도 한다. 초임교사에서 벗어나서 경력교사가 된 사람들은 누구이며 어떻게 경력교사가 되었는지, 보육에 대한 어떤 관심사를 가지며 어떻게 계속 성장하고 발달할 수 있는지 알아보는 것이 필요하다. 그들은 예비교사들의 가까운 미래이다.

1. 어떻게 경력교사가 되는가

경력교사가 되어가는 것은 초임교사에서 벗어나서 나름의 노하우를 터득하여 할 만하다고 느끼며 그만두지 않고 계속 걸어가는 여정이다. 우리나라 어린이집 보육교사는 초·중등 교사뿐 아니라 유치원 교사에 비해서도 상대적으로 처우가 열악하여 높은 이직률과 짧은 직업생애를 보인다. 2015년 전국보육실태조사를 보면 우리나라 보육교사는 이직과 퇴직이 빈번하며 경력교사의 비율이 낮은 편이다. 보육교사를 그만 두는 사람이 많은 가운데 교사직을 지키고 남아 있는 사람은 어떤 특징이 있으며 어떻게 경력교사가 되어 가는지를 알아보자.

1) 초임교사에서 벗어나기

(1) 보육교사의 발달단계와 전문성

교사는 교직 경력이나 연령, 일생주기에 따라, 교사 개인 및 조직의 환경 특성의 영향을 받아 나름의 발달을 해 나간다. 교사의 전문성이 대체로 성장·발달한다는 발달관점을 갖는 것은 중요하다. 처음 교사직을 수행하기 시작할 때부터 교사에게 요구되는 전문성은 막막하고 어렵게 여겨지지만 경력교사가 되어가며 경험을 통해 발달해 나갈 것이라는 믿음을 주기 때문이다. 즉, 차츰 나아질 것이라는 것을 이론적으로 제공해 준다. 또한 경력교사에게는 초임교사와 다른 수준의 발달된 전문성이 요구됨을 알려 준다. 교사로서 생애주기, 발달단계에 갖추어야 할 지식과 기술 태도를 규정한 〈표 7-1〉을 보면 경력이 많아지고 직급이 높아짐에 따라 요구되는

표 7-1 보육교사의 발달단계와 전문성 수준

카츠의 발달단계	경력/직급	인지 수준	발달단계별 전문성 수준 구성
생존기 (~첫 1년)	만 0년 이상 (초임교사)	인식, 이해, 적용	보육교사에게 필요한 지식, 기술, 태도를 인식하고 이해하고, 이러한 인식과 이해를 기초로 기본적인 것을 적용하는 역량을 중심으로 구성함.
강화기 (1년 말 ~3년)	만 3년 이상 (경력교사)	적용	보육교사에게 필요한 지식, 기술, 태도에 대한 인식과 이해를 기초로 체계적으로 적용하고 실천하는 역량을 중심으로 구성함.
갱신기 (2~5년)	만 6년 이상 (주임교사 및 원감)	분석, 평가	새로운 이론이나 연구를 이해, 분석하여 적용하므로 역량을 확장하고, 다른 교사들을 지원하는 역량을 중심으로 구성함.
성숙기 (5년 이상)	만 9년 이상 (원장)	창조	기관의 운영에 대해서 판단하여 결정하고, 운영을 위해 개발하고, 다른 교사들, 부모, 지역사회를 지원하는 역량으로 구성함.

출처: 신은수 외(2011). Katz(1989)의 발달단계와 관련지어 보육교사에 맞게 수정함.

전문성의 수준이 달라짐을 알 수 있다. 초임교사에 비해 경력 교사가 가져야 할 전문성은 보육교사에게 필요한 지식, 기술, 태도에 대한 인식과 이해를 기초로 하여, 이를 보다 체계적으로 적용하고 실천하는 역량을 중심으로 갖추어야 한다고 본다. 경력을 좀 더 쌓아감에 따라 주임, 원감, 원장 등 직무를 맡게 되며 그에 따라 전문적 역할을 부여받게 되고 그것을 수행함으로써 직업적 자아실현을 하게 되며 발달한다.

Katz(1989)는 보육교사의 전문성 발달 단계를 4단계로 정리하였다. 교사의 관심사에 따라 생존기, 강화기, 갱신기, 성숙기로 나누었다. 각 발달단계에 따른 과업을 제시하고 각 발달단계에 적절한 훈련이 이루어져야 보육교사의 전문성이 향상된다고 보았다. 생존기는 교사 생활 첫 1년간 시기로 이 시기의 교사들은 현장에서 발생되는 수많은 문제를 원활하게 처리할 수 있을지가 관심사이다. 수없이 이루어지는 판단과 결정에 확신이 부족하고 불안함을 느끼며 스스로의 자질을 의심하고 자신감을 상실하기 쉽다. 그러므로 이 시기에는 보육실 현장에서 즉각 적용하고 활용할 수 있는 구체적이고 기술적인 지원이 필요하다. 상황을 잘 알고 가까이 있는 원장이나 경력교사의 위로 및 지원과 격려가 가장 필요하다.

강화기는 교사 생활 1년 말부터 3년 정도의 시기이다. 이 시기에는 기본적인 안정감과 자신감을 가지게 되어 주된 관심사는 문제상황에 대한 해결책을 찾는 것과 개별 영유아에 대해 인식하는 것이다. 이 시기 교사들에게는 경력 교사와 함께 문제를 해결하기 위한 방법을 탐구하는 과정에 참여함으로써 도움을 주면 효과적이다.

갱신기는 약 2년부터 5년까지 정도의 경력 교사 단계이다. 이 시기 경력 교사는 익숙해진 일과에 싫증을 느끼며 새로운 발전을 모색하는 데 관심을 갖는다. 그러므로 다른 프로그램을 사용하는 교사들과 만나거나 다른 어린이집을 참관하는 것 등이 도움이 된다. 또한 저널이나 잡지, 영상자료를 보거나 전문가들과의 회의나 만남을 통해 새로운 자극을 받는 것이 필요하다.

경력이 5년 이상이 되면 교사는 원숙한 경험을 거치며 교사로서의 자신감을 갖추게 된다. 이제는 매일 직면하는 실제적인 보육실 상황에 대한 관심에서 나아가 보다 근본적이고 철학적인 질문과 관심을 갖게 된다. 그러나 적절한 현직교육과 지원이 없다면 저절로 성숙기에 도달할 수는 없다. 학회나 세미나 참여, 전문가와의 대화, 대학원 진학 등이 도움이 된다.

(2) 초임교사의 생존비법

카츠의 발달단계에 따르면 초임교사는 경력교사로부터 보육실 현장에서 상황에 맞는 구체적인 지원, 이해와 격려, 위로, 기술적인 도움을 받는 것이 가장 도움이 된다. 한 경력교사는 자신의 초임교사 시기에 경험한 어려움을 다음과 같이 표현하였다.

> 남보다 일찍 출근하고, 늦게 퇴근하여도…… 초임시절 저는 늘 시간에 쫓겼던 기억이 나네요. 같은 하루가 주어지는데 시간을 어떻게 운영하는가에 따라 차이가 많이 보였던 것 같아요.(중략) 또 툭하면 밀려버리는 일들이 많아서 퇴근하는 가방에 챙겨가는 일거리들이 많았었는데…… 왜 그렇게 요령이 없었을까요?
>
> 출처: 오한나, 이영애(2014).

초임교사로서의 어려움은 이와 같이 '처음 접하는 복잡한 하루 일과'의 적응뿐만이 아니다. 화장실 다녀오라는 말을 꼭 해야 하는데 하지 못해 생긴 '교수 실제에 대한 혼란', 예비교사 때 제대로 배우지 못한 결과 '영아반 교사 역할 혼란' '특별한 요구를 가진 아이 대하기의 어려움' 등이 있었다(오한나, 이영애, 2014).

위와 같은 어려움을 이겨내고 초임교사가 살아남은 비법은 초임교사 시절에 경험한 긍정적인 힘 덕분으로 나타났다. 긍정적인 힘 중에서도 첫 번째는, '도와주는 선배와 동료'의 존재이다. 앞의 기억 사례에서, 경력교사가 지금은 알지만 그때는 몰랐던 것은 '처음 접하는 복잡한 하루일과'를 직접 경험하며 적응해야 알 수 있는 요령, 즉 실천지식이다. 경력교사는 초임교사에 비해 경험을 통한 실천지식을 갖추게 되므로 대체로 유능하다. 이런 유능한 선배교사의 현장에서의 멘토 역할은 초임교사가 서 있는 현장에서 실질적인 도움을 제공하였다.

> 이러한 여러 가지 비교되는 문제를 극복할 수 있었던 것은 유치원 조직 내에서 친절하게 항상 멘토 역할을 해 주신 선배교사가 있었기 때문인 것 같다. 세월이 흘러 어느덧 선배교사가 된 내가 초임교사에게 그런 멘토 역할을 잘 하고 있는지 의문스럽다.
>
> 출처: 오한나, 이영애(2014).

그런데 초임교사의 생존에 있어 경력교사의 지지와 도움이 매우 중요함에도 그 역할은 간과되고 있다(곽은순, 2012). 초임교사가 경력교사에게 좋은 영향과 지원을 받아 전문성을 발휘하는 경력교사가 되는 선순환이 필요하다. 위로하고 지지하며 실제적 도움을 주는 선배교사뿐 아니라 동병상련인 초임교사들과의 정서적 공감과 지지, 학부모의 신뢰, 돌보고 가르치는 영유아들과의 친밀한 관계 등이 초임 교사를 생존하게 하여 경력교사로 이끄는 긍정적인 힘들이었다.

 읽어 보자

- 스웨덴의 경우 다른 직종에 비해 유아교사의 월급이 상대적으로 적은 편이지만 근무조건이 양호하고 이직율이 낮은 편이며, 유아교사 평균 연령이 47.5세, 보조교사는 42세로 경력교사의 비중이 높다(최윤경 외, 2015).
- 우리나라의 경우 경력연수별 교원 수의 추이를 보면 초등학교 중학교와 비교하여 유아 경력교사가 적음을 알 수 있다. 유치원 교사의 경우 초등학교나 중학교 교사와 달리 5년 미만의 교원 수가 51.17%로 높은 반면, 10년 이상부터 한 자리대로 낮아졌다. 대략 35세 이후에는 유치원 교사의 업무를 수행하기가 어렵다는 것을 보여 주는 수치이다. 보육교육시간이 긴 유치원·어린이집에서 연령이 높은 교사가 장시간 휴식시간 없이 근무한다는 것은 쉽지 않다고 보았다(김길숙, 문무경, 이민경, 2015).

해 보자

▶ 우리나라 어린이집에서 이직율과 퇴직율이 높다고 하는데 왜 그런지 생각해 봅시다.
▶ 이직율과 퇴직율을 낮추는 방법은 무엇일까요?
▶ 어린이집 교사의 평균 연령이 꼭 올라야 할까요? 이야기 나누어 봅시다.

3) 경력교사의 전문성 발달

(1) 경력교사의 전문성 인식

유아교사는 경력에 따라 발달단계와 교사 관심사에 차이가 있다(송주진, 2008). 양성기관에서의 교육을 끝내고 생존기를 보내는 초임교사와 달리 경력교사의 주된 관심사는 생존 이후의 갱신과 성숙이 된다. 연구들을 종합해 보면 교사의 관심사는 대체로 경력에 따라 초점이 달라질 뿐 모든 교사가 생존, 강화, 갱신, 성숙의 요소를 모두 가지고 있었다. 경력교사는 반복되는 일상에 적응하게 되면서, 그것을 넘어서서 새로운 시도를 하고 싶어 하며 보다 전문적인 지식을 얻고자 한다.

경력교사들은 자신들의 전문성에 대해서 다음과 같이 느끼고 있었다(이혜경, 2010). 경력교사들은 스스로는 전문성이 있다고 느끼지만 사회적 지지가 부족하다고 느낀다. 전문성을 느끼는 영역은 노련한 문제해결능력, 넓어진 안목, 치밀한 조직능력 등이다. 전문성을 형성하는 요인으로는 변화에 맞는 지식, 전체 안에서 개별유아를 보는 눈, 대체할 수 없는 경험지식, 교류를 통한 공유, 성장의 즐거움을 언급하였다. 한편 전문성을 저해하는 요인으로는 수업을 배제하는 잡다한 업무들, 노력과 반성 없이 쌓이는 경력, 불안정한 미래, 교사 간 경쟁, 제한된 지식접근성을 지적하였다. 경력과 전문성 발달은 정적 관계가 있으며 교사의 행복감과도 관련된다. 유아교사의 전문성 발달수준은 경력이 많아지면 높아졌으며 이러한 전문성이 발달하면 교수몰입이 빈번해지며 행복감이 높아지는 것으로 나타났다(고경미, 이선경, 심성경, 2014).

실제 전국의 경력교사들에게 물은 결과, 직무효능감은 전반적으로 긍정 응답 비율이 높았고 2015년 조사 때보다 2018년 조사에서 소폭 상승하기도 하였다(유해미 외, 2018). 중간경력 교사들의 직무효능감은 전반적으로 높으며 3년 동안 좀 더 높아졌음을 알 수 있다. '보호자로부터 신뢰'와 '적절한 보육환경 준비' 부분에 대한 효능감이 94.3%의 긍정적 응답을 얻어 가장 높게 나타났다. '적절한 놀이지도 및 도움 제공' '보육활동 변화에의 대응' '다양한 연령의 영유아보육'도 높은 수준의 효능감을 가지고 있음을 보여 주었다. 하지만 교사의 스트레스 및 신체적·심리적 건강상태에 대해 조사한 결과, '업무피로도' '직무스트레스' '정신적 피로' 순으로 '그렇다'는 응답 비율이 높았다. 그러나 2015년 조사 때에 비하면 2018년 응답에서 직무스트레

해 보자

1. 3년 이상 된 경력 교사를 찾아 인터뷰를 해 보자(면대면, 전화, 이메일).

　▶ 교사를 계속 하게 하는 동기는 무엇인가요?

　▶ 유능감을 느끼는 것은 무엇인가요?

　▶ 어려운 점은 무엇인가요?

2. 다음의 '읽어 보자' 자료에 제시된 표를 참고하여 답변을 예측해 보자.

　▶ 경력교사는 무엇 때문에 교사를 계속 한다고 생각하는가?

　▶ 경력교사가 가장 힘들어하는 것은 무엇인가?

 읽어 보자

경력 보육교사(평균 7년 10개월)의 근무만족도

구분	매우 불만족	다소 불만족	만족하는 편	매우 만족	계(수)	4점 평균		
						2018년	2015년	2012년
일에 대한 보람	2.5	5.4	60.6	31.5	100.0(3,400)	3.2	3.2	3.1
급여 수준	5.2	22.5	51.2	21.1	100.0(3,400)	2.9	2.6	2.6
근무환경 전반	2.4	9.0	60.3	28.4	100.0(3,400)	3.2	3.1	3.0
물리적 환경	2.3	11.1	59.1	27.5	100.0(3,400)	3.1	3.0	－
인적 환경	2.1	7.6	57.3	32.9	100.0(3,400)	3.2	3.3	－
근로시간	3.4	13.3	56.0	27.3	100.0(3,400)	3.1	2.8	－
사회적 인식	14.0	37.8	37.0	11.1	100.0(3,400)	2.5	2.1	2.3

주: 1) 비율은 가중치 적용한 수치이며, 사례 수는 응답자 수임
　　2) 평균은 '매우 불만족' 1점 ～'매우 만족' 4점으로 평정한 결과임
자료: 2018년 전국보육실태조사 보육교사 조사

출처: 유해미 외(2018).

읽어 보자

우리나라 경력교사 현황

2018년 전국보육실태조사에서 어린이집 조사에 참여한 전국 3,400개 어린이집에 근무 중인 교사 중 각 기관별로 중간경력자인 보육교사 3,400명을 대상으로 근로시간, 급여, 근로환경, 휴가/휴직, 사직 의향, 근무 만족도 등에 대해 조사하였다.

– 중간경력교사의 총 어린이집 경력은 평균 7년 10개월이며 현재 근무하는 어린이집에서의 근무경력은 4년 2개월로 나타났다. 1일 평균 근로시간은 9시간 7분으로 나타나서 2015년 9시간 36분보다 소폭 감소하였다. 직장어린이집이 9시간 23분으로 가장 길었고 가정어린이집이 9시간 3분으로 가장 짧았다. 이중 보육업무에 쓰이는 시간이 7시간 32분으로 가장 많았으며, 보육준비 및 기타업무 시간이 1일 평균 50분이었다. 보육준비 및 기타 업무시간은 직장어린이집이 1시간 9분으로 가장 길었으며, 가정어린이집은 44분으로 상대적으로 짧았다. 교사들의 점심시간은 1일 평균 7분, 휴게시간 37분으로 영유아와 별도로 쉴 수 있는 1일 총 휴게시간이 44분으로 나타나서 2015년과 마찬가지로 1시간이 채 못되었다.

– 중간경력교사의 평균 연령은 40.9세로 민간과 가정어린이집 교사 연령이 평균적으로 높았으며, 영아반 담당 교사의 연령이 상대적으로 높게 나타났다. 저연령 교사들이 주로 대도시와 직장어린이집 근무비율이 높고 유아반을 담당하고 있었고 2015년에 비해 20대 및 30대 초반 교사 비율이 줄어든 것으로 나타났다. 보육교사의 결혼 상태를 보면 평균 연령대가 높아짐에 따라 기혼비율이 2015년보다 7.7% 높아졌으며 가정어린이집 교사들의 기혼비율이 높게 나타났다. 보육교사 중 미취학자녀가 있는 비율은 13.7%로 나타났다.

출처: 유해미 외(2018). '보육교직원 운영실태 및 처우' 내용 중 부분 발췌.

스와 업무피로도, 우울감 모두 '그렇지 않다'는 비율이 소폭 증가하여 개선되고 있음을 엿볼 수 있다.

우리나라 경력교사는 스스로 전문성이 있다고 느끼고 직무효능감이 높지만 잡다한 업무들과 불안정한 미래, 제한된 지식접근을 느끼며 신체적·정신적 피로도가 커서 힘들다고 느끼고 있었다. 이러한 결과를 통해 근무여건에 대한 개선이 전문성 향상과 함께 이루어져야 함을 확인할 수 있다.

(2) 경력교사의 전문성

일과평가에서 우수교사가 중시하는 점을 분석하여 우수교사의 특성을 파악한 결과, 풍부한 사례지식과 신속 정확한 패턴인식능력, 자동화를 통해 얻어지는 다중처리능력으로 나타났다(곽은순, 2012). 이 우수한 경력교사들은 유아에 대한 지속적인 관찰과 융통성 있는 문제해결, 자연스러운 전이 활동을 중시하는 것으로 나타났다. 상황내재적인 교사지식의 특성상 같은 현장에 있는 우수한 경력교사의 역할은 초임교사의 성장 발달에 매우 중요하다. 그러나 그들이 일상생활 속에서 신임교사의 양성에 기여하는 전통이 중요성에 비해 간과되고 있다(곽은순, 2012). 보육현장은 경력교사에게 기여할 기회를 충분히 주지 않거나 기여를 알아 주지 않는다. 오히려 경력이 똑같은 업무를 하는 데 재정을 압박하기만 하는 요소로 여겨지기도 한다. 높은 이직률, 특별활동 중심 운영은 경력교사의 설 자리, 중요성을 바래게 하는 상황들이다. 보육 현장인 어린이집 내에서 좋은 경력교사가 많이 생겨나고 기여하는 시스템으로의 전환이 필요하다.

해 보자

1. 경력교사의 전문성이 무엇이며 어떤 기여를 하는가?

　　_____

　　_____

　　_____

2. 똑같은 업무를 하는데 경력교사는 초임에 비해 재정을 어렵게 한다는 주장에 대해 찬반 토론을 해 보자.

우수한 경력교사의 특성을 자세히 살펴보면 다음과 같다(곽은순, 2012).

① 풍부한 사례지식

우수교사들은 수년에 걸친 경험에서 얻은 깊이 있고 풍부한 지식을 갖고 있었다. 이런 지식은 다음 사례와 같이 유아들이 보내는 신호를 잘 해석하는 바탕이 된다.

근데 그게 경력이, 경력이 그런 것 같아요. 많이 경험하다 보면 그런 것 같아요. ……어떤 애가 울면서 '배 아파요.'라고 얘기를 하면, 그게 정말 화장실을 가기 위해서 아픈 건지…… 어떨 때는 '선생님 안아 주세요.'가 '배가 아파요.'로 나오면 걔는 그냥 한 번 안아 주면 되는 거고, 또 어떤 애들은 정말 문제 상황이 있는데 가서 선생님이 그걸 해결해 주길 원해서 '배 아파요.' 할 수 있는 거잖아요. 그 '배 아파요.'와 울음도 너무 많은 종류가 있는데 거기에 대해서 내가 '아 얘는 몇 년 전에 누구와도 참 비슷하구나.' 많은 경험을 겪다 보면 그런 것들을 집어내는, 그리고 집었을 때, 맞추는 확률이 비율적으로 높아지는 것 같아요. (교사 면담 자료)

② 신속 정확한 패턴인식능력
패턴인식능력이 있는 경력교사는 복잡다단한 교실상황에서 집중하여 볼 것이 무엇인지 어떻게 대처해야 하는지를 알 수 있게 된다.

아이들이 안전하게 놀이하는지, 그런 것들을 다 주시하셔야 되니까, 안전사고에 대한 예측이 있어야지. 자동차도 제가 위에서 이렇게 못 가지고 놀게 하고, 위에서 하다 보면 이렇게 슝 하면서 애들 얼굴에 충돌할 가능성도 있거든요. ……그래서 제가 자동차 가지고 놀 때도, 아이들한테 자동차가 다니는 길을 구성하고, 그래서 다니게 하라고 하는 이유가 가다가 보면 자기도 모르게 친구가 친구를 이렇게 치는 경우가 발생을 하거든요. (교사 면담 자료)

③ 자동화에 의한 다중처리능력
일상적인 업무를 체화한 결과가 자동화이다. 자동화가 되면 매일 반복되는 일에 시간을 허비하지 않는다. 그 대신 유아를 잘 관찰하고 상황에 적절하게 일과를 진행한다.

교사들은 이것저것 동시에 할 것이 많아요. 그래서 놀이시간에도 아이들과 흠뻑 빠져서 놀아줄 수 없죠. ……교사는 항상 몸을 재빠르게 움직여야 돼요. 원장님이 (교생들을) 계속 지적하는 것도……교사는 민첩할 필요가 있어요. (교사 면담 자료)

공동육아 경력교사들의 협력적 실행연구 경험을 탐색한 결과(이부미, 2010), 스스로 질문하고 동료들과 논쟁하는 능력, 윤리적 갈등을 해결하기 위한 도덕적 대화의 힘이 작용했다. 경력교사들이 자신들의 초임교사 시절의 경험을 공유하는 토론을 통해 초임교사를 위한 지원체계의 필요성을 인식하고 공적 담론을 통해 정책 아이디어를 구상하는 데까지 나아갔다(오한나, 이영애, 2014).

2. 경력교사는 어떤 어려움을 겪는가

초임교사로서 생존기를 거쳐 살아남은 경력교사는 어떤 의미에서는 초임교사로서 시기를 잘 보내고 기본적인 능력을 발휘하며 경력교사가 된 경우로서 느끼는 어려움이 초임교사와 달라진다.

1) 경력교사의 어려움 인식

경력교사는 교수경험이 풍부하더라도 유아 발달에 적합한 프로그램과 교수자료가 부족할 경우에 어려움을 겪고 있었다(이승은, 서현, 2012). 이는 경력유무와 관계없이 모든 교사가 공통적으로 겪는 어려움이다. 또한 불규칙한 퇴근시간, 과다한 잡무 등으로 어려움을 겪고 있는 것도 초임뿐 아니라 경력교사도 마찬가지인 것으로 나타났다.

경력교사에게 어린이집에서 근무하며 평소에 얼마나 어려움을 느끼는지 조사한 결과, 전반적으로 어려움이 없다는 응답이 높았으나, '행정 사무 등의 업무 처리'에 어려움을 느낀다는 응답이 상대적으로 높게 나타났다. 교사들이 응답한 어려움은 2015년과 비교해 2018년에는 전반적으로 감소하는 경향을 보였다. '담당 영유아와의 상호작용' '담당 영유아 부모와의 관계' '보육프로그램 운영' '동료 보육교직원과의 관계' 등에 대한 어려움이 별로 크지 않고 계속 개선되는 것으로 나타났다(유해미 외, 2018).

8년 이상 경력을 가진 유아교사들이 현장에서 하는 경험의 의미를 살핀 연구(김경애, 임부연, 2016)는 시간의 경과에 따른 노하우의 축적이라는 경력교사의 밝은 측면 이외에 이들이 겪는 실존적인 어려움에 대해 말하고 있다. 경력교사들은 경력에 걸맞지 않은 직급으로 인해 자신이 고경력인지 자각하지 못하고 있었고, 의사결정에서의 소외와 인정받지 못하는 자신을 그림자로 여기며, 승진에 대한 욕망과 갈등을 가지고 있었다. 고경력의 경우, 이직을 하게 되면 새로운 생존기를 맞게 되고, 기관에서 고경력 교사의 채용을 기피하여 재취업의 어려움을 겪으며, 대학원에 진학하는 등 끊임없는 진로에 대한 불안과 고민을 가지고 있음을 보여 주었다.

10년간 어린이집에서 보육교사로 근무한 한 교사의 생애사 연구의 각 단계별 생활경험(김희연, 김은숙, 2013)은 단계별 어려움을 보여 준다. 단계별 생활경험은 '원장님이 시키는 대로 해내는 여성' '학습공장의 직공' '잘 가르쳐 보려는 교수자' '부모−위탁체−회사라는 갑의 계약직을' '부담스러운 기혼 고경력 교사'로 제시되었다. 생존기에는 배운 대로 시키는 대로 적용하다가 경력이 쌓이면 체계적으로 잘 가르쳐 보려고 애쓰지만 근무여건이 열악하며 사회적 인식도 낮은 가운데 높은 급여로 인해 부담스러운 존재가 되어버린 상황을 나타낸다.

경력교사는 보육 경험을 통해 자신의 경험 지식을 암묵적으로 가지게 되며 이 경험 지식에 의해 수업을 하고 수많은 결정을 내리며 반을 운영한다(곽은순, 2011). 즉, 직전교육에서 배운, 외부에서 주어진 지식이 아니라 교사 자신이 처한 상황에 따라 변형되고 재창조되어 구성된 '실제적 지식'을 가진다. 이 '실제적 지식'은 경력교사에게 유능하게 일을 처리할 수 있도록 하는 한편, 개혁을 받아들이기 어렵게 만들기도 하여 잘못된 습관과 행동을 쉽게 바꾸지 못하기도 한다. 평가인증 지표 중 영아에게 대집단 수업을 하지 말라는 내용을 쉽게 받아들이지 못하는 경력교사들이 그 사례이다.

같은 경력교사여도 교사직에서 느끼는 만족도가 낮고, 개인내 갈등이 높은 경력교사들은 더 어려움을 겪고 있었다. 유아교사의 경력이 많아지면 유능해져서 행복감이 증진될 것 같으나 별 관계가 없었고, 교직적성이 교사의 행복감과 관련이 높게 나타났다(박성혜, 박은주, 2014).

2) 영아교사로서의 준비 부족

유아교사가 영아반을 맡을 때 겪게 되는 어려움은 유아반을 맡을 때와 다르게 나타난다(탁정화, 황해익, 2012). 교사양성교육이 이론중심, 유아중심으로 이루어져 영아를 담당하는 초임 교사는 어려움을 겪는다. 경력교사라 하더라도 영아를 처음 맡으면 초임과 다름없는 어려움을 겪게 된다. 한편 경력 있는 영아교사는 초임에 비해 전문성 신장을 위해 부모와 관계를 유지하는 방법, 각종 서류를 작성하는 방법, 하루 일과를 융통성 있게 운영하는 방법을 더 교육받기를 원했다(탁정화, 황해익, 2012).

(1) 힘든 근무여건

영아교사는 경력이 있어도 영아에게서 여전히 눈을 뗄 수 없으며 초임과 비슷하게 체력이 소진된다. 또한 휴식 시간이 없으며 바쁘다.

(2) 이해하기 어려운 영아

초임은 영아에 대한 실제적인 지식과 기술 부족을 느끼는 반면, 경력자는 영아의 개별적 요구를 충족하며 하루일과를 운영 실천하기가 어려움을 호소한다. 경력이 쌓이면서 영아와 상호작용하고 보육과정을 운영하는 데 필요한 지식과 기술이 축적되지만 경력교사에게도 개별 영아에 맞추어 인내하고 기다리는 것은 여전히 어렵다.

(3) 무관심하거나 과도하거나 부적절한 관심가진 부모

영아는 유아에 비해 더 전면적인 보호가 필요하다. 손이 많이 가고 일일이 챙겨야 한다. 영아 자녀의 부모는 대체로 유아 자녀의 부모보다 양육에서 자신감이 부족하고 불안감도 크다. 그런데 부모가 무관심하거나 과도한 관심을 가지고 있으면 교사의 어려움이 커진다.

(4) 교사역할 혼란

경력 영아교사는 사랑, 보살핌, 돌봄, 양육과 같은 여성성을 영아교사의 전문성으로 보며, 이러한 여성성의 전문적 가치가 사회적으로 재조명되어야 한다고 제기하였다(탁정화, 황해익, 2012). 초임 영아교사들은 영아교사가 전문성을 갖는가에 의구심을 가지지만 경력 영아교사는 초임시절에는 그랬지만 경력이 쌓이면서 영아교사의 전문성을 인식할 수 있게 되었다고 하였다.

3) 주임교사 리더십

유치원 경력교사는 수업평가 기준과 안목이 초임과 달라 다른 교사 발달에 중요한 역할을 할 수 있다는 연구결과(곽은순, 2011)에 비추어 그것이 리더십의 요소가 될 수 있음을 짐작케 한다. 오랜 경력을 가진, 우수한 교사들의 일과 평가를 분석한 결과(곽은순, 2012), 지속적인 관찰력, 융통성 있는 문제해결력, 신속하며 자연스러운 전이활동능력이 우수교사들이 일과평가에서 강조하고 중시한 것이었다.

경력교사는 주임 또는 원감의 역할을 맡게 됨으로써 단순히 한 반에 대한 책임을 넘어 신입 또는 저경력 교사에 대한 지도를 하게 되며 그에 따른 의사소통능력 등 리더십 수행과 관련된 어려움을 겪는다. 사립유치원에서 주임교사로 근무하는 10명의 유아교사는 주임교사로서 겪는 어려움에 대해 다음과 같이 말하였다(오한별, 이대균, 2016). 첫째, 교사 경력이 낮거나 해당 연령을 이동하는 등 준비가 되어 있지 않은 상태에서 주임을 하게 된 것. 둘째, 평교사들보다 더 과중한 업무를 처리하는 것. 셋째, 평교사들을 이끌어가는 과정에서 다른 교사를 먼저 챙기느라 자신의 일은 뒤로 미루어지는 것. 넷째, 주임교사는 '어떤 일이든 잘 처리해야 한다.'라는 주변사람들의 기대가 부담이 되는 것. 다섯째, 동료교사와 관계의 어려움. 여섯째, 업무과중으로 인해 자신의 반 아이에게 미치는 부정적 영향이다.

주임교사가 앞에서와 같은 어려움을 극복하는 방법으로는, 첫째, 동료교사와의 대인관계 문제 극복하기. 둘째, 선배교사에게 조언 구하기. 셋째, 자신만의 스트레스 해소 찾기가 나타났다. 주임교사가 느끼는 보람은, 첫째, 동료교사들에게 인정받는 성취감, 둘째, 상사에게 인정받는 성취감, 셋째, 교사로서의 자신의 성장에 대한 만족감이다(오한별, 이대균, 2016).

주임 역할, 초임에 대한 지도, 동료 지원 등 경력교사로서 역할 인식은 외부에서 일방적으로 강요되면 효과적이지 않다. 자신의 초임 시절을 적극 돌아보며 어려움과 막막함을 느낄 초임교사에 대해 공감하며 자신이 지금 가지게 된 노하우를 기꺼이 나누고자 하는 마음이 생겨나는 과정이 있어야 할 것이다.

3. 경력교사의 전문성은 어떻게 키울 수 있는가

보육교사의 성장 발달에 있어서는 경험이 축적됨에 따라 관심을 갖는 주요문제가 달라지므로 교사의 경력연수에 따른 차별성 있는 현직연수 지원방안이 필요하다. 경력교사는 현직 교육을 통하여 새로운 이론이나 지식, 기술을 받아들이고, 이를 실제 현장에 적용해 보고 그 결과에 대하여 반성적인 사고를 함으로써 교사 자신의 신념이나 실천적 지식을 형성한다. 경력교사에게 반성적 성찰의 기회를 다각도로 가지도록 하는 것이 전문성 향상을 위한 현직교육의 관건이고 요체이다. 반성적 사고를 증진하는 방법으로는 저널 쓰기, 포트폴리오, 내러티브, 실행연구가 있다. 저널쓰기가 대부분 글로 이루어지는데 포트폴리오는 글, 사진, 그림 교구 등 모든 것이 기록물이 되므로 보다 다차원적으로 반성적 사고를 이끌 수 있다. 유치원교사의 교수몰입 연구(김미현, 이승연, 2012)에 따르면 교사의 연령, 경력, 학력 등이 높아지면 몰입 가능성이 높아지는 것으로 나타났다.

경력교사의 전문성을 향상하는 방안은 크게 나누면 어린이집 내부에서 주도하며 자율적으로 이루어지는 장학과 연수, 외부 전문가나 기관에 의한 장학과 연수로 나눌 수 있다.

1) 어린이집 자체 교사교육

교사의 발달을 위해서는 교사의 자기성장 욕구를 바탕으로 적극적으로 성찰하도록 이끄는 원내, 자율, 동료 장학이 가장 바람직하다(조부경 외, 2001). 그 이유는, 첫째, 장학의 출발은 교사에 대한 이해를 전제로 이루어져야 하기 때문이다. 둘째, 외부 장학자와 단기간에 상호신뢰와 친밀감을 형성하기 어렵기 때문이다. 셋째, 각 기관별로 독특한 프로그램 운영이 권장되므로 외부 장학자의 협의와 개입은 한계가 존재하기 때문이다.

어린이집은 보육활동이 일어나는 현장이다. 교사의 발달을 위한 교육의 실질적 내용이 발현되는 현장이다. 이 현장에는 유능한 경력교사가 실천적 지식을 가지고 근무하고 있다. 그러므로 교사의 발달을 돕는 교육, 즉 교사 장학은 어린이집 자체

장학이란 학습지도의 개선을 위하여 제공되는 지도 · 조언(助言)을 비롯하여, 교육활동의 전반에 걸쳐 교육목표를 효과적으로 달성하기 위해 이루어지는 전문적 · 기술적 봉사활동 내지 참모활동(參謀活動)이다.

　　장학은 교육활동의 계획연구 · 행정관리 · 학습지도 · 생활지도를 포함하는 여러 영역에 걸친 일련의 봉사활동이며, 교사와 학생이 자기 성장을 이룩할 수 있도록 조장(助長)하고 유도하는 학교행정 당국자들의 체계적이고도 지속적인 노력의 총체이다. 장학은 본래 초기의 권위주의적 시학(視學)에 의한 장학단계로부터 출발하여, 20세기 초 인간관계 이론의 발달에 따라 점차 전문적인 기술적 지도 · 조언과 민주적 · 협동적 지도단계로 변천하여 왔다. 시학에 의한 장학단계에서는 장학을 비전문가들이 담당하였으나, 점차 교장 · 교육감 · 교육장 · 장학사 등이 장학업무를 담당하게 되었으며, 오늘날은 장학행정의 분화(分化)와 전문화 과정이 이루어지게 되고 장학방법과 기술이 다양하게 적용되고 있다.

에서 경력교사들이 주도하는 것이 바람직하다. 경력교사는 수업평가 기준과 안목이 초임과 달라서 기관 내에서 초임 등 다른 교사의 발달에 중요한 역할을 하며, 수업장학의 효과를 확인시켜 주는 것으로 나타났다(곽은순, 2011). 경력교사는 훌륭한 어린이집 내부의 장학사가 될 수 있다. 이러한 고경력 교사들이 원내 자율장학의 중심이 되어 자신의 전문성을 발휘하며 몰입의 경험을 통해 더욱 발달해 가도록 시스템을 짜는 것이 필요하다.

　　카츠는 교사의 전문성 향상을 위한 현직훈련 전략을 조언적 접근(The Advisory Approach)이라 부르며 다음과 같이 규정한다.

- 교사들의 도움 요청이 있을 때만 도움을 제공
- 요청자의 목적과 목표, 요구에 따라 도움을 제공
- 정규과정, 강습회, 세미나보다는 상황적인 도움을 제공
- 교사가 무력함을 느끼고 의존적이 되게 하는 것이 아니라, 자조적이고 독립적

이 될 수 있도록 도움을 제공

앞의 카츠가 말한 전략은 원래 외부로부터 전문가가 1~2주에 한 번 하루 동안 약 1년 정도 진행했던 외부 지원 장학프로그램에서 사용된 전략이다. 교사의 자발성에 기초하므로 가장 효과적이라고 보는 원내 자율장학에서 경력교사가 어떤 원칙을 가지고 동료장학을 해야 하는지에 대해 시사점을 제공한다. 도와달라고 하지 않는데 마음대로 돕거나 요청자의 요구보다는 일방적인 제공자의 방식으로 돕거나 상황을 고려하지 않는 강의식이거나 하는 것은 모두 교사가 자조적이고 독립적으로 되는 것을 방해할 수 있다.

어린이집 자체 교사교육은 어린이집이 주도하여 자율적으로 교사장학을 하는 것으로 수업장학, 동료장학, 자기장학, 약식장학, 자체연수로 나눌 수 있다(김혜경, 2012).

(1) 수업장학

수업계획에 관하여 교사와 협의를 갖고 수업을 관찰 및 분석하고 교사에게 관찰 결과를 피드백하여 수업개선을 도모하려 한다. 교사들의 수업기술 향상을 위하여 경력교사와 원장이 주도하는 개별적이고 체계적인 지도조언 활동이다. 어린이집에서는 평가인증이 본격화되는 시점에 개별 어린이집 보육실에서 많이 이루어졌다. 교사들이 자신의 아동과의 상호작용 방식을 개선하기 위해 주로 오전 시간에 보육실 내에서 동료교사 또는 원장이 참관하게 한 후 함께 평가하고 논의하였다.

> 지금 생각해 보면 모르는 것을 전혀 부끄럽게 생각하지 않고, 모르는 것을 서로 배울 수 있었던 점이, 서로 발전할 수 있는 기회가 되었던 것 같아요. 1주일에 한 번씩 서로의 수업을 공개하고, 피드백을 해 주는 시간도 있었는데, 그것이 '동료장학'이었습니다. 유아교사는 자신들의 수업을 다른 사람에게 공개하는 것을 꺼리는 경우가 많은데, 서로 오픈하면서, 수업에 대해 토론을 하는 기회를 가진다면, 더욱 더 발전된 수업을 할 수 있을 것 같다는 생각이 듭니다.
>
> 출처: 오한나, 이영애(2014).

해 보자

1. 어린이집에서의 수업이란 무엇인가? 수업인가 활동인가?

   (수업, 활동, 교육적 활동, 일상적 활동, 교수, 학습 용어의 의미와 뉘앙스 차이를 논의해 봅시다)

2. 어린이집 일과표를 보고 수업 시간 또는 교육활동 시간을 찾아봅시다.

3. 수업시간 또는 교육활동 시간 말고 무슨 시간이 있는가?

4. 어린이집 일과에서 쉬는 시간은 언제인가?

   (초등학교, 유치원, 어린이집 시간표 또는 일과표의 비교)

(2) 동료장학

동료교사들끼리 교육활동의 개선을 위하여 서로 모임이나 짝을 이루어 상호간 수업연구, 공동과제 및 관심사 협의, 연구 등 공동으로 노력하는 과정이다.

> 내가 먼저 "나 오늘 이렇게 했는데 아이들이 이렇게 예기치 못한 상황이 발생해서 너무 당황했어." 그러면 후배들이 "이럴 땐 이렇게 하고요." 그러면 "어~ 좋아, 고마워." 그렇게 되는 거죠. 사실 선배교사가 가지고 있는 산 경험들이 많잖아요. 예측하지 못한 상황에 대한 에피소드를 갖고 있다 보면 후배교사들이나 제가 지도해야 하는 실습교사들에게도 예를 들어서 얘기를 해 줄 수도 있고, 내 경험들이 그들에게는 많은 도움이 되더라고요. (경력교사와의 심층면담)

출처: 임승렬, 이은정(2014)

(3) 자기장학

교사 개인이 자신의 전문적 발달을 위하여 스스로 계획하고 실천하는 장학이다. 교사가 자신이 영유아와 상호작용하는 상황을 녹음 또는 녹화하여 분석하고 문제점을 보완하거나 방식을 개선하는 방법 등이 있다. 어린이집 평가인증에 대비하여 자신의 아동과의 상호작용 방식을 개선하고자 많이 사용되기도 하였다.

(4) 약식장학

원장, 원감 또는 주임교사가 짧은 시간 동안 보육실을 참관한 후 교사들의 수업이나 환경 등에 대해 교사들에게 지도 조언하는 장학이다.

(5) 자체연수

어린이집 내 외부의 물적·인적 자원을 활용하여 어린이집 자체에서 실시하는 연수 활동을 말한다. 전문가를 초빙하여 강의를 듣거나 지역사회 어린이집이나 유치원 등의 참관을 하고, 책이나 자료(사이버 강의나 학회 자료 등)를 이용하여 연수를 하기도 한다.

표 7-2 어린이집 자체 실시 교육 현황　　　　　　　　단위: %(개소)

구분	자체 실시 교육		지원 또는 교육				
	있음	(수)	자체 별도 보수교육	컨설팅	동료 간 멘토링	자율 공부모임	기타
전체	75.1	(4,046)	67.8	27.3	33.8	20.7	10.4

출처: 이미화 외(2016). 전국보육실태조사.

2015년 전국보육실태조사 결과, 어린이집에서 자체적으로 실시한 재교육이 있었다고 응답한 기관은 전체의 75.1%이며, 재교육 유형은 '자체 별도교육'이 가장 많았고, 다음으로 '동료간 멘토링'과 '컨설팅' '자율공부모임' 순으로 나타났다.

2) 외부장학(컨설팅/수행평가)

교사의 전문성을 외부적 관점에서 평가하는 것은 교사들의 전문성을 탈맥락화시킨다는 비판을 받곤 한다. 외적으로 객관화되고 교사가 주체가 되지 못한 평가에서 교사들은 평가의 적절성에 대한 문제를 제기하고 과중한 업무 부담과 스트레스로 인한 이직 고려 등의 부작용도 보고되고 있다(이혜경, 2010). 유치원의 경우 전통적인 장학지도는 교육행정기관이 중심이 되어 점검하고 지시하는 행정 주도적 성격이 강했다. 이러한 외부 장학지도는 교사에게 부담감, 거부감을 일으켜 소극적으로 참여하게 하며 반성적 성찰을 하기 어렵게 한다고 지적되어 왔다.

어린이집에서는 교사의 전문성을 향상하려는 목적보다는 평가인증을 준비하는 과정에서 교사의 상호작용과 교수법에 대한 개선을 해야 했고 외부의 지원이 필요하였다. 이에 어린이집에서 자발적으로 외부장학을 요청하게 되었다. 육아종합지원센터나 대학 또는 기타 전문가인 외부 조력자가 교사의 보육과정 및 상호작용과 교수법을 현장에서 참관하고 지원하는 방식으로 주로 이루어졌다. 지금은 전국의 육아종합지원센터에서 상시적인 컨설팅이 전문 컨설턴트에 의해 이루어지고 있다. 이때 이루어진 장학의 방식은 카츠가 말한 현장 요구에 기반하여 지지하고 지원하는 조언적 방식, 즉 민주적 방식으로 하려고 노력하였다.

어린이집 평가인증 제도가 도입된 2005년 이후, 어린이집 경력교사들이 자신들의 상호작용과 교수법에 대한 평가에 직면하여 어린이집 내부에서 자율적으로 하

 읽어 보자

〈일회적이지 않았던 외부 조언자의 활동 내용〉

1. 특정한 교수 요구에 대처하기 위해 교수자료를 찾아내고, 규명하고 준비하기
2. 보다 효과적인 학급배치 계획수립으로 교사들을 돕기
3. 행동 문제를 통해 어떻게 학급의 규칙을 개발하며, 특정 아동을 도울 방법 찾기
4. 교사가 경험하는 문제와 어려움을 함께 나누기
5. 교사들의 교수 방법을 도와줄 유용한 자료를 알려 주기
6. 바람직하고 성공적 사례 또는 반대의 정보 제공
7. 활동 관찰로부터 유익한 피드백 제공하기
8. 교수방법과 기법들 보여 주기
9. 대안적 방법과 접근법을 교사가 생각하게 하기

〈교사가 꼽은 조언자 활동의 주요 장점〉

• 많은 것을 알지만 이를 과시하지 않는 사람을 구하는 것이 중요하며 내가 조언자를 교사장 (master teacher)으로 보고 감독자(supervisor)로 보지 않는 것이 나에게는 정말 중요하다.
• 대부분의 사람들은 자기 자신의 일을 위해 학교에 있다. 그러나 조언자는 다른 사람을 도우려고 있는 것 같았으며, 이것을 인식할 수 있었다.
• 우리 학교 안에서 교사들 간의 관계는 조언자 덕분에 긍정적으로 변화되었다.

〈교사가 꼽은 조언자 활동의 주요 약점〉

- 시간상의 제약 : 하루란 시간은 조언자가 학교에서 그들의 역량을 충분히 발휘하기에 부족하다.
- 앉아서 이야기할 충분한 시간이 없다. 정오는 좋은 시간이 못되며, 나는 정오에 휴식을 취해야 하고…… (중략).
- 변화과정은 서서히 이루어지는 것이다. 시간이 더 필요하다.
- 조언자는 너무 열심히 일하며, 너무 주제넘게 나섰다.
- 매주 조언자가 방문했을 때, 아이디어를 생각해 보고 수행할 충분한 시간이 없었다.

출처: 이차숙(1990), pp. 38-47에서 부분 발췌.

거나 스스로 외부의 지원을 요청하며 개선을 위한 노력을 해 온 지 10년이 넘었다. 유치원 교사의 경우, 교육행정 차원에서 장학의 일환으로서, 교사의 전문성 향상을 위한 방안으로 교사평가 제도를 도입하였다. 공립을 중심으로 한 유아교사평가에서 나아가 국가 수준에서 하는 유치원평가를 2007년에 시범 실시하고 2010년부터 실시 중이다(이혜경, 2010). 미국에서는 민간 주도의 수행평가 결과에 대한 공적 기관에서의 반영으로 인해 교사 스스로 수행평가를 받으려 하고 그러한 과정 중에 경력교사의 전문성이 심화된다는 의견도 제시되었다(임혜성, 2016).

3) 의무 보수교육

우리나라는 교사의 전문성을 유지 발달시키고자 보수교육 이수를 법적 기준으로 부과하고 있다. 중간 경력교사들에게 2017년 한 해 동안 보수교육의 이수현황을 조사한 결과, 교사들 중 69.1%가 보수교육을 이수하여 2015년에 비해 이수율이 상승하였다. 이들에게 이수한 보수교육 형태를 조사한 결과, 집합교육은 39.5%로 2015년 대비 9.9% 감소하였다. 보수교육 기간의 대체인력 지원 유무 조사 결과는 2015년에 비해 대체인력이 지원된다는 응답이 증가하였다(유해미 외, 2018). 유치원 교사가 의무적으로 들어야 하는 교육청 중심 교육에 대해 교사들은 대규모 강의, 이론만 있고 실제는 없는 연수, 우리 현장에 적용하기 어려운 먼 외국 사례로만 제시되는 연수들은 효과가 적다고 보았다. 실제로 교사들은 다양한 연수, 강의를 통해 배우고 원하지만 이러한 의무 보수교육을 제외하면 시간과 비용, 접근성이 모두 부족한 것으로 보이므로 적절한 지원과 개선이 필요하다. 교사들은 대학들에서 강좌를 한 개씩 개설해서 현직교사면 누구나 필요한 부분만 들을 수 있게 해서 지속적으로 같은 걸 배울 수 있도록 마련하고 지원하길 바란다(이혜경, 2010).

보육교사에 대한 보수교육은 일반직무 및 특별직무 교육, 승급교육, 원장 사전 직무교육으로 크게 나눌 수 있다. 경력보육교사의 전문성을 향상하려면 보수교육의 이수방법을 다양화해서 연속적으로 이수하는 것을 완화하여 법정 기간 내에 자유롭게 교육을 나누어 이수하도록 할 필요가 있다. 또한 경력과 직위를 충분히 고려하여 수강자의 요구에 맞는 교육 내용이 되도록 개선될 필요가 있다.

4) 대학원 진학

경력교사의 대학원 진학은 이들에게 배움에 대한 갈망을 충족시켜줄 뿐 아니라 교사로서의 자신감과 배운대로 실천하려는 열정을 불러일으키며 자신의 삶에 대한 선택의 폭과 시야를 넓혀 주었다(염지숙, 이영애, 2015). 이 연구의 참여자인 두 경력교사는 모두 학위 과정을 통해 유아와 유아교육을 바라보는 시각이 달라졌다고 했다. '아이들을 바라보는 관점이 달라'졌고 다른 교사의 수업에 대해 무조건 비판이 아닌 '그 이면을 바라보고, 그 교사가 어떤 상황'이었는지를 보려고 한다고 자신들의 변화를 설명했다. 두 교사 모두 이러한 시각의 변화는 자신의 교수실천에 대한 반성적 성찰을 통해 이루어졌다. 대학원 진학은 교사의 전문성 발달을 위해, 현직교사의 재교육을 위한 중요한 수단 중 하나이다. 대학원 진학을 위한 지원체계가 보다 확대될 필요가 있다. 공립유치원의 경우, 휴직이나 연구년제 등의 지원이 이루어지고 있으므로 공립어린이집부터 확대를 검토해 볼 수 있을 것이다.

5) 기타

웹 기반 토론은 바쁜 일과의 교사들 간에 경험 공유 및 반성적 사고의 기회를 제공하는 의미 있는 교사교육의 대안이 될 수 있다(오한나, 이영애, 2014). 경력교사들이 자신들의 초임시절의 어려움, 긍정적인 힘을 돌아봄으로써 초임교사를 위한 지원체계에 대한 필요성을 인식하고, 공감대 형성을 통한 정서적 지원 등을 인식하는 계기가 되었다.

참고문헌

고경미, 이선경, 심성경(2014). 유아교사의 교수몰입도와 행복감 및 전문성 발달수준과의 관계. 한국교육연구, 31(1), 69-94.

고미경, 류숙희, 나정(2006). 유치원 교사의 근무 여건과 전문성 향상 요구 분석. 열린유아교육연구, 11(3), 251-284.

곽은순(2011). 경력교사의 유치원 수업평가 기준 탐색: 질적 접근. 미래유아교육학회지, 18(4), 31-53.

곽은순(2012). 교생의 하루일과평가를 통한 우수유아교사의 특성 탐색. 한국영유아보육학, 73, 357-377.

권정숙, 최석란(2003). 반성적 사고경험에 나타난 유아교사의 반성적 사고과정. 열린유아교육연구, 8(2), 113-133.

김경애, 임부연 (2016). 고경력 유아교사의 삶: 교사실존을 중심으로. 한국교원교육연구, 33(1), 267-296.

김길숙, 문무경, 이민경(2015). 유치원, 어린이집 교사 권익 보호 실태 및 증진 방안. 서울: 육아정책연구소.

김희연, 김은숙(2013). 어린이집 교사의 생애사 연구: 김교사 이야기. 교육인류학연구, 16(1), 25-63.

박성혜, 박은주(2014). 유아교사의 교직적성과 행복감과의 관계. 유아교육학논집, 18(6), 165-191.

박은혜, 곽아정, 김난실, 김현주, 김희진, 유청옥, 이혜경(2016). 유치원교사를 위한 교직실무. 서울: 창지사.

서혜성, 고민경(2012). 보육교사의 반성적 저널쓰기에 나타난 반성적 사고 수준의 변화: 활동을 중심으로. 유아교육 · 보육행정연구, 16(2), 243-268.

송주진(2008). 유아 교사의 발달 단계와 교사의 관심사 및 개념도의 관계. 한국유아교육연구, 5(1), 29-43.

신은수, 박은혜, 조운주, 이경민, 유영의, 이진화, 이병호(2011). 유치원 교원 핵심역량 구성 방향 탐색. 유아교육학논집, 15(5), 203-226.

염지숙, 이영애(2015). 경력 유아교사의 대학원 과정 경험: 이상과 현실의 간극 좁히기. 유아교육연구, 35(3), 81-99.

오한나, 이영애(2014). 웹 기반 토론에서 이루어진 초임교사 시절에 관한 기억. 열린유아교육연구, 19(2), 245-270.

오한별, 이대균(2016). 사립유치원 주임교사로 살아가는 이야기. 어린이문학교육연구, 17(2), 301-332.

유해미, 강은진, 권미경, 박진아, 김동훈, 김근진, 김태우, 이유진, 이민경(2018). 2018년 전국보육실태조사-어린이집조사 보고-. 보건복지부 · 육아정책연구소.

이미화, 최윤경, 이정원, 도남희, 권미경, 박진아, 이혜민, 김영원(2016). 2015년 전국보육실태조사-어린이집조사 보고-. 보건복지부 · 육아정책연구소.

이부미(2010). 공동육아 교사들의 협력적 실행연구 경험에 대한 탐색. 유아교육학논집, 14(3), 123-171.

이승은, 서현(2012). 유아교사의 어려움에 대한 초임교사와 경력교사의 주관적 이해 분석. 유아교육연구, 32(6), 441-466.

이혜경(2010). 유아교사의 전문성에 대한 경력교사들의 인식. 유아교육학논집, 14(5), 287-314.

임승렬, 이은정(2014). '예측하지 못한 수업상황'에서 나타난 유아교사의 실천적 지식에 대한 탐구. 유아교육학논집, 18(2), 495-518.

임혜성(2016). 수행평가를 통한 경력 유아교사의 전문성 향상: 미국의 National Board for Professional Teaching Standards(NBPTS)를 중심으로. 유아교육학논집, 20(1), 53-72.

최윤경, 김윤환, 이혜민(2015). 스웨덴의 육아정책 (Ⅱ): 교사정책을 중심으로. 서울: 육아정책연구소.

탁정화, 황해익(2012). 영아교사의 어려움과 전문성에 대한 인식 및 지원방안 탐색. 열린유아교육연구, 17(2), 73-103.

허정무(2011). 유아교사의 성장 · 발달에 대한 인식. 교육종합연구, 9(1), 20-37.

Katz, L. G. (1989). *Talks with teachers and More talks with teachers*. 이차숙 역(1990). 유아교사를 위한 제언. 서울: 양서원.

보육교사의 직무

제8장

보육교사의 직무

보육교사의 직무에는 어떠한 것이 있을까? 「영유아보육법」 제18조에서 '어린이집의 원장은 어린이집을 총괄하고 보육교사와 그 밖의 직원을 지도·감독하며 영유아를 보육한다. 보육교사는 영유아를 보육하고 어린이집의 원장이 불가피한 사유로 직무를 수행할 수 없을 때에는 그 직무를 대행한다.'라고 규정하고 있다. '영유아를 보육'이라고 기술된 보육교사의 직무에는 얼마나 많은 일이 담겨 있을지 생각해 보자.

해 보자

1. 보육교사의 직무에는 어떠한 것들이 있을지 스무 가지 적어 보자.

2. 각자 생각한 직무를 조별로 토론해 보고, 내용을 유목화해서 정리해 보자.

3. 정리한 직무의 수행시기(연, 월, 주, 일)에 대해 생각해 보자.

전문가로서 보육교사의 직무는 다양해지고 있다. 보육교사는 부모를 대신하여 영유아를 보살피는 자녀양육의 대행자로서의 역할, 효과적으로 영유아를 가르치고 지도하는 역할뿐만 아니라 보육프로그램을 적용·연구하는 역할도 담당해야 한다. 보육교사는 어린이집의 중요한 인적 환경으로, 보육의 목적을 달성하기 위하여 보호자 및 양육자에서 교육자, 중재자 및 연구자로 변하여 간다.

보육교사의 직무영역에 대한 연구(김은영, 권미경, 조혜주, 2012)에서는 교사가 수행하는 모든 직무를 분석하여 다음의 10개의 직무영역, 35개의 직무구분, 177개의 직무내용으로 구분하고 있다.

표 8-1 보육교사 직무영역

직무영역	직무구분
교수학습준비	교육계획, 교재 교구 준비, 환경 구성, 수업 준비, 수업 협의
교수학습 실제	등·하원지도, 놀이지도, 생활지도, 상호작용, 활동 운영
교수학습 평가	유아 평가, 수업(교사) 평가, 프로그램 평가
전문성 신장	연수, 연구, 장학, 전문가로서 책무
유아보호 관련 업무	건강, 청결, 안전
학부모 관련 업무	부모와의 연계, 부모상담, 부모교육, 가족지원
행사 관련 업무	행사 준비, 행사 진행, 행사 마무리
사무 관련 업무	문서작성 및 관리, 사무관리, 물품관리, 운영관리
시설설비 관련 업무	시설관리, 기자재 관리
대인관계 및 사회적인 업무	대인관계, 지역사회와의 관계

출처: 김은영, 권미경, 조혜주(2012).

국가직무능력표준(National Competency Standards) 세분류별 직무정의표에 따르면 보육은 '대분류 2.전문가 및 관련 종사자' '중분류 24. 보건·사회복지 및 종교 관련직' '소분류 247 사회복지 관련 종사자' '세분류 2472 보육교사'에 속한다. 한국표준직업분류에서 보육교사의 직무내용은 다음과 같다.

표 8-2 능력단위별 주요 업무

능력단위	주요 업무(능력단위 요소)
놀이지도	영아놀이 참여·촉진하기, 유아놀이 참여·촉진하기, 놀이연계 및 통합하기
보육연구	보육현장 연구하기, 보육프로그램 개발하기, 보육교사교육 참여하기, 보육인력 멘토링하기, 보육관련 전문단체 및 기관에 참여하기
어린이집 운영방침 수립	연간운영방안 수립하기, 연간행사 계획하기
어린이집 보육계획 수립	연간보육계획 수립하기, 월간·주간 보육계획 운영하기, 일일보육계획 운영하기
어린이집 환경 구성	보육실 놀이환경 구성하기, 실내외 환경 구성하기
어린이집 환경관리	시설·설비와 비품 관리하기, 활동자료 관리하기
보육활동 운영	흥미영역 운영하기, 대·소집단 활동 운영하기, 실외활동 운영하기
생활지도	기본생활지도하기, 인성 지도하기
신체활동 지도	신체활동 계획하기, 신체활동 지도하기
음률활동 지도	음률활동 계획하기, 음률활동 지도하기
미술활동 지도	미술활동 계획하기, 미술활동 지도하기
언어활동 지도	언어활동 계획하기, 언어활동 지도하기, 문학활동 지도하기
수·조작활동 지도	수·조작활동 계획하기, 수·조작활동 지도하기
과학활동 지도	과학활동 계획하기, 과학활동 지도하기
건강지도	건강관리 계획하기, 건강관리 실행하기, 응급상황 대처하기
안전지도	안전관리 계획하기, 안전교육 지도하기, 안전사고 대처하기
영양지도	급간식 계획하기, 식습관 지도하기
영유아 관찰 및 평가	영유아 관찰·계획하기, 영유아 관찰 실행하기, 영유아 평가하기
보육과정 및 운영평가	보육과정 평가하기, 보육운영 평가하기, 평가인증 적용하기
발달지원 및 상담	행동사례 분석하기, 사례별 발달지원하기, 상담 및 전문가 연계하기
장애아 발달지원	장애아 행동특성 파악하기, 장애아 보육 계획하기, 장애아 보육활동 지도하기
가정과의 협력	부모상담하기, 부모교육하기, 부모참여 지원하기
지역사회와의 협력	지역사회 자원 파악하기, 지역사회 협력 계획하기, 지역사회 협력 실행하기
보육운영 관리	보육통합정보시스템 이용하기, 어린이집 인사 관리하기, 어린이집 회계 관리하기
보육실습 지도	보육실습 지도계획 수립하기, 보육실습 지도하기
보육연구	보육현장 연구하기, 보육프로그램 개발하기, 보육교사교육 참여하기, 보육인력 멘토링하기, 보육 관련 전문단체 및 기관에 참여하기

출처: NCS 국가직무능력표준.

제3부에서는 보육교사의 직무를 연간·월간 직무와 하루 일과 운영으로 나누어 살펴보기로 한다.

1. 보육교사의 연간 직무

현직 보육교사들에게 가장 중요한 직무에 대해 물어보면 학기 초 1년의 계획을 세우는 것이라고 이야기할 것이다. 연간 보육계획을 포함한 모든 계획은 연초에 수립하여 체계적으로 운영될 수 있도록 해야 한다. 또한 어린이집 보육교직원은 물론 가정과도 어린이집 운영계획을 공유하여 보육과정이 원활하게 운영될 수 있도록 준비할 필요가 있다.

보육교사가 연간 직무를 수행하기 위해서는 표준보육과정 및 해당 연령의 발달에 대한 이해가 무엇보다 제일 중요하다. 이를 토대로 학기 초 1년의 계획을 연계성 있게 수립하는 것이 필요하다. 보육교사가 수립해야 하는 연간계획의 내용을 연간 보육계획 수립하기, 가정 및 지역사회 연계계획 수립하기, 연간업무분장 계획하기로 크게 나누어 살펴보고자 한다.

1) 표준보육과정 및 영유아 이해하기

어린이집 표준보육과정은 0~5세 영유아를 위한 국가 수준의 보육과정으로, 보편적이고 공통적인 보육의 목표와 내용을 제시한 것이다. 국가수준의 어린이집 표준보육과정을 시행함으로써 영유아의 전인적 발달과 우리 문화에 적합한 보육내용을 일관성 있고 연계적으로 실천할 수 있다. 개별 영유아의 특성과 어린이집 및 지역사회의 특성, 사회적 이슈, 가족특성 등을 고려하여 표준보육과정이 융통성 있게 적용되어야 궁극적으로 개별 영유아의 전인적 발달을 도울 수 있게 된다. 따라서 보육교사는 어린이집의 보육철학과 맡은 반 영유아의 발달수준 및 개별특성을 고려하여 보육과정 계획을 수립할 필요가 있다.

보육교사는 맡은 반의 발달수준과 영유아의 개별적인 특성을 파악하기 위해서 표준보육과정의 목표와 영역별 내용(내용범주, 내용)을 알아야 한다. 표준보육과정에 대한 온라인교육은 중앙육아종합지원센터 e-러닝을 통해 받을 수 있다. 또 각 시·군·구 육아종합지원센터에서 '제4차 표준보육과정 해설서 교육' 및 '놀면서 자란다' 보육과정 교육을 받을 수 있다. 보육교사는 이러한 교육을 통하여 표준보육과정의 내용을 충분히 숙지하여야 한다.

또한 영유아를 가장 잘 이해하는 학부모와 이전 반 담임교사를 통해 전반적인 영유아의 특성에 대해 파악하여야 한다. 신입 영유아의 경우 사전면담을 통해서 영유아의 특성을 파악할 수 있고, 재원 영유아의 경우 생활기록부, 면담기록, 포트폴리오 자료, 이전 반 담임교사의 면담을 통해 파악이 가능하다.

2) 연간보육계획 수립하기

'제4차 표준보육과정'은 보육교사와 영유아가 함께 만들어가는 보육과정으로 보육교사는 영유아 주도적인 놀이가 충분히 이루어질 수 있도록 보육과정을 계획해야 한다.

끊임없이 변하는 영유아의 관심사와 놀이를 지원하기 위해서 보육교사는 교육적인 의도로 사전에 놀이를 계획하여 수립하는 것이 아니라 놀이과정에서 나타나는 영유아의 흥미를 중심으로 계획을 채워 나가야 한다. 따라서 보육교사는 사전 계획을 최소화하고 영유아의 흥미와 요구, 놀이상황에 따라 어떻게 지원할 것인가를 끊임없이 고민하고 만들어 가는 '대강화 계획'을 수립해야 한다.

연간보육계획은 표준보육과정에서 추구하는 인간상, 어린이집의 운영철학, 지역사회의 특성, 개인 수준의 다양성을 고려하여 자율적으로 수립할 수 있다. 연간계획은 학급 차원보다는 기관 차원에서 수립하는 것이 일반적이며 일 년간의 중요한 경험(예: 기관 적응, 계절, 명절, 그 해의 특별한 국가적 행사, 기관 행사, 진급 등)을 미리 염두에 두고 계획하고 기관 차원에서 연간계획을 검토해야 한다.

또한 기존에 수립된 계획이라도 영유아의 놀이 경험에 따라 놀이주제, 시기와 기간 등이 반영될 수 있도록 여지를 남기고 계획한다.

표 8-3 유아반 연간보육계획 수립

월	어린이집 행사	예상 놀이 주제	
3	• 신입 원아 초기적응프로그램 • 입학식	어린이집 친구 나 가족	봄
4	• 봄소풍		
5	• 어린이날 행사 • 어버이날 행사		
6		우리동네 교통기관	여름
7	• 물놀이		
8			
9	• 추석 행사	우리나라 세계 여러 나라 월드컵 환경	가을 / 추석
10	• 가을소풍		
11	• 김장하는 날		
12	• 크리스마스 • 가족 음악회	크리스마스 도구와 기계	겨울 / 설날
1	• 설날 행사		
2	• 수료식 & 졸업식		

3) 지역사회 연계 계획 수립하기

지역사회는 영유아의 다양한 경험을 지원하는 자원으로 보육교사는 영유아들이 지역사회의 다양한 기관과 장소를 경험하면서 지역사회에 관심을 가질 수 있도록 지원해야 한다.

지역사회 연계활동은 영유아의 보육활동을 심화·확장시켜 주는 현장학습 및 다양한 지역사회 기관의 자원을 활용하는 활동이 포함된다. 일반적으로 지역사회 연계활동은 현장학습을 통해 이루어지는 경우들이 많으나, 지역사회 기관과 연계하여 상담 및 정보제공, 인력지원, 서비스 이용 등도 모두 포함이 되므로 이에 대한 계획도 함께 수립하는 것이 바람직하다.

연간보육계획을 수립할 때 1년 동안 진행해야 하는 지역사회 연계 자원을 파악하는 것이 우선이다. 어린이집에서 활용이 가능한 지역사회 기관과 장소에 대한 현황을 파악하여 목록화하고 연령, 주제 및 계절에 맞는 연계 계획을 수립하는 것이 좋다. 이때 지역사회 기관과 장소에 따라 사전 신청이 필요한 경우도 있고, 신청 시기와 방법이 다를 수 있으므로 미리 확인하여 계획하는 것이 필요하다.

어린이집 평가에서 지역사회의 자원을 이용하거나 지역주민 등과 연계한 활동을 영아는 2개월에 1회 이상, 유아는 월 1회 이상 실시여부를 평가하고 있다.

어린이집 평가(한국보육진흥원, 2022)에서 보는 지역사회 연계활동은 다음과 같다.

- 지역사회에 있는 공원, 산책로 등을 활용한 일상생활 관련 활동
- 지역의 자원(도서관, 우체국, 초등학교, 노인센터, 마트, 해변, 생태습지, 박물관, 유적지 등)을 방문하는 등의 활동
- 지역사회의 경찰관, 소방관, 보건소 직원 등이 어린이집을 방문하여 안전·건강에 대해 교육하는 활동
- 지역사회 어르신들이 어린이집을 방문하여 예절 교육, 동화책 읽어 주기 등을 지원
- 인근 노인정·마을회관에 방문하여 어르신들을 즐겁게 해드릴 수 있는 미니 공연
- 유아들이 아동안전, 환경보전 등에 대한 지역사회 대상 미니 캠페인 실시

지역사회 연계활동으로 현장학습을 계획하는 경우 장소는 각 주제의 활동의 연계, 확장, 심화활동에 도움이 되는 곳으로 계획하되 영유아의 연령, 건강, 흥미, 계절, 안전 등도 고려하여 선정해야 한다. 현장학습은 되도록 단체보다는 소규모(반별 또는 연령별)로 계획하고, 영유아의 안전을 고려하여 차량 이용 시간이 1시간 미만의 장소를 선택하는 것이 좋다. 사전에 지원인력에 대한 계획을 수립하여 적절한 인적자원(부모, 자원봉사자, 보조교사 등)을 확보하는 것이 필요하다. 사전 확인이 필요한 사항이 있는 경우 현장학습보고서에 간단히 기록하여 다음 현장학습 계획 시 반영할 수 있도록 한다.

표 8-4 지역사회 연계 계획 수립한 만 3세 연간보육계획

예상주제	지역사회 연계	
	현장학습	기관 자원활용
어린이집	• 어린이집 주변 산책 (지역사회 기관 찾아보기)	
봄	• ○○대공원 (봄꽃과 나비 만나기)	
나	• −○○치과 견학 (구강검진, 교육)	• 성문화센터 방문 성교육 (내 몸은 소중해요) • 급식관리지원센터 방문 영양교육 (건강한 내 몸)
가족	• 웨딩홀 견학 (결혼식장에 갔어요) • 산부인과 병원 견학 (간호사 선생님 만나기)	• 육아종합지원센터 부모자녀 체험활동 (엄마 아빠와 놀이해요)
여름		• 물놀이 (자원봉사센터 연계 인력활용)
동물	• ○○동물원 (야생동물 조련사 만나기) • 고래박물관 (재능기부−해설사 선생님 고래의 모습과 생활)	
가을	• 가을소풍: ○○어린이공원 (○○대학교 자원봉사자 연계)	• 급식관리지원센터 방문 영양교육 (채소와 친해져요) • 부모참여행사: 지역 국화 축제 참여
겨울	• 육아종합지원센터 견학 (색깔 모양놀이 체험)	• 크리스마스 행사 (시니어클럽 재능기부-산타할아버지)

4) 가정과의 연계 계획 수립하기

가정, 어린이집, 지역사회는 영유아에게 매우 중요한 환경으로 이들은 서로 연계되어 영유아의 삶에 영향을 미친다. 어린이집에서 이루어지는 보육의 효과가 극대화되기 위해서는 가정과의 연계가 필수이다.

특히 영유아·놀이중심 보육과정을 운영하기 위해서는 부모의 역할이 더욱 중요

하다. 부모는 영유아의 놀 권리와 즐겁게 놀이하며 배우는 놀이의 가치를 이해하고 가정에서 영유아의 놀이를 지원해야 한다. 이를 위해 어린이집에서는 부모 참여, 간담회, 워크숍, 상담 등 다양한 기회를 마련하여 부모의 역할을 지원할 필요가 있다(제4차 어린이집 표준보육과정 해설서, 2021).

보건복지부에서는 부모가 믿고 맡길 수 있는 보육환경 조성을 위해 어린이집의 물리적 구조·프로그램 운영에서 개방적이고, 부모의 일상적 참여가 이루어지는 열린어린이집 운영을 권고하고 있다.

다음 〈표 8-5〉는 열린어린이집 선정기준에서 살펴본 프로그램 운영적 측면의 부모참여활동 내용이다.

표 8-5 열린어린이집 부모참여활동 내용

구분	내용	주기
신입 원아 부모 오리엔테이션	신입 원아 부모 대상으로 어린이집 보육철학, 운영현황, 보육프로그램, 부모 및 지역사회와의 협력, 공지사항 등 운영 전반에 대해 소개하고 부모의 참여와 소통의 계기를 마련	연 1회 이상
부모 개별 상담	영유아의 성장과 발달, 생활전반에 대해 부모와 담임교사의 의견 교환 등 개별 상담 실시	연 2회 이상
어린이집 운영위원회 (협동어린이집의 경우는 조합 총회)	어린이집 운영의 자율성과 투명성을 높이고 지역사회와의 연계를 강화하기 위해 원장, 보육교사, 부모, 지역사회 인사 등이 참여하는 어린이집 운영위원회를 운영	분기별 1회 이상
부모교육	영유아 발달, 자녀양육관, 육아정보 등에 대해 소그룹 및 대그룹으로 부모교육을 실시	연 2회 이상
부모참여프로그램 ('열린어린이집의 날' 운영)	'열린어린이집의 날'로 선정하여 부모참여프로그램 운영[예: 재능기부(1일 교사), 자원봉사 및 도우미, 수업보조, 급식보조, 나들이 및 견학지원, 대체인력, 부모참여수업 등]	분기별 1회 이상
부모만족도 조사	부모 대상으로 어린이집 환경, 건강, 보육과정, 상호작용, 운영의 개방성 등에 대한 만족도 조사 실시	연 1회
자체 부모모니터링	부모가 어린이집을 직접 방문하여 건강·안전·급식·위생에 대한 모니터링 실시 및 전 부모에게 계획 및 결과 공지	연 2회 이상

부모참여활동 수요조사	부모참여활동 관련 의견수렴을 위한 수요조사(내용, 대상, 시간, 방법 등) 실시	연1회
부모참여활동 정기 안내 및 공지	부모참여활동 운영 정보를 부모에게 정기적으로 안내하고, 미참여 부모의 참여 독려를 위한 부모참여활동 결과 등 공유	분기별 1회
지역사회와의 연계 및 협력 활동	지역사회의 공원, 산책로 등을 활용한 일상생활 관련 활동, 일반적인 자원(도서관, 초등학교, 우체국, 노인센터, 육아종합지원센터, 마트 등), 지역사회의 특별한 자원(해변, 생태습지, 박물관, 기념관, 유적지 등)을 방문하는 등의 활동, 지역사회의 경찰관, 소방관, 보건소 직원 등이 어린이집을 방문하고 교육하는 등 지역사회와 연계하여 추진한 부모참여활동 운영	연 2회 이상

표 8-6 가정과의 연계 계획 수립의 예

월	활동명	대상	내용	담당자	
				책임자	보조자
3	신입 원아 적응프로그램	신입 영유아 부모	연령별 적응프로그램을 통한 안정적인 어린이집 적응 돕기	김○○	박○○ 이○○
	부모교육 −베이비마사지	만 0세 신입 영유아 부모	만 0세 발달에 적합한 베이비마사지 방법 실습	황○○	강○○
	어린이집 운영위원회	학부모 운영위원	어린이집 운영 전반 회의	윤○○	
4	적응보고서 배부 및 부모개별면담	신입 영유아 부모 전체부모	어린이집 적응에 관한 교사의 관찰기록 배부 (신입 대상) 및 전체면담	임○○	
5	아빠 참여수업 −나도 프랜디 대디	전체 영유아 아빠	아빠와 함께 쉽게 할 수 있는 놀이활동 실습	강○○	최○○ 정○○ 조○○
	부모모니터링	자체 부모모니터링단	건강·안전·급식·위생 점검	윤○○	

6	반별 간담회	전체 부모	반별 보육프로그램에 대한 소개 및 집단 면담	장○○	각 반 교사
	어린이집 운영위원회	학부모 운영위원	어린이집 운영 전반 회의	윤○○	
7	부모교육 −발달에 적합한 그림책	전체 부모	영유아 발달 및 그림책 전문가 초청 교육	한○○	김○○
9	어린이집 운영위원회	학부모 운영위원	어린이집 운영 전반 회의	윤○○	
10	가족 참여수업 −가을밤 운동회	전체 영유아 및 부모	가족이 함께하는 놀이활동	박○○	정○○ 황○○ 임○○
11	부모 개별면담 반별 간담회	전체 부모	전체 면담 발달에 적합한 주제 부모교육 진행 및 집단 면담	강○○	
	부모모니터링	자체 부모모니터링단	건강 · 안전 · 급식 · 위생 점검	윤○○	
12	가족 음악회 −즐거운 캐롤 음악회	전체 영유아 및 부모	놀이와 공연으로 구성된 가족참여 행사	최○○	정○○ 조○○ 장○○
	어린이집 운영위원회	학부모 운영위원	어린이집 운영 전반 회의	윤○○	
1	부모 만족도 조사	전체 부모	운영 전반에 대한 의견수렴	김○○	
2	학부모 오리엔테이션	전체 부모	운영안내(보육과정과 운영지침 안내, 교사소개)	장○○ 오○○	각 반 교사
상시	가정통신문 및 기타 공지사항	전체 부모	매월 행사 계획안 및 부모교육 자료를 담은 통신문 배부		
	부모참여프로그램	전체 부모	다양한 형태의 보육활동 참여 및 기여활동		

5) 연간 업무분장 계획 수립하기

원활한 보육과정 운영을 위해 구체적인 업무분장을 하는 것 또한 연초에 계획해야 하는 중요한 일 중 하나이다. 업무분장은 구체적이고 명확할수록 좋으며, 전체

표 8-7 전체 업무분장의 예

구분	담당	업무내용	비고
주요 업무	원장	• 원의 전반적인 교육 및 운영 계획 / 견학 및 행사계획 • 업무분장, 감독, 근무평정 등 업무관리 • 시설설비 및 재정 관리 / 운영 및 교육 정보 수집 • 행정당국 및 단체와의 관계유지 / 일지 취합 검사	• 전체 청소구역 관리
	교사	• 보육활동 진행 및 준비 / 보육일지 작성 • 각 보육실의 환경 구성 및 청결 관리 / 학부모 상담 • 영유아에 대한 관찰 일지 및 보고서 작성 • 영유아 건강 및 안전관리 / 영유아 영양 및 급식 관리	• 담당 교실 관리
기타 업무	교사 ○○○	• 영아반의 전반적인 교육내용 관리 • 연간보육계획안, 주간보육계획안, 일일보육계획안 작성 • 원아 관리 및 관찰지도 / 소모성 교재 점검 및 신청 • 시청각 기자재관리(빔프로젝터, 비디오 카메라 등) • 안전관리(소화기 점검), 비상 대피 훈련 담당	• 계단 청소 • 외부 청소
	교사 ○○○	• 입학상담 및 자원봉사자 담당 / 위생 소독 • 식단표작성 및 주문 담당 / 화분 관리 • 게시판(주간보육계획안, 주간식단표, 월행사) 담당 및 관리	• 화장실 청소 • 화장실 수건 관리
	교사 ○○○	• 유아반의 전반적인 교육내용 관리 • 연간보육계획안, 주간보육계획안, 일일보육계획안 작성 • 원아 관리 및 관찰지도 / 교재교구 정리 및 관리 • 행사 일지 작성/비디오 및 테이프 정리 담당	• 실외 놀이터 청소
	교사 ○○○	• 사무실 도서 정리 및 관리 / 업무 일지 작성 • 종이, 시트지, 코팅지, 복사지(복사기) 등 지류 정리 및 관리 • 약품장 관리 및 약품사용 대장 담당 / 생일잔치 계획 및 준비	• 현관 청소
	운전사	• 차량안전 준수사항 • 차량내 소화기관리	• 차량청결관리
	조리사	• 1층 물컵 관리 / 식자재 주문 및 관리 • 2층 정수기 물컵 관리	• 수족관, 화초관리 • 세탁기 관리

출처: 한국보육진흥원(2016).

회의를 통해 논의가 이루어져야 한다. 실질적으로 보육교사의 직무영역이 광범위하기 때문에 교사 간 직무의 수준 및 직무량을 조정하는 일이 필요하며 연초에 계획을 수립하고, 중간 평가를 통해 직무를 조정할 수 있다.

해 보자

1. 연초에 수립되어야 하는 또 다른 계획이 있는지 구체적으로 생각해 보자.

_____

_____

_____

_____

2. 보육교사의 월간 직무

보육교사의 월간 직무는 연초에 수립한 연간 계획을 토대로 월간 계획을 수립하고 실행하는 것이다.

1) 보육과정 운영하기

(1) 계획 수립 및 운영하기

보육과정은 영유아의 흥미와 요구, 놀이, 사전경험, 지역적 특성, 계절 등에 기초하여 수립한다. 반별로 영유아의 흥미와 요구를 반영하여 보육계획은 월간, 주간, 일일 보육계획안 중 한 가지를 수립할 수 있다.

2019 개정누리과정 놀이실행자료의 놀이사례를 토대로 보육과정 운영에 대해 살펴보면 다음과 같다.

〈표 8-8〉은 계절 주제인 '봄' 놀이를 계획한 만 3세반 월간보육계획안의 예시이다.

표 8-8 만 3세반 월간보육계획의 예

주		5월 1주	5월 2주	5월 3주	5월 4주
놀이 (바깥놀이 포함)	봄	• 봄꽃 만들기 • 모형꽃, 화분으로 놀기 • 산책 사진으로 만든 책	• 꽃가게 꾸미기 • 꽃씨 마라카스 • 씨앗 그림책	• 꽃가게놀이 • 꽃모양 막대인형	• 티슈로 나비 만들기 • 봄의 곤충 그림책
활동		• 동화 '우리 가족' 동화 • 노래 '봄에 피는 꽃"	• 봄꽃 찾아오기 게임하기	• 노래 '씨앗이 자라서'	• 노래 '개미' • 애벌레 신체 표현하기
행사일정		4일-원내 어린이날 행사 / 8일-원내 어버이날 행사 & 포토존 22일-원내 손씻기 교육 / 29일-급식도우미 활동			

출처: 교육부, 보건복지부(2020).

'반짝이끈 놀이' 사례에서 보육교사가 계획한 '봄' 주제놀이가 진행되는 동안 가족의 날 행사를 위해 기관 입구에 장식한 응원술을 보고 몇몇 유아가 관심을 보였다. 교사는 유아들의 놀이 흐름에 따라 사전에 계획하였으나 유아의 흥미가 떨어지는 일부 활동들을 유아들의 관심이 많은 '반짝이끈' 주제의 활동으로 변경하여 보육활동을 운영하였다.

〈표 8-9〉는 유아의 흥미에 따라 새로운 주제 '반짝이끈'이 시작되었고, 이를 반영한 만 3세반 월간보육계획안의 예시이다.

표 8-9 만 3세반 월간보육실행의 예

주		5월 1주	5월 2주	5월 3주	5월 4주
놀이 (바깥놀이 포함)	봄	• 봄꽃 만들기 • 모형꽃, 화분으로 놀기 • 산책 사진으로 만든 책	• 씨앗 그림책		• 봄의 곤충 그림책
	반짝이끈	• 반짝이끈 가지고 나가 놀기 • 반짝이끈 나뭇가지에 묶기 • 반짝이끈으로 만든 도구로 운동하기			

활동	• 우리 교실에는 어떤 장난감이 있으면 좋을까?			
	• 상자와 반짝이끈으로 어떻게 놀이할 수 있을까?			
	• 놀이의 진행과정에 따라 문제해결 의견 나누기			
	• 동화 '우리 가족' 동화			
	• 노래 '봄에 피는 꽃'	• 반짝이끈으로 신체 표현하기	• 반짝이끈으로 게임하기	• 애벌레 신체 표현하기
행사일정	5일−원내 어린이날 행사 / 8일−원내 어버이날 행사 & 포토존 22일−원내 손씻기 교육 / 29일−급식도우미 활동			

출처: 교육부, 보건복지부(2020).

(2) 평가하기

평가는 크게 보육과정 운영 평가, 영유아 평가로 나뉜다. 보육과정 운영평가는 놀이, 일상생활, 활동이 잘 연계되어 영유아에게 의미 있는 보육과정 운영이 되었는지를 평가하는 것이다. 영유아의 흥미와 상황을 고려하여 보육계획을 수정하는 순환적인 평가과정을 통해 영유아에게 의미 있는 보육과정 운영이 가능해진다.

영유아 평가는 일상생활, 놀이를 포함하여 전반에 걸쳐 나타나는 영유아의 행동을 관찰하는 것이다. 교사는 영유아 놀이에 대한 기록을 통해 영유아의 흥미와 관심, 놀이 선호, 또래와의 상호작용 등 영유아의 특성과 변화 정도를 평가한다. 특히 놀이중심 보육과정 운영을 위해 교사는 영유아의 놀이과정을 관찰하여 영유아 이해 및 놀이지원에 중요하고 의미 있다고 판단되는 자료를 모으고 이를 토대로 종합적으로 평가해야한다.

2) 보육환경 구성하기

보육교사는 보육과정을 효과적으로 운영하기 위해 영유아가 다양한 놀이와 활동을 경험할 수 있도록 보육환경을 구성한다. 학기 초 전체적인 보육실 환경을 구성하고, 활동주제와 계절, 영유아의 흥미 등을 고려하여 보육실 공간구성도 달라져야 한다는 점을 감안하면 월간 직무에 해당된다고 볼 수 있다.

보육실은 놀이영역으로 구성하여 영유아가 자율적으로 다양한 활동을 하며 안전하게 생활할 수 있도록 하는 것이 무엇보다 중요하다. 영유아의 놀이를 지원할 수

〈여름 – 목욕탕 놀이〉

〈여름 – 수영장 놀이〉

〈도구와 기계 – 가전제품 판매 놀이〉

〈교통기관 – 자동차 놀이〉

[그림 8-1] 놀이영역 구성의 예

있도록 공간을 융통성 있게 구성하며, 다양한 놀이자료를 제공하여 놀이가 활발하게 이루어질 수 있도록 지원해야 한다.

3) 지역사회 연계활동 운영하기

(1) 현장학습 진행하기

연초에 계획한 현장학습을 진행하기 전 교사는 사전답사를 통해 실제 현장학습 시 예상되는 다양한 상황에 대한 대비가 필요하다. 예약상황 및 대상인원, 연령 등에 대한 사전 확인을 해야한다.

또한 어린이집에서 출발하여 도착할 때까지 영유아를 어떻게 이동시키고, 보육교사 및 기타 지원인력들이 어떻게 배치되어 활동을 도와야 하는지에 대한 구체적인 계획을 수립해야 한다. 활동장소, 비상구, 화장실, 휴식 장소, 인근 병원 등의 위치를 파악하며, 위험요인이 없는지 꼼꼼하게 살펴보아야 한다.

사전답사 시 보육교사는 현장학습 장소와 관련하여 사진을 찍어 두는 것이 좋다. 이를 통해 사전답사를 오지 못한 동료교사가 미리 준비할 수 있으며, 현장학습 전 영유아들에게 현장학습에 대한 교육자료로 활용할 수도 있다. 또한 폭염, 미세먼지, 영유아의 컨디션 등에 따라 변경될 수 있으므로 대체활동을 미리 계획해 두는 것도 필요하다.

현장학습 장소에 대한 사전답사를 통해 현장학습을 진행하기로 결정했다면 부모 공지 및 동의의 절차를 거쳐 진행하면 된다. 부모공지 및 동의는 자필이 들어간 문

- 현장학습을 하기 전에 부모 동의서에 서명을 받고 큰 게시판에 붙여 놓아 부모들이 기억을 할 수 있도록 한다.
- 현장학습을 위하여 그 주초에 현장학습을 준비하고 주말 바로 전날은 가지 않는 것이 좋다. 유아들은 주초에는 주의 집중을 매우 잘하게 되므로 이때 현장학습을 가는 것이 좋다. 나머지 날들은 교사가 유아들에게 현장학습에서 경험하였던 것을 그리거나 이야기하기, 놀이와 관련된 활동을 제공해 줄 수도 있다.
- 현장학습은 세심하게 조사하고 계획한다. 현장학습을 하기 전에 교사 스스로 그곳을 먼저 방문하고 불유쾌하거나 놀라운 경험이 되지 않도록 해야 한다. 유아들이 그곳에서 볼 것과 주의와 흥미를 끌만한 것들을 확인해야 한다(만지는 것을 허락하지 않는 박물관 같은 곳은 유아들에게 좌절감을 느끼게 할 수 있다). 안내자가 어린 유아들과의 경험이 있는 사람인지 물어보고 아무도 그러한 사람이 없다면 기본 정보를 모아서 교사가 안내자의 역할을 한다.
- 현장학습은 짧고 간단하게 해야 한다. 여러 개의 다른 장소가 인접해 있기 때문에 같은 날에 여러 장소로 가고 싶은 유혹을 피해야 한다. 큰 박물관의 두 개 내지는 세 개의 방을 견학하거나 동물원에서는 두 개 구역만 방문하는 것이 좋다(너무 많이 보거나 견학으로 인한 과도한 자극은 유아들의 신경을 날카롭게 하거나 피곤하게 만든다). 만약 현장학습이 길어지면 유아들이 자유롭게 놀 수 있는 가까운 공원이나 운동장, 기구놀이를 할 수 있을 때, 적어도 비구조적인 시간을 계획해야 한다.

출처: Saifer (2003).

표 8-10 현장학습 위험요인 확인

구분	위험요인	조치내용
이동 경로	• 언덕에 주차 중인 차 또는 오토바이 • 에어컨 실외기, LPG 가스통 등 • 유리조각, 깨진 병, 녹슨 요철, 열려 있는 맨홀 뚜껑, 공사 중인 건물 등 • 영유아 손에 닿는 전선, 밀대, 삽 등	• 발견 즉시 위험요소를 치운다. • 수리하는 데 시간이 걸리는 경우: 위험 요소를 덮개로 덮거나 위험요소에 '접근불가' 표시하고 야외활동 시 영유아 접근을 막는다.
현장 학습 장소	• 가시가 있는 식물, 꽃가루 등 • 부러진 나뭇가지, 뾰족한 돌 등 • 적재물(목재더미, 파손된 가구) 등 • 웅덩이 등 위험지형 • 버려진 쓰레기 등 • 해로운 곤충 등이 모여 있는 곳 (벌집, 흰개미 및 진딧물 서식지 등) • 높은 언덕 및 계단 등 • 미끄러운 계단 및 바닥 등 • 녹슨 놀이시설 및 체험도구 등	• 위험요인으로 사고가 날 가능성이 있는 경우: 야외활동 장소로 선정하지 않는다. • 위험요소를 치워야 할 경우: 담당 관리자에게 알려 주고 위험요소를 미리 제거해 줄 것을 요청한다. • 부득이하게 위험요소가 제거되지 않을 경우: 영유아에게 위험요소 근처에 가지 않도록 주의시키고, 가능하면 빨리 벗어난다.

출처: 어린이집안전공제회(2014).

표 8-11 부모공지 내용 및 세부 내용

목적지 정보	• 날짜, 시간(출발, 도착), 장소, 대상, 활동내용, 비용 등을 안내한다.
옷차림	• 바람직한 옷차림을 안내한다.
점심 및 간식 준비	• 다음과 같은 내용을 안내한다. 　-적당한 양의 음식, 음료 또는 물 등을 간단히 준비하여 이동 시 가방이 무겁지 않도록 한다. 　-간식을 준비할 경우 간단히 먹을 수 있는 마른 간식을 준비한다. 　-상하기 쉽거나 젖은 음식(우유, 과일, 요구르트 등)은 피한다. 　-밥과 반찬은 따로 담아 충분히 식힌 후 뚜껑을 닫도록 한다. 　-김밥을 준비할 경우 쉽게 상할 수 있으므로 밥과 재료들을 충분히 식힌 후 만들도록 한다. 　-물은 보리차 등으로 끓여 식힌 것으로 준비한다.
참여동의	• 현장학습에 참여한다는 동의서를 부모에게 받는다. • 부모가 참여할 경우 부모 참여에 대한 동의서를 부모에게 받는다.

출처: 어린이집안전공제회(2014).

표 8-12　현장학습 계획서

(만 4세) 연간 현장학습 계획서

예상주제	현장학습 내용			사전점검 사항			
	활동명	장소	대상	사전예약	연락처	필요 지원인력	차량 예약
봄	봄나들이(소풍)	○○대공원	만 3~5세			4명	45인승
동식물과 자연	고래박물관 견학	장생포 고래마을	만 3~5세	3월 예약 (해설사 예약 포함)		4명	45인승
나와 가족	카네이션 달아드리기	노인복지관	만 4세	전 월 확인필요 (공문발송)		2명	×
	인형극 관람	○○소극장	만 4세	한 달 전 예약		1명	
우리동네	미용실 견학	○○미용실	만 4세	2주 전 예약		2명	
건강과 안전	체육관 견학	○○체육관	만 3~5세	한 달 전 동화구연 예약 (공문발송)		2명	45인승
여름	물놀이	○○수영장	만 4세	한 달 전 예약		4명	25인승
교통기관	공항 견학	○○공항	만 4세	1월 예약 (공문발송)		2명	25인승
우리나라	옹기 만들기	옹기박물관	만 3~5세	한 달 전 예약		4명	45인승
세계 여러나라	다문화 도서관 견학	○○도서관	만 4~5세	한 달 전 동화구연 예약 (공문발송)		1명	45인승
가을	배따기 체험	○○과수원	만 3~4세	한 달 전 예약		4명	
환경	과학관 견학	○○과학관	만 3~5세	9월 예약 (사전교육)		4명	45인승
겨울	눈썰매타기	○○ 동굴나라	만 3~5세	한 달 전 예약		4명	45인승
도구와 기계	전자랜드 견학	전자랜드	만 4세	한 달 전 예약		2명	25인승

(만 4세) 현장학습 계획서					결재	담당	원장
						김○○	이○○

일시	2021년 5월 ○일 수요일 (9:50 출발예정 / 11:50 도착예정)						
장소	○○ 문화예술회관 소공연장						
인원	영유아	만4세	○○반	15명	인솔자	담임교사	2명
						보조교사	2명
			○○반	14명		부모참여	2명(○○○어머니, ○○○할머니)
						원장	1명
		합계		29명		합계	7명

이동방법	회사정보	○○관광(052-○○○-○○○○)	운전자정보	○○○(010-○○○○-○○○○)
	차량정보	45인승 1대	소요시간	편도 약 20분

준비물	담임교사	구급약, 참석명단 및 비상연락망, 일정표, 카메라, 여벌옷, 물티슈, 이름표 현장학습 단체 조끼, 차량안전점검표(차량기사 점검 요청, 차량 사진 촬영)
	영유아	간편한 복장(바지, 티셔츠), 물통

소요경비	공연관람료	5,000원×35명(인솔자 2명만 지원)	175,000원	395,000원
	차량임차료	45인승 220,000원	220,000원	

현장학습 세부내용	
주제	나와 가족 〈우리 엄마〉 공연 관람
활동목표	-〈우리 엄마〉 공연을 즐거운 마음으로 감상한다. -공연장에서 지켜야 할 공공예절을 알고 실천한다.

활동내용	시간	활동	내용
	9:50~10:10 (20분)	준비 및 이동	• 어린이집 출발 ▶ 버스승차 ▶ 소공연장 도착 ▶ 버스하차(단체 주차장 / 문화예술회관 동문) • 유아 인원점검 및 건강상태 확인
	10:10~10:30 (20분)	공연장 이동	• 공연장(2층) 이동: 계단 이용 -화장실 다녀오기
	10:30~11:20 (50분)	공연관람	• 뮤지컬 〈우리 엄마〉 공연 관람
	11:20~11:30 (10분)	이동 준비	• 화장실 다녀오기 -버스 승차 (소공연장 뒤편 단체 주차장)
	11:30~11:50 (20분)	이동	• 어린이집 도착 ▶ 버스 하차 ▶ ○○반 먼저 하차

사진	• 차량 하차 및 이동 경로 사진 (하차 장소, 건물 전경사진 등) • 공연장 이동 경로 사진 (로비 및 복도, 계단, 화장실, 비상대피도 등) ※ 사진 촬영하여 첨부
고려사항	• 계단이 협소하여 사전 이동시 안전교육 필요함 • 공연장 내 성인 인솔자 자리 배치: 좌석 좌우 끝자리로 배정됨 • 공연 끝까지 관람하지 못하는 유아 담당 인솔자 지정 필요: 보조교사 2명
참고	※ 공연 내용 첨부

서로 받는 것이 바람직하며 가정통신문, 온라인 소통창구(홈페이지, 블로그, SNS, 스마트알림장), 대화수첩, 월간 또는 주간보육계획안을 통해 공지한다.

(2) 지역사회 연계 자원 활용하기

연간 계획을 토대로 지역사회 자원을 활용하기 위해서는 사전 협조가 반드시 필요하다. 지역사회 연계기관과 원활한 협력을 위해서는 사전에 기관을 방문하거나 전화를 통해 어린이집의 특성 및 지역사회 연계활동의 취지, 방법, 대상 등에 대한 긴밀한 논의가 필요하다. 이때 명확하게 진행하기 위해서 가능하면 공문으로 협조 요청을 하는 것이 좋다.

아이들의 행복한 미소가 함께하는

○○ 어린이집

수신 ○○의료원 ○○병원장

(경유) 기획실 ○○팀장

제목 〈○○어린이집〉 견학 요청의 건

1. 건강한 가정, 따뜻한 사회 만들기에 애쓰시는 귀 기관의 무궁한 발전을 기원합니다.
2. ○○어린이집은 울산 ○구 ○○동에 소재한 ○○○ 직장어린이집입니다.
3. ○○어린이집 만 3세(5세) 유아들이 5월 〈나와 가족〉이라는 주제로 활동을 진행하고 있습니다. 이에 ○○병원 견학이 주제 활동을 심화 · 확장할 수 있는 좋은 계기가 될 수 있을 것 같아 다음과 같이 견학을 요청하오니 허락해 주시기 바랍니다.

○ 견학일시: 2021년 5월 28일(화) 10시~10시 30분

○ 견학인원: 만 3세(5세) 유아 12명(남아 6명, 여아 6명), 인솔교사 3명

○ 견학내용: 병원 둘러보기, 신생아실 견학

○ 견학담당: 어린이집 원장 ○○○(052-○○○-○○○○). 끝.

기안자 (원장) ○○○

시행 ○○어2021-10호 (2021. 05. 02.) 접수

우 680-000 주소 울산광역시 ○구 ○○로 ○○○번길 ○○

전화 (052)○○○-○○○○ 전송 (052)○○○-○○○○ http://○○○○.com/공개

[그림 8-2] 지역사회 연계 협조공문의 예 1

아이들의 행복한 미소가 함께하는

○○ 어린이집

수신 ○○대학교 총장

(경유) 학생복지처 사회봉사지원센터 ○○○

제목 〈○○어린이집〉 대학생 자원봉사자 파견 신청의 건

1. 귀 기관의 무궁한 발전을 기원합니다.
2. ○○어린이집은 울산 ○구 ○○동에 소재한 ○○○ 직장어린이집입니다.
3. ○○어린이집 가족참여 행사의 원활한 진행을 위하여, 대학생 자원봉사자 파견을 신청하오니 협조해 주시기 바랍니다.

○ 자원봉사일시: 2021년 5월 16일(토) 10시~15시

○ 자원봉사 신청인원: 대학생(영유아 관련 전공자 우대) 5명

○ 자원봉사 활동내용: 가족참여 행사 '태화강 대숲 걷기 대회' 지원

-행사 보조 및 정리(스탬프 찍어 주기, 사진 찍기, 인원 점검 등)

○ 자원봉사담당: ○○○반 담임교사 ○○○(052-○○○-○○○○). 끝.

○○ 어린이집원장 (직인)

기안자 (원장) ○○○

시행 ○○어2021-10호 (2021. 05. 02.) 접수

우 680-000 주소 울산광역시 ○구 ○○로 ○○○번길 ○○

전화 (052)○○○-○○○○ 전송 (052)○○○-○○○○ http://○○○○.com/공개

[그림 8-3] 지역사회 연계 협조공문의 예 2

4) 가정연계활동 운영하기

(1) 계획하기

다양한 부모참여가 활발하게 이루어져 어린이집과 가정과의 원활한 소통이 이루

어진다면 상호 지지적인 동반자 관계가 강화될 수 있다. 보육교사는 연간 수립한 가정과의 연계활동에 부모가 자발적이고 적극적으로 참여할 수 있도록 월간 계획을 다시 수립하고 참여를 유도해야 한다. 단, 부모참여는 가능한 일회성 행사를 지양하고 영유아의 일상적 보육활동을 지원하는 형태로 다양한 기회를 주는 것이 바람직하다. 보육교사는 적극적인 홍보와 부모참여 활동의 긍정적인 피드백으로 활동이 영유아의 건강한 양육환경 조성에 도움이 되도록 운영해야 한다.

계획 및 준비 단계			실행단계	평가단계
도입 목적 공유	진행 중인 활동 점검	활동 및 공간 계획	부모참여 활동 실행	평가
• 부모 대상 설명모임 개최 • 전체 또는 소집단 • 교직원 간의 목적 공유	• 체크리스트를 이용한 자체 점검	• 부모 대상 의견 수렴 • 연간 · 월간 활동 계획 수립 • 공간 구성 검토	• 부모교육 • 의사소통 증진 • 부모참여 활동 • 가정과의 연계 활동 • 의사결정에의 참여	• 부모 만족도 조사 • 자체 평가

[그림 8-4] 열린어린이집 실행 과정

출처: 보건복지부, 육아정책연구소(2015).

(2) 실행하기

가정과의 연계활동은 다음 〈표 8-13〉의 내용을 참고하여 실행한다. 보육교사는 부모와의 원활한 상호작용을 통하여 보다 효과적으로 영유아를 양육할 수 있도록 돕는다.

[그림 8-4]와 같이 열린어린이집을 운영하기 위해서는 어린이집 운영위원회 등을 통하여 부모를 의사결정에 참여시키고 보다 적극적으로 가정과 연계하도록 노력해야 한다. 또한 부모와의 상담, 부모교육 등을 통하여 다면적 의사소통을 하고 필요시 부모뿐만 아니라 조부모, 형제자매 등을 포함한 가정과 연계도 필요하다.

표 8-13 가정연계활동 실행 시 유의사항

부모교육	다양한 부모교육을 마련하여 부모와 어린이집의 상호 소통의 기반을 형성하도록 더욱 적극적인 노력을 기울여야 한다. 일방적인 지식 전달이나 일회성 교육에 그치기보다는 부모가 적극적으로 참여할 수 있는 다양한 형태의 교육을 제공하는 것이 좋다. 또한, 부모교육의 계획, 실행, 평가에 걸친 전 과정에서 부모의 요구와 의견을 수렴하는 등 적극적인 소통을 위한 노력이 필요하다. 특히, 부모교육 계획 단계에서 부모가 원하는 교육 내용, 실시 시기 등에 대한 사전조사를 실시하고, 부모의 참여율을 높이기 위한 방안을 마련하는 것이 필수적이다.
다면적 의사소통의 기회와 통로	어린이집에서 가정으로 정보를 전달하는 일방적인 의사소통이 아닌, 어린이집과 부모 간의 양방향 의사소통이 그 중심이 되어야 하며, 이를 통해 '바람직한 영유아 보육'이라는 공동의 목표를 실현시킬 수 있도록 한다. 부모가 어린이집에서 제공하는 정보를 일방적으로 수용해야 한다고 느끼지 않도록, 어린이집이 부모와 소통한다는 자세를 갖는 것이 무엇보다도 필요하다. 부모의 의견, 질문에 신속히 반응하고 그 중 어린이집 운영 방향에 적합하고 보육의 질을 높일 수 있다고 여겨지는 의견을 적극적으로 수용하는 것도 중요하다. 그러나 부모의 의견이라고 해서 아무런 검토 없이 즉각 적용하는 것은 바람직하지 않다. 부모의 의견이 제시되었을 때 교직원 회의를 통해 전문가적 견지에서 어린이집이 바람직한 방향으로 운영될 수 있도록 의견을 반영하고, 그 결과를 다시 부모에게 알려 주는 것이 필요하다.
부모참여활동	이미 어린이집에서는 다양한 부모참여활동이 진행되고 있기 때문에 어린이집 운영자 입장에서는 기존에 실시하고 있는 부모참여활동을 어떻게 발전시켜야 할 것인지에 대한 궁금증이 있을 것이다. 기존의 부모참여활동과 달리 열린어린이집에서 부모참여활동을 계획·실행할 때 중요하게 고려해야 하는 점은 어린이집의 자원과 노력에서 나아가 부모의 자원과 노력, 영유아의 조부모와 형제자매 등 가족 전체의 자원과 노력을 공유함으로써 어린이집과 가정의 공동양육자 관계를 강화하는 데 중점을 둔다는 점이다.
어린이집과 가정의 연계활동	가정연계활동은 어린이집의 활동이 가정으로 이어지고, 가정에서의 경험이 다시 어린이집 보육활동과 연계되는 양방향적인 순환활동으로 구성할 수 있다. 즉, 가정 입장에서 소극적이고 수동적인 참여를 넘어 보다 적극적이며 능동적으로 참여할 수 있는 활동을 의미한다. 이러한 양방향적인 순환과정을 통해 어린이집과 각 가정의 상호 이해와 소통의 수준을 높일 수 있다.
의사결정에의 참여	부모가 어린이집의 전반적인 상황을 파악하고 특정 사안에 대해 함께 고민하며 의사결정 과정에 참여함으로써, 자신의 의견이 어린이집 운영에 반영되는 기회가 다양하게 부여될 때 실현될 수 있다. 어린이집에서는 운영 내용을 부모에게 공개하고 의견을 수용해야 한다는 부담감이 있으나, 의사결정을 부모와 함께 하는 것이 부모의 책임감과 어린이집 운영의 투명성을 담보하는 장점이 있음을 잊지 말아야 한다.

출처: 보건복지부, 육아정책연구소(2015).

(3) 평가하기

보육교사는 가정연계의 다양한 방법을 다음 〈표 8-14〉를 토대로 평가하고 그 결과를 다음 월간 혹은 연간 계획에 반영하도록 한다.

표 8-14 | 열린어린이집 운영 평가 내용의 예

부모교육	• 부모교육의 주제 선정 시 부모의 의견과 요구를 반영하였는가? • 부모에게 어린이집에서 이루어지는 부모교육의 의의와 계획을 잘 안내하였는가? • 어머니뿐만 아니라 다양한 가족 구성원이 참여할 수 있도록 부모교육을 계획하였는가? • 부모교육에 직접 참여하지 못하는 부모를 위하여 주요 내용을 공유하는 방법을 마련했는가? • 부모교육이 일회성 행사에 그치지 않고 일상적 보육활동과 연계되도록 실천하였는가?
다면적 의사소통의 기회와 통로	• 부모와 의사소통을 위한 다양한 매체를 활용하였는가? • 어린이집의 일방적 정보 전달이 아닌, 부모의 의견과 질문을 수용하는 양방향적 의사소통이 이루어지고 있는가? • 영유아의 개별적 내용뿐만 아니라 어린이집 운영과 관련된 다양한 사안에 대해 부모와 의사소통하는가? • 의견을 제시한 부모의 개인정보가 교직원 및 타 부모에게 노출되지 않도록 보호하였는가? • 부모가 어린이집 공간에 자유롭게 접근하도록 허용하였는가?
부모참여활동	• 부모참여활동의 내용이 이해되기 쉽게 안내문 등을 통해 전달되었는가? • 부모참여활동을 위한 사전준비가 잘 되었는가? • 어린이집에서 요구하는 부모의 재능기부 수준은 부모가 참여하기에 적절한가? • 부모참여를 위한 다양한 활동과 시간대가 제공되었는가? • 부모참여활동은 부모가 자녀의 어린이집 생활을 이해하는 데 도움이 되었는가? • 부모참여활동을 통해 부모와 어린이집 간의 동반자적 관계가 증진되었는가?
어린이집과 가정의 연계활동	• 가정에서 이루어지는 활동은 큰 준비 없이 실행이 가능하여 대다수의 부모가 참여할 수 있는 수준인가? • 가정에서 이루어질 활동에 대해서 부모에게 알기 쉽게 구체적으로 안내하였는가? • 가정에서 이루어지는 활동은 부모가 어린이집에서 이루어지는 보육활동을 이해하는 데 도움이 되었는가? • 가정에서 실행한 활동 결과를 어린이집에서 공유하는 방법(사진, 활동지 등)을 마련하였는가? • 가정에서의 활동이 어린이집 보육활동으로 이어지고, 이것이 다시 가정으로 전달되는 순환이 이루어졌는가?

의사결정에의 참여	• 의사결정과 관련된 모임에 부모가 적극적으로 참여하도록 효과적인 방법으로 홍보하였는가? • 의사결정 과정에 부모가 제시한 의견에 수용적인 태도로 반응하였는가? • 부모가 교직원과 동등한 입장에서 어린이집 운영 관련 결정권자로 참여하였는가? • 부모가 어린이집 운영과 관련된 사안에 바람직한 의견을 제시하고 결정에 참여할 수 있도록 어린이집 운영에 대한 기초 자료를 제공하였는가? • 부모가 과도한 요구를 하였을 경우 타당성 검증 및 처리 절차가 마련되었는가?

출처: 보건복지부, 육아정책연구소(2015).

해 보자

☞ 보육교사 업무매뉴얼을 만들어 보세요.

  (일일, 주간, 월간 단위 업무 & 담임 고유 업무, 전체 업무)

☆ 참고자료: 경기도교육청 신규교사 업무매뉴얼

  http://www.goe.go.kr/edu/content_new.do?menuId=290151210132504 &
  contentId=20151214142309

참 고문헌

교육부, 보건복지부(2020). 2019 개정 누리과정 놀이실행자료.

김은영, 권미경, 조혜주(2012). 교사양성과정 내실화를 위한 유치원과 어린이집 일과운영 및 교사의 직무분석. 육아정책연구소.

김희재(2015). 예비유아영어교사의 반성적 사고와 교수 효능감 변화에 대한 사례연구. 연세대학교 교육대학원 석사학위논문.

문정희(2015) 보육교사의 교수효능감과 직무만족도 및 조직몰입도와의 관계. 호남대학교대학원 석사학위논문.

보건복지부(2020). 제4차 어린이집 표준보육과정 해설서.

보건복지부, 육아정책연구소(2015). 열린어린이집 가이드라인.

어린이집안전공제회(2014). 2014 어린이집 야외활동 안전길라잡이.

한국보육진흥원(2016). 2016 어린이집 평가인증 안내.

한국보육진흥원(2022). 2022 어린이집 평가 매뉴얼.

Saifer, S. (2003). *Practically every problem: The early childhood teacher's manual*. St Paul, MN: Redleaf Press. 임승렬 역(2005). 유능한 유아교사의 학급운영: 문제와 그 해결방안. 서울: 다음세대.

참고자료

NCS 국가직무능력표준(http://www.ncs.go.kr).

제9장
보육교사의 일과 운영

1. 보육교사의 일과

　최근 맞벌이 가정의 지속적인 증가, 영유아기 적기 교육의 중요성 인식 증대, 2013년 영유아 무상보육이 실시로 인해 영유아가 어린이집에서 보내는 시간은 길어지고 있다(박찬화, 권연희, 나종혜, 최목화, 2013). 영유아가 기관에서 생활하는 시간은 일일 5시간 이상이며 길게는 12시간을 머물기도 한다. 이와 같이 어린이집에 재원하는 영유아는 대부분의 시간을 기관에서 보내기 때문에 기관에서의 일과는 영유아의 건강한 성장과 발달에 중요 요인으로 작용하게 되었다.

　2019 개정 누리과정 이전에 일과의 의미는 '매일 규칙적으로 하는 일정한 일'이었다. 어린이집에서의 일과는 특정 시간대에 특정 활동유형으로 패턴화된 일과에 따라 규칙적으로 반복되는 생활로서(이경미, 이기숙, 2009) 등원, 자유선택활동, 대·소집단활동, 정리정돈, 간식, 실외놀이, 급식, 낮잠, 오후 자유선택활동, 특별활동, 하원의 순서로 되어 있다. 이에 반해 개정누리과정과 표준보육과정에서는 영유아중심·놀이중심을 표방하며 영유아의 흥미와 관심에 따라 놀이가 충분히 이루어질

수 있도록 일과를 자율적으로 운영하도록 하고 있다. 영유아의 일과는 크게 놀이, 활동, 일상생활의 세 가지로 이루어진다. 교사는 영유아가 놀이 속에서 배움이 즐겁고 일상이 행복할 수 있도록 영유아가 중심이 되고 놀이가 살아날 수 있는 일과를 편성하고 운영해야 한다.

다음의 영상자료를 통해 보육교사의 일과를 살펴보도록 하자.

[그림 9-1] 보육교사의 일과

출처: https://www.youtube.com/watch?v=CNffGOzjuPE

읽어 보자

▶ 보육교사의 일과를 리뷰한 부모의 이야기를 들어 볼 수 있는 자료

[어린이집 현장이야기: 부모님이 어린이집 보육교사 일과를 리뷰한다면?]

https://www.youtube.com/watch?v=ukb2GzlAG1w

▶ 차량운행하는 민간·가정어린이집과 운행하지 않는 시립어린이집의 일과 비
교 영상 자료

[어린이집의 일과: 파주시보육정보센터]

https://www.youtube.com/watch?v=V6caGR4orO4

▶ 영아반과 유아반의 일과 차이를 비교해서 살펴볼 수 있는 영상자료

[어린이집 일과]

https://youtu.be/_X9B_x9l3ZM

[누리반의 일과]

https://www.youtube.com/watch?v=pzoiyCeehyU

2. 보육교사의 일과 운영 원리

보육실에서의 일과는 영유아의 놀이와 매일 반복되는 일상생활 그리고 활동으로 구성된다. 특히 개정 누리과정에서는 일과에서 바깥놀이를 포함하여 놀이가 충분히 이루어질 수 있게 운영할 것을 강조한다. 교사는 영유아가 자신의 흥미와 관심에 따라 놀이를 선택하고 주도적으로 자유롭게 놀이할 수 있도록 배려한다. 또한, 교사는 유아의 놀이를 지원하는 활동도 계획할 수 있다. 일과에는 놀이 외에도 등원과 하원, 간식과 점심, 손 씻기와 화장실 다녀오기, 안전 지도 등 매일 반복되는 일상생활도 포함된다. 몰입하며 놀이 속에서 즐거운 배움이 일어날 수 있도록 놀이와 일상생활, 활동을 유연하게 운영할 수 있어야 한다.

1) 일과 운영 원리

2019 개정 누리과정의 일과 구성의 원리를 살펴보면 다음과 같다(2019 개정 누리과정 놀이실행자료, 2019). 표준보육과정 또한 개정 누리과정의 방향과 취지를 그대로 이어받았기 때문에 유아뿐만 아니라 영아에게도 적용될 수 있는 일과 운영의 원리라 볼 수 있다.

(1) 놀이: 놀이시간을 충분히 운영한다

무엇보다도 놀이시간을 충분히 배정하여 운영한다. 놀이가 충분히 이루어진다는 것은 놀이 시간을 충분히 주는 것과 함께 일과에서 영유아의 놀이 흐름이 중단되지

않도록 편성하는 것이다. 놀이시간을 짧게 여러 번 제공하기보다 긴 시간으로 편성하여 놀이의 흐름이 끊기지 않도록 한다. 놀이시간이 분절되지 않고 지속적으로 운영될 때, 유아는 놀이에 몰입하면서 의미 있는 배움의 기회를 가질 수 있기 때문이다. 만약 놀이의 흐름을 중단했을 때 중요한 배움의 순간을 놓칠 수 있다고 판단하면 놀이시간을 연장할 수도 있다. 예를 들어, 유아들이 배를 물에 띄워 보는 놀이를 하다가 상자를 이용하여 직접 탈 수 있는 배를 만들고 싶어 하는 경우 놀이시간을 계획한 시간보다 연장하여 상자 배가 완성될 수 있도록 배려해 줄 수 있다. 놀이는 유아의 삶이자 경험이며 세상에 대한 배움의 방식이 드러나는 마당이다. 따라서 교사는 바깥놀이를 포함한 놀이시간을 일과 가운데 가장 우선으로 충분히 편성해야 한다. 또한 유아가 충분히 놀이하고 몰입할 수 있도록 일과 시간을 탄력적으로 운영하면서, 바깥놀이를 포함하여 2시간 이상의 놀이시간을 확보해야 한다.

(2) 활동: 놀이와 연결하여 활동을 운영한다

교사는 유아의 놀이를 관찰하여, 놀이가 활발하게 이루어지고 배움이 풍부하게 일어날 수 있도록 지원한다. 이 과정에서 필요한 경우 이야기 나누기, 노래, 동화, 게임 등 적절한 유형의 활동을 연결하여 운영할 수 있다. 활동은 교사가 계획하여 제안할 수도 있고, 유아가 다른 유아들과 공유하기 위해 준비할 수도 있다. 활동에 참여하는 유아는 학급 전체가 될 수도 있고 관심 있는 소집단의 유아가 될 수도 있다. 일과 중 활동 시간은 교사가 계획하여 실시하거나 놀이의 흐름을 위해 필요하다면 놀이 중간에 잠깐 모여서 활동을 실시하고 다시 놀이로 연결할 수 있다. 예를 들어, 놀이하면서 그림책을 밟거나 던지는 등의 문제상황이 발생하였을 때, 잠시 모여서 책을 소중하게 다루는 태도에 대해 이야기 나누기를 진행할 수 있다. 교사는 활동을 계획했다 하더라도 유아의 흥미와 놀이진행 상황에 따라 내용과 방법을 변경하거나 운영하지 않을 수도 있다. 활동의 내용은 놀이를 지원하거나 놀이 중의 문제를 해결하기 위한 내용으로 구성하는 것이 좋다. 활동의 방법 또한 유아ㆍ놀이 중심 교육과정을 실천할 수 있도록 유아들이 즐겁게 참여할 수 있는 교수방법을 사용하여야 한다.

(3) 일상생활: 일상생활이 융통성 있고 유아 주도적으로 이루어지도록 한다

일상생활은 기본적인 욕구를 충족시켜 주고 심신의 건강을 위해 필요한 시간이 므로 편안하고 즐겁게 이루어지도록 운영한다. 유아들은 놀이와 활동뿐 아니라 일 상생활을 통해서도 기본생활습관, 안전, 인성 등 다양한 배움의 기회를 갖는다. 교 사는 유아가 자율적이고 주도적으로 일상생활을 할 수 있도록 충분한 시간을 허용 해 주어 유아가 편안함을 느끼는 가운데 즐거운 배움이 일어나도록 지원한다. 교사 는 놀이의 흐름을 지속하기 위하여 유아의 기본적인 요구를 방해하지 않는 범위 내 에서 일상생활 운영방법, 일과 중 시간 배치 등의 변화를 시도해 볼 수 있다. 예를 들어, 간식이나 화장실 다녀오기 등의 일상생활은 놀이시간과 분리되어 일어나기 도 하지만 놀이를 하는 과정에도 허용될 수 있도록 한다. 또한, 매일 반복되는 일상 이지만 유아와 함께 일상생활을 놀이와 같이 즐길 수 있는 방법을 찾아보는 것도 좋 다. 예를 들면, 책상을 식당의 테이블처럼 꾸미고 좋아하는 음악도 틀어서 식당놀 이처럼 즐겁게 점심을 먹는다든가, 교사가 신발 넣을 자리를 정해 주는 것이 아니라 유아가 넣고 싶은 자리를 스스로 매일 바꾸는 것을 시도해 본다.

(4) 전체 운영: 일과를 융통성 있게 운영한다

교사는 유아들이 놀이의 흐름이 끊어지지 않고 충분히 놀았다고 느낄 수 있도록 일과를 편성하는 것이 중요하다. 일과의 순서는 일관성이 있어야 하지만 융통성 있 게 운영되어야 한다. 교사는 전날의 놀이 흐름에 대한 기록과 평가를 반영하여 다음 날의 일과를 다른 순서로 조직할 수 있다. 다른 연령과 놀이경험을 공유하기 위하여 교사들 간의 협의를 통하여 일과를 조정할 수도 있고 날씨나 자연현상에 따른 관심 을 놀이에 반영하기 위해 일과 순서를 바꿀 수도 있다. 일과의 융통성 있는 운영은 유아로 하여금 주도적으로 경험을 구성해 볼 수 있는 기회를 준다. 유아와 함께 일 과를 평가하고 다음날의 일과 중 일부를 유아 스스로 정해 보게 하는 것, 일과의 변 화가 필요하다고 판단될 때 교사가 독단적으로 결정하지 않고 유아의 의견을 반영 해주는 것 등의 방법을 시도해 볼 수 있다. 이처럼 일과 계획에 유아의 의견이 충분 히 반영되어야 한다.

2) 일과 운영의 실제: 놀이와 활동

개정 누리과정 이전에는 교사가 사전에 계획한 일과를 그대로 따르는 방식이었다면 이후에는 영유아의 관심과 흥미에 따라 놀이가 충분히 이루어질 수 있도록 일과운영을 융통성 있고 탄력적으로 운영하도록 하였다.

유아반의 기존 일과 운영 예		유아반의 놀이 중심 일과 운영 예	
07:30~09:00	등원 및 통합보육	07:30~09:00	등원 및 통합보육
09:00~10:30	오전 자유선택활동/오전간식	09:00~11:00	실내놀이/오전간식
10:30~10:50	정리정돈 및 화장실 가기		
10:50~11:20	대 · 소집단 활동	11:00~12:30	산책 및 실외놀이
11:20~12:20	실외활동		
12:20~13:20	점심식사 및 이 닦기	12:30~14:00	점심식사 및 이 닦기 낮잠 및 휴식 준비
13:20~14:00	조용한 활동, 정리정돈 및 낮잠 준비		
14:00~15:30	낮잠 및 휴식	14:00~15:30	낮잠 및 휴식
15:30~16:00	낮잠 깨기 및 정리정돈	15:30~16:00	오후간식
16:00~16:30	오후간식	16:00~18:00	실내놀이 또는 실외놀이 산책 시 재미있었던 일 그림 그리기
16:30~18:00	오후 자유 선택활동		
18:00~19:30	귀가 및 통합 보육	18:00~19:30	귀가 및 통합 보육

[그림 9-2] 개정 누리과정 이전 이후 일과 비교표

출처: 민미희 외(2020).

일과에서 영유아의 놀이가 충분히 이루어지도록 한다. 구체적으로 매일 오전, 오후 실내 놀이시간을 2시간 이상으로 배정하여 운영한다. 이 경우 오전에는 1시간 이상을 연속으로 운영하여 놀이 흐름이 끊기지 않으면서 충분히 놀이에 몰입할 수 있도록 한다. 바깥놀이의 경우도 매일 기준시간 이상을 배정하여 운영한다. 바깥놀이 기준시간은 만 0세 영아의 경우는 주 3회 30분 이상, 만 1, 2세는 매일 30분 이상, 유아는 매일 1시간 이상이다. 즉, 유아의 경우 매일 2시간 이상의 실내놀이와 1시간 이상의 바깥놀이를 일과에 배정하여 운영하여야 하는 것이다. 그러나 날씨(한파, 폭염)와 기상현상(황사, 미세먼지 등)으로 인해 바깥놀이를 진행할 수 없을 경우 융통성 있게 실내 대체활동을 마련하여 운영한다. 대체활동은 대근육활동으로 준비하여 바깥놀이에서 이루어지지 못한 부분을 보완할 필요가 있다. 다만 영유아의 흥미에 따라 진행하는 놀이도 가능하다. 무엇보다도 영유아들이 놀이에 충분히 몰입하여 즐거운 배움이 일어날 수 있도록 실내·외 놀이 및 놀이시간을 편성하고 운영하는 것이 중요하다. 따라서 영유아 외부의 환경, 놀이의 흐름, 몰입정도에 따라 실내·외 놀이 편성, 놀이시간 연장 여부 등을 결정할 수 있다.

영유아에 의해 놀이가 '시작'될 때, 각 개별 영유아의 흥미와 관심에 따라 놀이가 선택될 수 있도록 자발성과 주도성을 인정해 주어야 한다. 교사는 영유아가 능동적이고 자발적인 놀이를 통해 즐겁게 배워 가는 유능한 존재라는 신념을 갖고 영유아의 자발적 놀이의 의미와 가치를 이해하고 인정해 주어야 한다. 놀이시간에는 놀이가 이루어지고 있는 장소 전체를 수시로 살펴서 영유아의 놀이가 어떻게 시작해서 어떻게 진행되고 있는지를 파악한다. 교사는 영유아가 어떤 놀이를 하고 무엇을 경험하는지, 놀이 가운데 드러난 영유아의 특성은 무엇인지, 놀이를 풍성하게 이루어지기 위해 필요한 지원은 무엇인지 등을 확인한다. 또한 영유아의 놀이를 주의 깊게 관찰하면서 놀이에 대한 긍정적 마음을 바탕으로 영아에게 비언어적(따뜻한 표정과 긍정의 끄덕임 등), 언어적 상호작용을 한다.

개정 누리과정에서는 대·소집단 활동이라는 용어 대신 '활동'으로 사용하고 있다. 교사가 어떤 목표를 갖고 계획한다는 점에서는 다소 유사할 수 있으나 이번 교육과정에서는 '유아놀이의 맥락에서 어떻게 하면 놀이 속에서 유아의 배움이 풍부하고 즐겁게 일어날 수 있을까?'라는 놀이지원의 성격을 지닌다고 볼 수 있다. 즉, 유아의 현재 놀이와 분절되어 교육과정 내용에 따라 별도로 존재하는 계획이 아니라 유아의 놀이가 중심에 있고 놀이의 맥락상황에서 이루어지는 계획이다. 예를 들어, 바깥놀이 상황에서 유아가 큰 보도블록을 옮겨 모래놀이터로 가져가 케이크를 만들려고 하는 것을 관찰했는데, 보도블록이 바닥에 붙어 있어 아무리 움직이려 해도 움직여지지가 않아 포기하였다. 교사는 이 장면을 놀이공동체 모두에게 설명하고 어떻게 하면 보도블록을 옮길 수 있을까를 활동으로 구성해 볼 수 있다. 활동의 의미는 유아의 놀이맥락에서 발현될 때 비로소 교육적 의미를 갖게 된다.

읽어 보자

영아의 대물 다툼 시 왜 마음을 먼저 읽어 주어야 하나요?

만 2세 영아반 보육실에서는 대물 다툼이 자주 일어납니다. 특히 자동차 장난감을 서로 갖겠다고 싸우는 경우가 많이 발생하지요. 심지어는 꼬집고 할퀴어 얼굴에 상처를 내고 서로 엉엉 울기까지 합니다. 교사는 놀라며(아기 얼굴에 상처 나는 거 부모님들이 정말 걱정 많이 하시거든요)"누가 친구 얼굴을 꼬집어.""이러쿵저러쿵……" 마지막엔 아름다운 마무리(?)로 끝납니다. "지훈이 미안하다고 사과하세요. 재민이는 괜찮아 하고 안아 주세요."

보육관련 교재나 상담센터에서 모두 한 목소리로 아이의 마음을 먼저 읽어 주라고 합니다. 우리는 그렇게 행동하고 말해야 함은 알고 있지만 도대체 왜 그렇게 해야 하는 걸까요?

[그림 9-3] 영아의 대물다툼

출처: http://www.montessori.co.kr/mEduInfo

1996년에 이탈리아 파르마 대학의 신경심리학자 리졸라티 교수팀은 아주 놀라운 발견을 합니다. 원숭이가 직접 땅콩을 집을 때 신경세포들이 반응하는 것과 사람이 땅콩을 집는 것을 관찰할 때의 신경세포 반응이 똑같음을 발견한 것입니다. 자신이 아닌 다른 사람의 행동을 보고 마치 자신이 직접 경험하는 것처럼 신경세포들이 반응한 것이지요. 이 신경세포를 거울뉴런(mirror neuron)이라고 합니다. 거울뉴런이란 뇌의 전 운동피질(premotor cortex)에 있는 뇌세포로 남의 행동을 관찰하는 데 관여할 뿐 아니라 남의 행동을 배워 모방하고 남이 왜 그런 행동을 하는지 이해하고 남의 아픔을 공감하고 동정하는 기능을 합니다.

그런데, 공포나 스트레스를 느끼거나 어떤 상황에 적응해야 할 때, 거울 뉴런 시스템과 관련된 모든 활동이 위축되게 됩니다. 그렇게 되면 감정 이입을 하거나 다른 사람을 이해하고 세부적인 것을 인지하는 능력이 떨어지게 됩니다. 앞의 대물 다툼 상황에서 교사가 즉각 큰 목소리로 훈육을 할 때 영아는 불안과 공포, 스트레스 등으로 공감을 하고 싶어도 할 수 없게 됩니다. 공감할 준비가 되어 있지 않기 때문에 선생님의 이야기는 들리지 않고 다른 것을 만지거나 시선을 맞추지 않고 딴 짓을 하면서 스스로를 위로합니다. 그래서 마음을 먼저 읽어 주어야 합니다. 재민아 자동차를 가지고 놀고 싶었는데 지훈이가 주지 않아서 속상했구나…… 지훈이는 자동차를 계속 가지고 놀고 싶은데 재민이가 자동차를 빼앗아 가서 화가 났구나. 이렇게 마음을

읽어 주고 나면 신기하게도 아이들이 신호를 보냅니다. 울음을 그치거나 고개를 끄덕이거나 네라고 대답을 하거나…… '내 맘을 알아 줘서 고마워요 선생님!!'이라고 말하고 있는지도 모릅니다. 이 신호는 내가 이제 마음이 풀렸고 선생님의 이야기를 듣고 공감할 준비가 되어 있다는 뜻입니다.

〈더 읽을거리〉

Rizzolatti, G. et al. (1996). Action recognition in the premotor cortex. *Brain, 119*, 593–609.

Bauer, J. (2005). *Warum ich fühle, was du fühlst*. 이미옥 역(2006). **공감의 심리학: 말하지 않아도 네 마음을 어떻게 내가 느낄 수 있을까**. 서울: 에코리브르.

읽어 보자

왜 TV 대신 직접 만지고 조작하며 놀게 해야 할까요?

　　이탈리아의 뛰어난 신경외과 의사였던 와일드 펜필드는 대뇌와 신체 각 부위와의 연관성을 발견하고 지도로 나타냈는데 이를 호문클루스라고 합니다. 대뇌 피질의 운동영역과 감각영역에서 신체의 각 부위를 담당하고 있는 범위가 어느 정도의 비율을 차지하고 있는지를 참고하여 인체 모형을 입체적으로 구성하였는데 이를 펜필드의 호문클루스라고 합니다. 운동영역의 피질에서는 손가락. 입술. 혀. 눈을 담당하는 피질이 넓고 감각피질은 손과 혀를 담당하는 영역의 피질이 넓습니다. 손에는 다른 기관에 비해서 신경세포가 훨씬 더 많이 분포되어 있습니다. 따라서 손으로 직접 조작하며 하는 놀이는 아이의 뇌에 많은 자극을 줄 수 있으며 영유아 자신이 주변의 물리적 세계에 대한 흥미와 관심. 발달 상태에 따라 주체적으로 대상을 선택하여 받아들이는 자극의 속도를 조절할 수 있다.

[그림 9-4] 호문클루스

출처: http://joecicinelli.com/homunculus-training

그렇다면 영상을 통한 자극은 어떠한지 살펴보겠습니다.

정향반응은 갑작스럽거나 새로운 자극이 나타났을 때 본능적으로 취하게 되는 시각과 청각의 반응입니다. 영아들은 6개월부터 이러한 반응을 나타냅니다. 이 반응은 원시시대, 인간의 생명을 노리는 외부의 포식자들의 움직임과 잠재적인 위협을 감지하기 위하여 발달하였습니다. 그런데 TV는 1분에 다섯 번씩이나 이를 가동하도록 자극한다고 합니다. 전형적인 정향반응에 따른 생체 변화는 뇌혈관이 팽창하고, 심장 박동이 느려지며, 주요 근육 혈관이 수축되는 것입니다. 뇌에 자극을 주는 뇌파의 일종인 알파파의 발생이 크게 줄고 편안함을 느끼게 되는데 이는 TV가 뇌 기능을 활성화시키는 자극을 적게 주고 있음을 의미합니다.

실제 영유아가 그림책과 영상화면을 접했을 때 뇌의 활성화된 부위를 비교한 실험에서 그림책의 경우는 시각을 담당하는 후두엽과 사고를 담당하는 전두엽이 활성화된 반면 화면의 경우 시각부분만 활성화되고 전두엽을 활성화되지 않았습니다.

이렇듯 TV나 DVD자극은 빠른 전개로 끊임없이 눈을 즐겁게 해 주는 데 반해 일상의 자연스런 자극들은 너무 느리게 움직여 관심을 끌지 못하게 됩니다. 영상물에 오래 노출되게 되면 평상시의 자연스러운 자극을 시시한 것으로 느끼게 해서 주의를 기울일 필요가 없는 의미 없는 자극으로 만들게 됩니다. 결국 영아가 일상에서 만나는 좋은 자극들이 뇌에 거의 자극을 주지 못하게 되어 뉴런의 회로 형성에 부정적인 영향을 미치게 되는 것입니다. 어린이집 보육실에 벽걸이 TV가 달려 있고 청소시간에 DVD를 틀어 주는 모습을 자주 볼 수 있는데 앞으로는 영아 tv시청의 심각성을 알리고 이를 제한할 필요성이 있습니다.

출처: Christakis (2004), Kubey & Mcsikszentmihalyi (2003).

3) 일과 운영의 실제: 일상생활

(1) 영아의 일상생활

영아의 일상생활은 생리적인 욕구의 충족과 안전을 우선적으로 고려하여 진행되어야 한다. 이러한 기본적인 욕구가 충족된 이후에야 비로소 오감각을 활용하여 주변 세계와 상호작용하고 경험적 학습이 가능해진다. 따라서 영아의 욕구나 정서 상태에 따라 탄력적으로 일과를 조정할 필요가 있다.

① 등원 및 맞이하기

영아는 등원하면서 '오늘 하루 어떤 흥미로운 일들이 벌어질까?'라는 설레임과 기대감, 혹은 '엄마하고 떨어지기 싫어.' '먹기 싫은 음식이 나오면 어떡하지?' 등과 같은 걱정과 두려움의 감정을 가질 수 있다. 따라서 영아교사는 따뜻한 눈맞춤과 적극적인 맞이하기를 통해 영아가 정서적인 안정감을 느끼고 어린이집을 긍정적인 공간으로 인식할 수 있도록 배려해야 한다.

등원 및 맞이하기에서의 보다 구체적인 영아교사의 역할은 다음과 같다.

- 가족과 헤어질 때 가능한 충분한 시간을 제공한다. 가족은 영아에게 인사예절을 가르치고 언제 다시 돌아올 것이라는 약속과 함께 즐거운 마음으로 분리될 수 있도록 한다. 가족과의 분리시간을 줄이기 위해서 교사가 '빨리 가세요, 어머니. 오래 계실수록 아이가 힘들어해요.'와 같이 재촉을 하거나 엄마가 도망치듯이 영아를 교사에게 맡기고 떠나지 않도록 한다.
- 엄마와 헤어지기 힘들어하는 영아의 경우 영아의 감정을 구체적으로 수용해 준다. 예를 들어, "○○이가 엄마와 헤어지려니까 무섭기도 하고 슬프기도 하구나."라고 말해 줌으로써 영아의 감정이 교사에게 수용되고 있다는 점을 알도록 한다. "이러면 엄마가 힘들어요." "울면 애기되는데" "씩씩하게 헤어져야 착한 친구지."와 같이 감정의 수용 없이 죄책감을 불러일으키거나 착한 아이 되기를

 해 보자

- 어린이집 등하원 차량 운행−어린이집 차량운행 해야 하나요?
- 육아정책연구소(2015)의 '유치원 · 어린이집 운영 실태 비교 및 요구 분석' 보고서
- 등 · 하원 차량을 운행하는 어린이집은 전체 어린이집의 60% 정도.
- 설립유형별로는 사회복지법인 어린이집의 95.5%, 법인 · 단체 어린이집의 86.8%, 민간어린이집의 83.6%가 차량을 운행해 상당히 높은 비율을 보임.
- 국공립어린이집은 42.6%, 가정어린이집은 39.3%, 직장어린이집은 11.1%로 나타남
- 찬성: 맞벌이 부모의 편의를 위해서 필요 vs 반대: 교사와 부모가 만나 자녀에 대해 소통할 기회차단

강요하지 않아야 한다.

- 영아가 가정에서 가지고 온 놀잇감이나 담요, 인형 등과 같은 애착물을 수용함으로써 안정감을 느낄 수 있도록 배려하고 영아의 눈높이에 가족사진을 붙여 두어 영아가 가정과 기관이 연결되어 있다는 느낌을 갖도록 한다.

 해 보자

어느 인턴 보육교사의 고민-꼭 웃으면서 아이들을 맞아야 되나요?

2개월밖에 안 되었는데 학부모 사이에서 나쁜 소문이 퍼졌더라고요. '아이들을 잘 안 반겨 준다.' '무뚝뚝하다, 잘 안 웃는다.'라구요. 아이들이 미워서 그런 거 절대 아니거든요. 원래 표정이 별로 없어요. 그리고 집이 멀어 출근하는데 1시간 30분쯤 걸려요. 오면 벌써 지친단 말이에요. 일도 많구요 ㅠㅠ 제가 어떤 노력을 해야 학부모님들께 좋은 이미지를 갖게 될까요? 이 길은 제 길이 아닌 걸까요?

'보육교사는 어린이집의 얼굴 반갑고 즐겁게 맞이해야 vs 큰 문제 없어-교사의 개성과 인권이 존중되어야' 토론 후에 다음의 자료를 보고 다시 토론을 해 봅시다.

[그림 9-5] 최○○교사

출처: http://cafe.daum.net/zistudio

[그림 9-6] Still Face 실험

출처: http://www.youtube.com/watch?v=apzXGEbZht0

토론 주제를 교사와 영아 간 비언어적 상호작용(얼굴표정)이라는 새로운 관점에서 살펴봅시다. 앞에서 소개해드린 것은 Still Face 실험입니다. 처음 '정상' 단계에서는 2분 정도의 짧은 시간 동안 엄마가 6개월 정도의 아이와 자연스럽게 함께 놀도록 합니다. 엄마가 아이의 질문에 대답도 하고, 눈도 마주치고, 아이에게 웃는 표정도 짓고, 아이를 어루만져 주기도 합니다. 그다음은 '무표정한 얼굴' 단계. 이때는 갑자기 엄마가 무표정한 얼굴로 아이에게 반응을 나타내지 않도록 지시합니다. (50초에 시작) (1분에 변신)놀라는 아기의 표정을 보셨나요? 이내 웃음과 애교로 엄마의 태도를 바꾸려 노력합니다. 그다음에는 시선을 회피하고 소리를 지르고 울게 됩니다. 영아들은 표정이라는 단서로부터 여러 정보를 추출해 내서 상대방에 대해 예측을 할 수 있는데 무표정은 아무런 단서도 주지 않는 것이지요. 그래서 불확실에 대한 불안과 스트레스를 갖게 됩니다. 표정에 관한 실험을 또 하나 소개하도록 할게요.

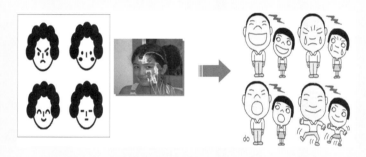

[그림 9-7] 감정의 전이(emotional contagion)

출처: Dimberg, onika Thunberg, & Elmehed (2000).

스웨덴 웁살라 대학의 울프 딤베리(Ulf Dimberg)는 피실험자들에게 화면을 통해 사람들의 얼굴 표정을 보여 주고 그 반응을 관찰하였다. 여러 가지 표정을 (0.03초 간격으로 우리가 의식적으로는 인지할 수 없지만 뇌는 놓치지 않는 역하자극으로 제시) 화면으로 보여 주었습니다. 얼굴에는 얼굴 근육(빰 호감 웃음, 이마 걱정분노)이 어떻게 움직이는지를 기록하는 추적 장치를 연결해 놓았구요. 그는 피실험자들에게 가능하면 어떤 표정도 짓지 않고 중립적인 태도를 취하도록 요구했습니다. 실험결과 피실험자들은 웃음 띤 표정을 보고는 웃음을 띠게 만드는 근육을 움직였고, 화가 난 찡그린 표정을 보고는 분노에 반응하는 근육을 움직였습니다. 이 실험을 통해 우리는 스스로를 통제할 틈도 없이 다른 사람들의 감정 표현에 즉각적으로 반응한다는 사실을 알 수 있습니다. 따라서 교사가 영아에게 보여 주는 표정과 정서는 영아에게 즉각적으로 모방되고 전이되어 영향을 미칩니다. 그래서 교사가 영아를 반갑게 맞이하는 것이 좋다는 것입니다.

- 부모로부터 가정에서 영아가 보여 주는 일상(수유, 수면, 배변, 열 등)에 대한 의견을 듣거나 보육수첩, 일일알림장, 투약의뢰서 등을 통해 확인하여 이를 일과 운영에 반영할 수 있도록 한다.

② 기저귀 갈기와 화장실 가기

기저귀 갈기는 교사와 영아가 눈을 맞추면서 친밀하게 상호작용할 수 있는 시간이다.

교사는 영아의 대·소변 가리기가 발달단계에 따라 자연스럽게 습득됨을 인식하고 있어야 한다. 구체적으로 연령별로 배변 훈련의 단계와 발달 특징을 이해하는 것이 필요하다. 모든 영아는 같은 단계를 밟아서 배변을 가릴 수 있게 되지만 그 시기는 영아에 따라 다르다. 배변훈련은 생리적으로 방광과 대장을 조절할 수 있는 나이가 되기 전까지는 사실상 불가능하므로 생리적인 성숙이 이루어지기 전에는 시작하기 어렵다.

기저귀 갈기 혹은 화장실 가기 일과는 간식이나 점심식사 전, 실외놀이 후 등 일정한 시간대에 배변과 손 씻기가 이루어질 수 있도록 일과에 포함시킨다. 영아의 배변이 개인 시간표에 따라 이루어지기는 하지만 일정한 시간에 기저귀를 갈거나 화장실을 가는 것은 영아의 배변훈련과도 관련 있을 뿐 아니라, 규칙적인 생활습관을 익히는 데에도 중요하기 때문이다(여성부, 2002).

㉠ 발달단계에 따른 배변행동

장 조절(배변 조절)		방광 조절(배뇨 조절)	
6개월	장 움직임의 조절 시작	15~16개월	방광 조절 시작
18개월	장의 움직임이 있다는 것을 지각	18~24개월	소변을 보고자 하는 신호를 보임
18~24개월	움직임이 다가온다는 신호를 보임	2년~2년 6개월	소변을 보고자 혼자 변기로 감 흥분, 피로, 병 또는 어떤 활동에 몰두한 탓으로 실수할 때를 제외하고는 낮 동안 배뇨통제 능력이 생김
2년	흥분, 피로, 병으로 인해 실수하는 경우를 제외하고는 조절능력이 생김		
2년~2년 6개월	배변을 보고자 혼자 변기로 감	3년~3년 6개월	이따금 실수하지만 밤에도 통제력이 생김

[그림 9-8] 배설기관 조절능력 발달단계

출처: 여성부(2002).

㉡ 발달단계에 따른 배변행동과 교사의 역할

• 15개월 이전 시기: 이 시기의 영아는 대소변이 나올 것이라는 사실을 예측하지 못하며 소변과 배변이 자동적으로 배출된다. 또한 이미 대소변을 보았다는 사실을 깨닫지도 못한다. 교사는 각 영아의 배변 리듬을 파악하고 주기적으로 기저귀를 확인하고 갈아 주어야 한다. 배변의 횟수나 양·상태 등은 영아의 건강 상태와 밀접한 관련이 있으므로 관심을 갖고 관찰하여 특이사항이 있는 경우 기록하도록 한다.

• 15개월에서 24개월: 배변훈련이 가능해지는 시기이다. 대개 대변은 15개월, 소변은 20개월 정도가 되어야 가릴 수 있게 된다. 그러나 영아마다 개인차가 있으므로 교사는 일괄적으로 특정 월령을 정해 배변 훈련을 지도해서는 안 된다. 다음과 같은 경우에 배변훈련을 지도한다.

  - 가급적이면 비슷한 월령의 다른 친구의 대소변 가리기 모습을 자연스럽게 보게 하면서 영아 스스로 변기에 앉으려는 의도를 보일 때 실시한다.
  - 배변훈련은 아 혼자서 설 수 있어야 하고, 자신의 요구를 표현하기 위해 한두 마디 말을 하거나 내적 요구를 알려 줄 수 있는 표현을 할 수 있을 때 가능하

읽어 보자

기저귀갈기와 기저귀 처리

Step 1.
새로운 기저귀를 펼쳐 주세요.
안쪽 2중 샘방지밴드를 세워 주세요.

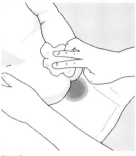

Step 2.
기존 기저귀를 빼면서 물티슈로 섬세하고
부드럽게 닦아 주세요.

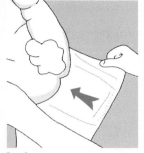

Step 3.
아기 엉덩이를 들고 새로운 기저귀를 중앙
에 맞춰 깔아 주세요.

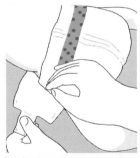

Step 4.
기저귀 상단이 배꼽 아래 올 정도로 덮은
후 좌우대칭하여 어느 한쪽으로 쏠리지 않
게 테이프를 잘 붙여 주세요.

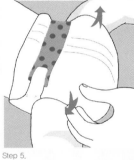

Step 5.
마무리로 2중 샘방지밴드를 바깥으로 잘 펼
쳐 주세요.

Step 6.
아래 그리고 아기 엉덩이 뒷부분도 2중 샘
방지밴드를 잘 펼쳐 주세요.

Step 1.
날개를 안쪽으로 접어 돌돌말
아 주세요.

Step 2.
끝까지 말아 주세요.

Step 3.
좌우 한쪽을 반대쪽으로 붙여
주세요.

Step 4.
나머지 한쪽을 힘껏 당겨서
반대쪽으로 붙여 주세요.

[그림 9-9] 기저귀 갈기와 처리

출처: http://blog.daum.net/br345/108
영아반 기저귀 갈이 방법과 상호작용 노하우(밴드형, 팬티형)
https://youtu.be/6NL1UT2WChY

게 된다.

－배변 훈련의 시작 시기는 배변 후 그 사실을 표현하거나 2시간 이상 기저귀를 적시지 않고 배변이 규칙적인 경우, 또 변이 묻은 기저귀를 싫어하여 변기를 사용하고 싶어 하는 경우를 보고 결정할 수 있다.

－대변에 대한 변의를 느끼기 시작할 무렵 영아는 소변을 보고 싶다는 감각도 느끼지만 소변의 경우는 보고 싶다는 말이 채 끝나기도 전에 이미 싸 버리는 경우가 많다. 그러므로 소변 가리기를 가르칠 시기는 나오려는 오줌을 잠시라도 참을 수 있어야 한다. 처음에는 변기까지 가는 시간을 기다리지 못하지만 점차 몇 분 정도는 참게 되는데 그 상태가 바로 소변 가리기 훈련의 적절한 시기라고 할 수 있다.

교사는 기저귀를 채우지 않는 상태에서 주의 깊게 살피거나 일정 시간에 누이고, 특히 잠자기 전과 후에는 반드시 누게 한다. 18개월이 지나면서 교사는 관찰을 통해 영아의 배변 의사를 파악하고, '쉬 할래?' '응가하고 싶구나.' 등의 말로 표현해 준다. 변을 본 후에는 그저 평범하게 잘했다고 말해 주는 것이 좋다. 잘하면 착하고 잘못하면 나쁜 것이라는 도덕적 의미를 부여하지 않도록 조심한다(여성부, 2002).

③ 급·간식(수유)

영아기의 영양과 건강은 신체발달뿐만 아니라 모든 영역에서의 발달에 기초가 된다. 핵가족화와 여성의 사회진출 증가로 인한 맞벌이 증가로 인해 많은 영아가 어린이집에서 생활하는 시간이 많아짐에 따라 어린이집에서의 급·간식은 영아의 영양적인 면에서 매우 중요하게 되었다. 일반적으로 어린이집 일과에는 하루 2회의 간식(오전간식, 오후간식)과 1회의 점심식사가 포함되어 있다. 영아의 월령을 고려하여 간식 및 식사의 횟수 등을 적절히 조정하여 일과에 반영하여야 한다.

• 영아의 식습관 발달 단계와 행동특성(삼성교육문화센터, 2010)
  －1~6개월: 6개월경이 되면 하루 3~4회 우유를 먹고, 한차례 8~10분 소요되며 차차 속도가 빨라진다.
  －6~12개월: 9개월경이 되면 우유는 낮잠 뒤의 두 번, 11개월경엔 한번이면

족하고, 하루 세 차례 정도 이유식을 한다. 우유를 빠는 힘이 세지고 쭉쭉 들
이키기 때문에 먹는 속도가 빨라져서 3~4분밖에는 걸리지 않는다. 실수가
잦더라도 컵으로 마시도록 시도해 보는 시기이며, 이때부터 벌써 좋아하는
음식과 싫어하는 것을 가리는 것이 분명해진다.

－1년~1년 6개월: 우유병 사용 횟수가 줄고 컵을 입에 대고 마신다. 서툰 동작
으로 양손으로 그릇을 쥐고 마실 수 있게 되고, 숟가락을 사용하려 하지만 음
식을 떠올리는 동작은 아직 어려워서 손가락으로 능숙하게 집어 입안으로
넣곤 한다. 서툴지만 도움받는 것을 거절하여 처음부터 끝까지 혼자 먹으려
한다.

－1년 6개월~2년: 먹는 방법이 능숙해지고, 턱과 혀로 음식을 잘게 씹는 등 혼
자서 식사하는 기능이 빠르게 발달한다. 숟가락 사용법이 능숙해져서 팔꿈
치를 사용하여 입으로 가져가는 일이 가능해지며, 양손으로 컵을 사용한다.
음식의 좋고 싫음도 분명하고, 맛뿐만 아니라 혀의 감촉을 통해서도 선호를
나타낸다. 식탁 앞에서의 조건이 까다로워지는 것도 이 시기이며, 식사 중 음
식이나 도구로 장난을 많이 치지만, 그대로 혼자 먹도록 유도하는 것이 다음
단계로의 촉진에 바람직하다

－2년~2년 6개월: 젖니가 전부 나란히 나오고 턱과 혀를 사용하여 음식물도
잘 씹고 삼킨다. 구체적으로 어떤 음식을 요구하기도 하고 싫어하는 것은 말
로 거부 의사를 분명히 밝힌다. 스스로 먹는 기회가 많아지므로 일상생활의
규칙을 학습하기 좋다.

－2년 6개월~3년 : 식욕이 불규칙해지고, 과자류의 간식도 많이 먹으므로 균
형 있는 식단과 규칙이 필요하다. 자기가 좋아하는 음식만 먼저 먹고, 야채
등도 잘 먹지 않고 남긴다. 편식이 굳어지기도 개선되기도 하는 중요한 시기
이다.

• 영아의 식습관과 보육교사의 역할(삼성교육문화센터, 2010)
－혼자 먹으려고 고집을 부리는 12~15개월 사이에 스스로 먹을 수 있는 기회
를 제공한다.
－편안한 분위기에서 즐겁게 음식을 먹을 수 있도록 한다.
－간식시간은 15분 정도, 식사시간을 30분을 넘지 않도록 한다. 정해진 시간

내에 먹지 못할 때는 영아의 특성, 먹는 방법의 발달 정도, 그날의 컨디션 등
을 고려하여 융통성 있게 대처해야 한다.
- 교사는 즐겁고 맛있게 음식을 먹으며 남기지 않고 정리를 잘하는 등 좋은 본
보기가 되어 준다.
음식이 나오면 즐거운 표정으로 음식 맛보기, 냄새 맡기 등을 하며 영아들에
게 음식의 이름을 알려 주는 등 교육활동과의 연계성을 갖는 것이 좋다.
- 매 순간마다 식사예절을 지나치게 강조하기보다는 스스로 먹는 독립심에 중
점을 둔다.
- 배식한 것을 다 먹어야 된다는 생각보다는 새로운 음식을 탐색하고 즐길 수
있도록 배려해야 한다.

④ 낮잠

일주기리듬은 인간을 비롯한 모든 유기체가 외부환경(지구의 공전과 자전 등)에
오랜 시간 적응해 가면서 형성된 하루 24시간 주기의 리듬이다(백용매, 2004). 모든
유기체의 생명현상은 이러한 생물학적 리듬에 영향을 받아 활성화되는데 대표적
인 것이 수면-각성현상이다. 영유아의 수면-각성은 두 개의 생물학적 제어 과정
을 통해 이루어진다(김진욱, 2014, 2015). 첫째, 항상성 과정(homeostatic process)이
다. 영유아는 깨어 있는 시간이 증가함에 따라 신체로부터 수면 압력(sleep pressure)
을 받고 수면을 취함으로써 수면 압력을 해소하여 항상성을 유지시키게 된다. 둘째,
일주기 과정(circadian process)으로 빛의 유무(낮과 밤)에 따라 몸속의 생체시계가
수면과 각성을 일으키는 신호를 주기적으로 제공함으로써 수면리듬이 만들어진다
(Minges & Redeker, 2016).

영유아가 성장·발달함에 따라 수면 제어 과정도 발달하면서 수면 리듬은 빠르
게 변화한다. 만 2세의 경우 긴 야간 수면과 짧은 낮잠으로 구성된 이중(biphasic) 수
면을 보이다가 점차 낮잠이 줄어들어 만 7세에 이르러서는 대부분 야간 수면만으로
구성된 단일(monophasic)수면을 나타낸다(Acebo et al., 2005). 영아의 낮잠을 기관
내의 일과운영 중 하나로 분절해서 단편적으로 인식하기보다는 기관과 가정에서의
수면을 연속선상에서 포괄적으로 심도 있게 이해할 필요가 있다(권혜진, 2013). 따라
서 영아가 가정에서 몇 시에 취침하는지, 몇 시에 잠드는지, 잠에는 자주 깨는지, 아

표 9-1 야간 수면 요구량 및 낮잠 횟수와 요구량

영아 월령	야간수면	낮잠	낮잠 횟수	낮잠 배치
0~4개월	9~11	5~6	요구	• 낮잠 간 45~120분 각성 • 낮잠은 횟수와 양이 불규칙적인 것이 일반적임
4~6개월	10.5~12	3.5~4.5	3~4	• 4개월 낮잠 1회 30~45분 • 5~6개월 영아는 필요에 따라 낮잠시간을 늘림 • 낮잠 사이에 120~150분 사이 깨어 있음 • 세 번째 낮잠은 가장 짧게 30~45분
6~9개월	10.5~12	3~4	2~3	• 3회 낮잠 간 2시간에서 2시간 30분 각성 • 2회 낮잠을 잘 경우는 각 2-3-4시간 각성
9~15개월	10.5~12	2.5~4	1~2 (15개월+)	• 2회 낮잠 잘 경우의 전형적 스케줄: 오전기상-2.5시간 각성-오전 낮잠-3시간 이상 각성-오후 낮잠-4시간 각성-취침 • 1회 낮잠 잘 경우의 전형적 스케줄: 오전기상-4~6시간 각성-오후 낮잠-4~5시간 각성 취침
15~36개월	10~12	2	1	오전기상-4~6시간 각성-오후 낮잠-4~5시간 각성-취침
36+개월	9~11	1~2	0~1	오전기상-6시간 이상 각성-오후 낮잠-5~6시간 각성-취침

출처: http://childsleepscience.wordpress.com/2014/02/12/

침에는 몇 시에 기상하는지, 몇 시에 등원하는지에 대한 정보가 매우 중요하다.

〈표 9-1〉은 연령별 야간 수면 요구량 및 낮잠 횟수와 요구량이다. 예를 들어, 만 1세 영아의 경우 오전 7시에 기상했다고 가정하면 6시간 각성 후 오후 1시부터 3시까지 2시간 낮잠, 다시 5시간 각성 후 오후 8시 취침하여 야간 11시간 취침의 수면 리듬을 가질 수 있다.

야간에 늦게 자고 오전에 일찍 기상해서 일찍 등원한 영아는 오전 중에 주간졸림 현상이 일어날 가능성이 크고, 늦게 자고 늦게 일어나서 늦게 등원한 영아는 식사 속도도 느리고 낮잠을 자려하지 않을 가능성이 많다. 교사는 개별 영아의 생활리듬과 수면-각성 리듬을 파악하고 있어야 한다. 또한 어린이집에서의 낮잠일과와 조

화를 이룰 수 있도록 가정과 연계하여 수면리듬이 조정하도록 요구할 필요가 있다.

- 낮잠 전에는 기저귀를 확인하거나 화장실에 다녀오도록 하여 편안한 상태에서 숙면을 취할 수 있도록 한다.
- 낮잠 일과 직전에는 바깥놀이와 같은 동적인 신체활동보다는 동화책 읽기와 같은 정적인 활동으로 낮잠을 대비하고 낮잠시간이 되면 가정에서의 수면의식처럼 조명을 어둡게 하고 조용한 음악을 틀어 낮잠시간임을 인식할 수 있도록 한다.
- 청결하고 아늑한 침구와 선선한 온도, 안정적인 분위기와 충분한 낮잠 시간을 제공한다. 어린 영아의 경우 수면 사이클은 약 60분 정도로 두 번의 수면 사이클을 겪을 수 있도록 2시간 이상의 수면 시간을 배정한다.
- 영아가 깊은 수면 상태가 될 때까지는 잠든 후 보통 약 20여분이 소요되므로 잠들었다고 교실을 바로 나가서는 안 된다. 교사는 교실에서 행정업무를 하면서 영아들을 관찰하고 얕은 잠에서 깬 영아들을 다독여 주거나 등을 어루만져 주면서 다시 잠이 들 수 있게 한다.
- 낮잠 시간이 끝날 때 즈음에 경쾌한 음악으로 자연스럽게 일어날 수 있도록 유도한다. 깊은 수면 상태에서는 깨어나기 어려우므로 많이 뒤척이거나 안구가 움직이는 얕은수면, 렘수면 상태에서 깨울 수 있도록 한다.
- 잠에서 깨어난 후에는 기저귀를 살피거나 화장실을 다녀오도록 한다.

⑤ 하원하기
- 기저귀를 확인하고 젖었을 경우 기저귀를 갈아 준다.
- 세수하고 로션을 바른 후 머리를 단정하게 빗긴다.
- 옷이 지저분한 경우 갈아입힌다.
- 개인소지품 정리하고 가방을 챙기면서 오늘 하루 즐겁게 보낸 이야기를 나눈다.
- 보호자를 확인하고 영아를 인계한다.
- 부모님에게 하루 중 영아의 상태와 배변, 식사, 간식, 낮잠 여부 등을 이야기하고, 그 날 있었던 특별한 사례나 발달적 변화에 대해 이야기를 나눈다.
- 선생님과 친구들에게 인사를 하고 귀가하도록 한다.

(2) 유아의 일상생활

① 등원하기 및 맞이하기

• 유아 등원 이전에는 창문을 열어 환기하고 일과계획을 점검하고 교재들을 확인한다.

• 교실에 출석표와 하루의 활동을 한눈에 알아볼 수 있도록 일과 계획표를 배치한다. 교사는 유아들은 이를 통해 하루 동안 일어날 일들을 알고 준비할 수 있다.

• 개인적인 관심과 애정을 표현함으로써 유아가 일과에 대한 기대를 갖도록 배려한다. 예를 들어, '○○이가 어제는 레고로 멋진 비행기를 만들더구나. 오늘은 어떤 놀이를 즐겁게 해 볼까?'

② 급·간식

• 유아들은 먹기 전에 손 씻기, 스스로 음식을 먹고 정리하기, 음식을 입에 물고 이야기하지 않기, 음식을 먹은 후 이 닦기, 싫은 음식도 조금씩 먹어 보며 골고

읽어 보자

유아들의 성장과 발달을 위해 도시락에 담는 음식의 적정 양은 어느 정도일까요?

어린이집에서는 조리사가 식당에서, 혹은 교실에서 교사가 배식을 하거나 유아가 자율적으로 배식을 하기도 합니다. 교사가 배식을 할 경우 적정 양에 대한 객관적인 지식을 바탕으로 하기보다는 유아가 평소 먹는 양을 고려해서 배식을 하는 경우가 많습니다. 또한 유아가 자율배식을 할 경우 양이 적절한지 판단하는 기준도 교사에 따라 다릅니다. 대부분 한번 배식을 하게 되면 도시락에 담은 양을 다 먹도록 지도를 하게 되지요. 먹다가 남기는 것을 허용할 경우 혹시나 너무 적게 먹는 것은 아닐까, 부모님이

걱정하지는 않을까, 다른 유아도 따라하게 되지 않을까 하는 걱정이 앞서기 때문입니다.

다음의 자료를 보고 유아의 도시락에 어느 정도의 양을 배식하는 것이 적절한지 알아봅시다.

연령		체중	신장	에너지	단백질
		kg	cm	kcal	g
영아	0~4(개월)	5.6	58	500	15(20)
	5~11(개월)	9.3	73	750	20
소아	1~3(세)	14	92	1200	25
	4~6	19	111	1600	30
	7~9	27	127	1800	40

[그림 9-10] 1일 영양권장량

출처: 한국영향학회(2000).

식품군별 대표 식품의 1인 1회 분량					
곡류 및 전분류 I (300kcal)	밥 1공기 (210g)		국수 1대접 (건면 90g)		식빵 2~3쪽 (100g)
곡류 및 전분류 II (100kcal)	떡 2편 (절편 50g)		밤(대) 3개 (60g)		시리얼 1접시 (30g)
고기, 생선, 계란 콩류 (80kcal)	육류 1접시 (생 60g)	닭고기 1조각 (생 60g)	생선 1토막 (생 50g)	콩 (20g)	두부 2조각 (80g)	달걀 1개 (50g)
채소류 (15kcal)	콩나물 1접시 (생 70g)	시금치나물 1접시 (생 70g)	배추김치 1접시 (생 40g)	오이소박이 1접시 (생 60g)	버섯 1접시 (생 30g)	물미역 1접시 (생 30g)
과일류 (50kcal)	사과(중) 1/2개 (100g)		귤(중) 1개 (100g)	포도 1/3송이 (100g)	오렌지주스 1컵 (200g)
우유 및 유제품 (125kcal)	우유 1컵 (200g)	치즈 1장 (20g)	호상 요구르트 1/2개 (110g)	액상 요구르트 3/4컵 (150g)	아이스크림 (100g)
유지, 견과 및 당류 (45kcal)	식용유 1작은술 (5g)	버터 1작은술 (5g)	마요네즈 1작은술 (5g)	땅콩 (10g)	설탕 1큰술 (10g)

[그림 9-11] 식품군별 1인 1회 분량

출처: http://blog.daum.net/cjk4205/17035965

　　체중 19kg, 신장 111cm 되는 만 4세 유아의 경우를 보면 하루 1600kcal를 필요로 하고 하루 세 번 식사를 한다고 가정하면 한 번의 식사에 약 540kcal를 필요로 함을 알 수 있습니다. 그렇다면 어린이집에서 두 번의 간식과 한 번의 점심으로 540kcal 정도를 섭취할 수 있도록 하면 되겠지요. [그림 9-10]을 보고 각 제품군이 골고루 균형 있게 포함되도록 하면서 두 번의 간식과 한 번의 점심을 구성해 보도록 합시다. 그리고 그 양을 확인해 봅시다.

　　예를 들어, 위의 식품군별 음식을 한 가지씩만 섭취한다고 가정하면 715kcal(300+100+80+15+50+125+45)가 됩니다.

　　오전 간식은 가볍게 우유 한 잔(125)과 사과 반 조각(50)

　　오후 간식은 떡 2개(100)과 보리차

　　점심 식사는 밥 1/3공기(100) + 고기(80) + 콩나물(15) + 김치(15) + 아욱된장국(80)

　　이렇게 구성한다면 565kcal가 됩니다.

　　그런데 한 가지 유의할 것은 고기나 채소에 조리를 하게 되면 각종 양념이 추가되어 칼로리가 훨씬 증가한다는 것입니다. 이를 고려해서 유아 도시락에 담길 적정 양을 머릿속으로 그려 봅시다.

출처: 음식칼로리표 (http://lively77.tistory.com/60).

루 먹기 등이 바른 식습관을 갖도록 지도한다.

- 식사시간은 단순히 영양을 섭취하는 시간뿐만이 아니라 교사와 영유아, 영유아들끼리 긍정적 상호작용을 하는 시간이며, 한편으로 음식과 영양에 대한 긍정적인 태도를 발달시켜 좋은 식습관을 가지도록 하는 데 도움이 된다.
- 교사는 음식이 무엇인지 물어보고 즐거운 표정으로 맛있음을 표현한다.
- 유아별로 음식의 양, 식사속도, 편식(좋아하는 음식과 싫어하는 음식)에 대한 차이를 파악한다.
- 새로운 음식이 나올 경우 교사가 설명을 해 주고 맛있게 먹는 모습을 보여 준 후 권유해 본다. 새로운 음식에 대해 유아 모두 한 번은 맛을 보도록 하고 배식된 양을 억지로 다 먹지 않도록 한다.
- 다 먹은 후에는 유아 스스로 도시락을 정리하도록 한다.

③ 낮잠

- 유아들이 낮잠을 자거나 휴식을 취할 때는 시간을 정하여 규칙적으로 낮잠을 잘 수 있도록 한다. 유아들은 약 90분의 수면 사이클을 갖고 있으므로 충분한 낮잠을 잘 수 있도록 90~120분간의 낮잠시간을 제공한다.
- 낮잠시간은 1시 반에서 3시 반을 기준으로 배치하고 어린이집의 일과운영에 따라 조정하되 반드시 4시 이전에 일어나도록 한다. 4시 이후까지 낮잠을 잘 경우 야간에 늦게까지 잠을 자려하는 경우가 많기 때문이다.
- 낮잠을 자고 싶어 하지 않는 유아는 조용하게 휴식을 취할 수 있도록 배려하고, 방안을 조금 어둡게 하고 동화책을 들려주거나 조용한 음악을 틀어 주는 등 편안하게 쉴 수 있는 환경을 조성한다. 가정에서 늦게 자고 늦게 일어나 등원하는 유아나 일찍 잠자리에 들어 충분히 밤잠을 자고 온 유아의 경우는 낮잠을 자기 힘들어 할 수 있다. 이 경우 어린이집 낮잠일과리듬과 조화를 이룰 수 있도록 가정과의 연계를 통해 야간 취침시각, 오전 기상시각, 등원시각을 조정해 나갈 필요가 있다.
- 낮잠을 자기 전에 화장실에 다녀오도록 하고 교사는 영유아들이 낮잠을 잘 때에 오랜 시간 동안 자리를 비우지 않도록 한다.

④ 하원하기

- 보호자가 오면 유아 스스로 옷을 입고 가방을 챙길 수 있도록 한다.
- 유아의 일과 중 부모에게 특별하게 알릴 사항, 공지사항 등을 미리 준비하여 부모에게 알린다.
- 유아의 일과에서 특이사항(사고의 발달적 변화, 창의적 생각의 표현, 갑작스러운 열이나 질병, 안전사고, 또래와의 갈등 등)이 있다고 판단될 때에는 보육수첩에 기록하거나 가족에게 알리고 의견을 교환한다.
- 간단한 스킨십으로 친밀감을 나타내고 밝은 표정으로 인사하며 다음날에 만날 기대감을 표현한다.
- 약속된 보호자와 함께 귀가하는지 확인하고 아닐 경우에는 반드시 보호자에게 확인하고 인계하도록 한다.

해 보자

조를 나누어 보육교사의 일과와 교사의 역할을 관찰하고 궁금한 점에 대해 인터뷰를 해 봅시다.

1. 시설 유형별(직장, 국공립, 민간, 가정어린이집), 연령별(만 0세, 1세, 2세, 3세, 4세, 5세)로 조를 나눕니다.
2. 주변에 어린이집을 섭외합니다.
3. 전체 토론, 조별 토론을 통해 수업 내용을 바탕으로 추가로 궁금한 내용들을 적어 봅니다.
4. 인터뷰할 내용들을 반구조화하여 질문지 형태로 만듭니다.
5. 기관을 방문하여 일과를 보며 기록지에 적고 일과 후 인터뷰를 합니다.
6. 관찰 및 인터뷰 내용을 발표하여 공유하고 느낀 점들을 이야기합니다.

참고문헌

권혜진(2013). 유치원 낮잠 일과 및 부모교육에 대한 부모의 요구. 한국영유아보육학회, 82, 185-206.

김진욱(2014). 영유아의 수면양상과 어린이집 초기 적응. 한국가정관리학회지, 32(2), 41-52.

김진욱(2015). 어린이집과 유치원 만 4세 유아의 낮잠과 야간 수면과의 관계. 인간발달연구, 22(1), 1-20.

박찬화, 권연희, 나종혜, 최목화(2013). 관찰에 근거한 어린이집 영아반의 일과유형분류 및 일과유형별 영아의 놀이성과 교사 특성, 한국보육지원학회지, 9(4), 185-210.

백용매(2003). 일주기성 리듬과 스트레스 대처방식이 우울에 미치는 영향. 상담학연구, 4(4), 813-829.

삼성교육문화센터(2010). 영아보육. 서울: 삼성교육문화센터.

서울시보육정보센터(2012). 좋은 교사되기 핸드북. 2. 야호! 즐거운 어린이집의 일과. 서울: 서울시보육정보센터.

여성부(2002). 영아보육 실태 및 모형개발. Ⅳ. 일상생활지도 프로그램. 서울: 여성부

육아정책연구소(2015). 유치원·어린이집 운영 실태 비교 및 요구 분석. 서울: 육아정책연구소.

이경미, 이기숙(2009). 유아의 성과 연령에 따른 유아교육기관에서의 일과. 교육과학 연구,

40(3), 171-193.

Aceobo, C., Sadeh, A., Seifer, R., Tzischinsky, O., Hafer, A., & Carskadon, M. A. (2005). Sleep-wake patterns derived from activity monitoring and maternal report for healthy 1-to 5-year-old children. *Sleep, 28*, 1568-1577.

Bauer, J. (2005). *Warum ich fühle, was du fühlst.* 이미옥 역(2006). 공감의 심리학: 말하지 않아도 네 마음을 어떻게 내가 느낄 수 있을까. 서울: 에코리브르.

Christakis, D. (2004). Early television exposure and subsequent attentional problems in children. *Pediatrics*, 708-713.

Dimberg, U., onika Thunberg, M., & Elmehed, K. (2000). Unconscious Facial Reactions to Emotional Facial Expressions. *Psychological Science, 11*, 86-89.

Kubey , R. & Mcsikszentmihalyi, M. (2003). Television addiction is no mere metaphor. *Scientific American*, 48-55.

Minges, K. E., & Redeker, N. S. (2016). Delayed school start times and adolescent sleep: A systematic review of the experimental evidence. *Sleep Medicine Reviews, 28*, 82-91.

Rizzolatti, G. et al. (1996). Action recognition in the premotor cortex. *Brain, 119*, 593-609.

제4부

보육교사의 인성

제10장

보육교사의 도덕성

1. 보육교사의 역할과 도덕성

보육교사는 직업적 윤리 외에 도덕성이 요구된다. 사람으로서 마땅히 지키거나 행해야 할 도리나 규범이 윤리라면 도덕성은 이를 준수하고 실천하려는 성향이라 할 수 있다. 자신과 타인의 행동에 대해 선과 악, 옳음과 그름을 구별하고 바람직한 행동을 지향하도록 하는 도덕성은 양육과 교육활동을 병행하여 수행하는 보육교사에게 요구되는 중요한 인성이라 할 수 있다.

보육교사에게 도덕성이 강조되는 것은 양육자로서의 역할, 교육자로서의 역할, 아동권리 옹호자로서의 역할, 인성함양의 지원자로서의 역할 등 보육교사에게 기대되는 역할(Jalongo & Isenberg, 2000) 때문이다. 보육교사의 도덕성을 역할 측면에서 살펴보면 다음과 같다.

1) 양육자로서의 보육교사

보육의 전통적 의미가 보호와 양육이라는 점을 고려해 볼 때 보육교사의 도덕성은 '보살핌의 윤리 측면'에서 중요한 의미를 갖는다. 이성 지향의 '정의 윤리(the ethic of justice)'에 대응해, 배려에 기초한 '보살핌의 윤리(the ethic of care)'를 강조한 길리건(Gilligan, 1982)은 보살핌이란 특수한 관계에 있는 사람에게 특별한 도덕적 관심을 보이는 것이며, 다른 사람의 상황에 공감할 뿐 아니라 다른 사람이 필요로 하는 것을 수용하고 그에 반응 활동이라 보았다. 보살핌은 보살피는 자와 보살핌을 받는 자의 조화로운 관계에서 나타나는데, 이러한 보살핌은 윤리적 보살핌의 기반이 된다고 보았다.

영유아의 요구를 정확히 파악하여 이에 대해 적절하게 대처할 뿐 아니라 영유아의 안전을 보호하고 영유아간 긍정적인 상호작용을 통해 안정된 애착을 형성함으로써 궁극적으로 영유아의 건강한 성장과 발달을 지원하는 보육교사의 활동은 배려를 강조한 보살핌의 윤리를 실천하는 도덕적 행동이라 할 수 있는 것이다.

나딩스(Noddings, 1984)는 '보살핌의 윤리'에서 이성적 능력보다 다른 사람에 대한 따뜻한 공감 능력이 강조된다고 하였다. 다른 사람의 견해를 수용하고, 요구나 필요에 민감하게 반응할 수 있는 능력인 공감(Noddings, 1984)은 '보살핌의 윤리'를 실천할 수 있는 주요 자원으로, 보육현장에서 강조되는 애착, 친밀감 등을 구축하는 기반이 된다. 이러한 점을 고려해 볼 때 보육교사는 양육자로서의 역할을 성공적으로 수행하기 위해서 '보살핌의 윤리'에 기반한 도덕성을 갖추고 있어야 한다.

2) 교육자로서의 보육교사

일반적으로 교사는 본질상 도덕 활동이라 평가되고 있는 교육 활동을 수행하기 때문에 높은 수준의 도덕성이 요구된다(임연기, 문미희, 2007). 따라서 양육 활동 외에 교육 활동을 수행하는 보육교사에게 높은 수준의 도덕성을 요구하는 것은 자연스러운 것이다. 특히 보육교사는 차별과 불공평 등 비도덕적 대우를 스스로 인식하기 어려운 영유아들을 대상으로 외부적 감독이나 관리 없이 주도적으로 교육 활동을 수행해야 하므로 보다 높은 수준의 도덕성이 요구된다.

보육교사의 도덕성은 공식적 또는 표면적 교육과정을 통해 전문 지식과 기술을 기반으로 영유아에게 교과과정을 지도할 때 요구된다. 공식적 또는 표면적 교육과정에서의 보육교사 도덕성은 영유아의 발달적 특성을 고려하여 교과 활동의 내용과 수준을 결정하거나 결정된 내용을 기반으로 교과 활동을 수행하는 과정에서 다문화 영유아나 빈곤 취약한 영유아, 소외된 영유아나 장애를 가진 영유아의 발달적 요구를 어느 정도 고려할 것인가를 결정하는 데 영향을 미치기 때문이다.

한편, 비공식적 또는 잠재적 교육과정 측면에서도 보육교사의 도덕성은 높은 수준이 요구된다. 일반적으로 보육교사의 일상 활동은 영유아에게 역할 모델로 기능(문미희, 2007)하기 때문에 영유아는 일상 활동에서 관찰되는 보육교사의 모습을 통해 교사의 도덕적 가치, 태도, 신념을 동일시하고 이를 모방하게 된다. 관찰을 통한 모방과 동일시 과정을 통해 내면화되는 영유아의 도덕적 가치, 태도, 신념은 비공식적 또는 잠재적 교육과정에 의한 결과라 할 수 있다. 영유아 시기 형성되는 도덕성에 대한 가치, 태도, 신념이 전 생애에 걸쳐 영향을 미친다는 점을 고려해 볼 때, 공식적 또는 표면적, 비공식적 또는 잠재적 교육과정 속에서 보육교사는 높은 수준의 도덕성을 유지해야 한다.

3) 아동권리 옹호자로서의 보육교사

영유아는 기본적인 권리를 갖는 하나의 인격체로서, 인간으로서의 존엄성과 행복을 추구할 권리가 있다. 그럼에도 불구하고 보호와 양육을 필요로 하는 수동적 존재라는 전통적 가치관에 의해 영유아의 권리 실현은 제한되기 쉽다. 제한되기 쉬운 영유아의 권리를 보장하고 실현하기 위해서 보육교사는 영유아의 권리를 대변하고 옹호하는 역할을 수행한다.

영유아의 권리를 옹호하는 활동에서 보육교사의 도덕성은 영유아 권리의 질을 결정하는 데 영향을 미친다는 점에서 중요하다. 예를 들어, 아동권리상 영유아는 보육현장에서 안전하고 쾌적한 환경에서 건강하게 성장할 수 있어야 하며, 어떠한 종류의 차별도 받지 않고 보육되어야 하는 권리를 갖는다. 이러한 권리를 보장함에 있어 보육교사의 도덕성은 권리 보장의 질을 결정하는 데 영향을 미친다. 안전하고 쾌적한 환경을 구성했느냐 하지 않았느냐의 유무는 보육교사의 윤리적 문제라 할 수 있다. 그러나 안전하고 쾌적한 환경 구성을 어느 정도의 질적 수준으로 구성했는가는 보육교사의 윤리성보다 도덕성과 관련된 문제라 할 수 있다.

보육현장에서 영유아의 권리 옹호를 위해 보육교사는 영유아에게 자신의 생각을 표현할 수 있는 기회와 격려를 제공해 주고 영유아가 제시한 의견이 타당하면 반영할 수 있는 태도와 마음이 있어야 한다(Lansdown, 2005). 뿐만 아니라 영유아의 권리를 보장하기 위해서 영유아의 능력과 관점에 대한 이해를 바탕으로 영유아를 존중하는 지각과 실천이 있어야 한다(서영숙, 서혜정, 김진숙, 2009). 영유아 권리 옹호의 태도와 마음, 지각과 실천은 바람직한 행동을 지향하려는 보육교사의 도덕성이 기반될 때 성공적 결과로 나타날 수 있다.

4) 인성함양의 지원자로서의 보육교사

놀이하며 배우는 유능한 유아를 강조하는 2019 누리과정에서는 신체운동 · 건강, 의사소통, 사회관계, 예술경험, 자연탐구 영역에서 유아가 놀이를 통해 협력하고 조절하고 배려할 수 있는 인성을 스스로 발달시키는 데 초점을 둔다(교육부, 보건복지부, 2019). 놀이를 통해 다른 사람과 소통하며 그러한 과정에서 다른 사람의 감정을 소중히 여기고 서로 필요한 도움을 주고받는 과정에서 유아가 세상과 소통하고, 협력하고, 배려하고, 돌보는 유능함을 가질 수 있도록 교사가 지원하기 위해서는 교사 스스로 도덕성에 대한 올바른 가치, 태도, 신념이 구축되어야 한다. 교사의 도덕성은 놀이를 통해 유아가 주변과 관계를 맺는 과정에서 경험하고 학습하는 질에 영향을 미치기 때문이다.

놀이 중심 누리과정에서 강조하는 '협력'적 태도는 인성의 가장 근간이 되는 덕목으로서, 다른 인성 덕목의 파생 근거가 된다는 점에서 중요하다 그리고 '배려'는 길리건(Gilligan, 1982)이 강조한 '보살핌의 윤리'에서 강조되는 덕목이라는 점에서 중요하다. 따라서 교사는 유아들이 놀이 속에서 존중과 협력 그리고 배려의 인성을 자연스럽게 경험하고 유아 스스로 이를 증진하고 내면화할 수 있도록 놀이 흐름과 맥락에 맞춰 교육적으로 지원할 수 있어야 한다.

해 보자

"싫어 싫어! 물감 묻는 거 싫어!"
"내 꺼 안돼. 만지지마!"

"너희들 물감 때문에
내 양말 다 젖어서 벗었잖아!"
"우리가 너무 어지른 것 같은데…
조금 치울까?"
"아냐, 난 더 크게 하고 싶은데"

[그림 10-1] 놀이하며 생기는 갈등
출처: 교육부, 보건복지부(2019).

놀이 과정에서 발생하는 유아 간 갈등 상황에서 인성함양의 지원자로서 교사가 할 수 있는 활동에 대해 이야기해 봅시다.

2. 보육교사의 도덕성 함양

보육교사는 보육현장에서 요구되는 다양한 역할을 성공적으로 수행하기 위해서 높은 수준의 도덕성이 요구된다. 보육교사가 높은 수준의 도덕성을 유지하기 위해서는 도덕성 함양을 위한 훈련과 연습이 필요하다. 도덕적 행동을 증진시키거나 공감 능력을 배양하는 것은 도덕성을 함양시키는 효과적인 방법으로 평가된다.

1) 도덕적 행동 증진

보육교사의 도덕성을 함양하기 위해서는 도덕적 행동 능력을 강화시킬 필요가 있다. 레스트(Rest. 1983, 1986, 1994)는 도덕성을 도덕적 민감성, 도덕적 판단력, 도덕적 동기화, 도덕적 성격으로 개념화하면서 도덕적으로 행동하려면 네 가지 구성요소가 통합적으로 나타나야 한다고 보았다(문미희, 2006).

한 개인이 도덕적인 행동을 할 수 있으려면 자신이 처한 상황에서 일어나는 도덕적 문제들에 대하여 민감하게 지각할 수 있어야 하고(도덕적 민감성), 그 문제에 대하여 도덕적인 해결방안을 생각할 수 있어야 하고(도덕적 판단력), 다른 가치보다 도덕적인 가치를 더 우선시하여 선택할 수 있을 만큼 동기화 되어야 하고(도덕적 동기화), 도덕적 가치를 실행에 옮기는 데 방해되는 성격 특성을 극복하고 도움이 되는 성격적 특성을 발휘할 수 있어야 한다(도덕적 품성). 도덕적 행동을 위한 레스트(Rest)의 네 가지 구성요소를 살펴보면 다음과 같다(문미희, 2007).

(1) 레스트의 도덕적 행동 요소

① 도덕적 민감성

도덕적 민감성(moral sensitivity)이란 도덕적 문제가 내재되어 있는 상황을 지각하고 해석하는 과정을 말한다. 도덕적 행동을 하려면 사람들은 주어진 상황에 중요하고도 심각한 도덕적 문제가 내재되어 있음을 지각해야 하고, 주인공의 행동이 관련된 다른 사람들에게 어떤 영향을 미치게 될지를 예측할 수 있어야 한다. 주어진 상황을 도덕적인 문제 사태로 인지하거나 해석하지 못하면 도덕적 행동은 나타나지 않는다.

② 도덕적 판단 또는 추론

도덕적 판단 또는 추론(moral judgement or reasoning)은 도덕적인 문제를 해결하기 위해서는 어떻게 하는 것이 도덕적으로 옳고 공정하며 정의로운 방안인지를 구체적으로 사고, 판단, 추론해 보는 과정이다. 이렇게 구체적으로 행동방안을 추론해 보는 과정이 없으면 도덕적 행동은 일어나지 않는다. 따라서 도덕적인 딜레마 상황을 통해 도덕적 판단 능력을 훈련시키는 것은 도덕적 행동을 양성하는 데 도움이 된다.

③ 도덕적 동기화

도덕적 동기화(moral motivation)란 여러 가지 갈등하는 가치들 중에서 도덕적 가치를 우선적으로 선택하여 의사결정을 내릴 만큼 도덕적으로 동기화되는 과정이다. 주어진 상황을 도덕적인 문제 상황으로 지각하고, 그 문제를 해결하는 구체적인 행동 방안을 추론해 냈어도, 도덕적 가치와 경쟁 관계에 있는 정치적 · 경제적 · 종교적 가치나 동기 등에 압도된다면 도덕적 행동으로 나타나지 않는다.

④ 도덕적 품성

도덕적 품성(moral character)은 인내력, 용기, 자기통제력 등을 포함하는 것이며 실천력이란 정치적 · 경제적 · 종교적 가치에도 불구하고 도덕적 가치를 최우선시하여 도덕적 행동을 실천에 옮기는 과정이다. 즉, 도덕적 품성이란 도덕적 행동을 실천하는 데 필요한 개인적 성격 특성이라 할 수 있다. 보육교사의 용기, 인내심, 지구력, 결단력, 자아강도, 자기통제력 등은 도덕적 행동을 실천하는 데 도움을 주지만 인내심 부족, 충동성, 소심, 머뭇거림과 같은 특성은 도덕적 행동의 실천을 방해할 수 있다.

도덕적 품성은 도덕적 행동을 실천하도록 하는 요인일 수도 있으며, 동시에 비도덕적 행동을 하지 않도록 하는 요인이기도 하다(최지영, 2010a). 예를 들어, 자기통제력은 유혹에 견디는 힘과 관련되기 때문에 비도덕적인 행동을 하는 것을 억제하도록 만든다.

도덕적 행동이 나타나려면 도덕적 민감성, 도덕적 추론, 도덕적 동기화, 도덕적 품성 순서로 나타날 필요는 없으나 네 가지 요소 중 어느 한 가지라도 결여되거나 부족해서는 안 된다. 따라서 보육교사는 도덕적 행동 증진을 위해 도덕적 민감성, 도덕적 추론, 도덕적 동기화, 도덕적 품성을 육성할 필요가 있다.

보육교사의 도덕적 행동 증진을 위해 도덕적 민감성을 개발하는 것은 효과적일 수 있다. 도덕적 추론이 도덕적 행동으로 전환되는 과정에서 도덕적 민감성은 가장 기본이 되기 때문이다. 도덕적으로 민감하다는 것은 특정 상황이 도덕적 영역의 문제라는 것을 인식하는 능력이며, 그 상황에서 발생할 수 있는 다양한 행동을 따져 보고 행동의 결과가 다른 사람들에게 어떠한 영향을 미치는지를 고려할 수 있는 능력(Rest, 1984)이다. 이러한 능력은 도덕적 판단구조를 활성화함으로써 도덕적 행동을 촉진시키는 데 도움이 된다. 그러므로 보육교사의 도덕적 민감성을 향상시키는 노력이 필요하다. 도덕적 민감성 개발은 도덕적 딜레마 상황에서 문제해결을 키우

해 보자

〈다음 상황에 직면했을 때 보육교사로서 여러분의 생각은 어떻습니까?〉

사례 1 원아 어머니의 회사 사정으로 일주일 동안 퇴근 시간이 늦어지게 되었다. 그 바람에 일주일 동안 원아의 귀가 시간이 1시간 더 늦어지게 되었고 교사의 퇴근 시간도 근무 시간을 넘어 늦어지게 되었다. 교사는 일주일 동안 퇴근 후 다녔던 영어 학원에 가지 못했다. 이런 경우 근무 시간 외의 원아 지도는 교사의 당연한 업무인가? 원아의 늦은 귀가 지도를 위해 교사의 개인 생활을 희생하는 것은 당연한 것인가?

사례 2 원 행사와 교사에게 개인적으로 중요한 일이 원 행사와 겹쳤을 경우, 교사는 원 행사에 참여하지 않고 개인적인 일을 보기 위하여 연가를 낼 수 있는가?

사례 3 원의 업무 분장 시, 어려운 업무를 서로 맡지 않으려 할 때, 어떤 방식이 공정할까? 공정한 업무분장은 능력에 따라 그 업무를 잘 하는 사람에게 배분하는 것이 바람직한가 아니면 잘 못하더라도 교사들에게 돌아가며 골고루 배분하는 것이 바람직한가?

주: 임연기, 문미희, 정현승(2007)의 도덕성 교육 프로그램의 내용을 참조하여 보육교사용으로 각색.

 해 보자

• 브레이크 풀린 전차가 질주한다. 앞쪽 선로에는 인부 다섯 명이 있고, 갈라진 선로에는 한 명이 있다. 당신이 선로를 바꿀 수 있다면 그대로 다섯 명을 치게 할 것인가, 방향을 틀어 한 명만 희생시킬 것인가?

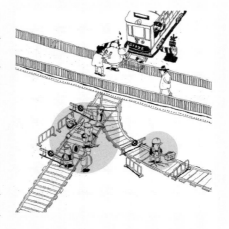

• 또 다른 상황이 있다. 앞쪽 선로에 인부 다섯 명이 있고, 선로는 바꿀 수 없다. 이 다섯 명의 인부를 살리는 방법은 무거운 물체를 떨어뜨려 전차의 진행을 막는 것뿐이다. 이때 당신은 육교 위에서 이 상황을 내려다보고 있고, 마침 앞에 엄청난 무게의 뚱보가 서 있다면, 당신은 어떤 선택을 할 것인가?

출처: Thomas, C. (2013).

는 과정에서 이루어질 수 있다(최지영, 2010b). 이러한 점에서 도덕적 딜레마 상황에 대한 토론은 도덕적 민감성을 증진시키는 데 유용한 방법이다. 다음은 도덕적 민감성을 증진하는 데 활용될 수 있는 도덕적 딜레마 상황이다. 이와 같은 딜레마 상황에 대해 보육교사는 소집단을 구성하여 협동 학습 토론을 실시할 수 있다.

2) 공감 능력 배양

보육교사의 도덕성은 도덕적 딜레마 상황을 통한 도덕적 민감성 증진을 통한 도덕적 행동 강화 외에 공감을 통해 배양될 수 있다. 공감(empathy)은 타인이 처한 상황과 정서 상황을 지각하고 그의 역할을 수용하여 이에 대해 정서적으로 감정을 같이 나누는 것이며, 다른 사람의 생각이나 느낌을 대리적으로 느껴 보고 타인의 입장이 되어 보는 능력이다(Bryant, 1982; Rogers, 1975).

공감은 타인의 감정을 이해하거나 입장을 고려하는 인지적 능력, 타인의 감정을 느끼거나 공유할 수 있는 정서적 능력, 의사소통이나 사회적 기술을 통해 공감적 활동을 외적으로 표현하는 행동적 능력으로 정의될 만큼 복합적인 특성이라 할 수 있다. 이러한 공감은 사회적 관계에서 대인 간 협동이나 친사회적 행동, 이타적 행동을 유도하며 이기적이며 공격적 행동을 억제하기 때문에 도덕성 실현을 위한 중요한 요인으로 평가되고 있다. 따라서 공감 능력 개발은 도덕적 행동을 증진시키기 위한 방안으로 활용될 수 있다.

양육이나 교육 등 보육 활동 전반에 걸쳐 강조되는 보육교사의 공감 능력은 관점 취하기, 상상하기, 공감적 관심 갖기, 개인적 고통 경험하기 등을 통해 예측할 수 있다(Davis, 2004). 즉, 자신의 관점과 입장에서 벗어나 타인의 관점과 입장을 볼 수 있는 '관점 취하기', 영화나 소설과 같은 가상적 상황 속의 인물이 되어 생각하고 행동해 보는 '상상하기', 타인에 대해 따뜻함과 자애로움을 느끼고 경험해 보는 '공감적 관심' 그리고 고통 받고 있는 타인의 상황을 보고 고통을 경험하는 '개인적 고통 경험하기'를 통해 보육교사의 공감 능력을 점검해 볼 수 있다.

한편, 보육교사의 공감 능력은 베이런-코헨과 휠라이트(Baron-Cohen & Wheelwrigh(2004)가 개발한 공감 지수 척도(Empathy Quotient: EQ)를 기반으로 구성된 한국형 공감 지수 척도(허재홍, 이찬종, 2010)를 활용해 예측해 볼 수 있다. 보육교사 스스로 공감 능력을 점검해 보는 것은 보육교사의 도덕성을 진단하는 기초 작업이라 할 수 있다.

해 보자

- 방법: 다음 '한국형 공감지수척도' 문항 내용에 대해 '매우 동의하지 않는다'(1점), '약간 동의하지 않는다'(2점), '약간 동의한다'(3점), '매우 동의한다'(4점) 중에서 자신에게 맞는 것을 선택
- 활용: 합산 점수가 50점 이하면 공감 훈련이 필요하다(*은 역산).

한국형 공감지수척도(Empathy Quoitent: EQ)

① 나는 어떤 사람이 대화에 참여하고 싶은지 아닌지를 쉽게 알 수 있다.

② 나는 다른 사람이 한 말의 숨은 뜻을 쉽게 알아차릴 수 있다.

③ 나는 다른 사람들 입장이 되어 생각하는 것이 쉽다.

④ 나는 다른 사람들이 어떻게 느낄지 잘 예측할 수 있다.

⑤ 사람들은 내가 자신들이 어떻게 느끼고 무엇을 생각하는지 잘 이해한다고 말한다.

⑥ 나는 상대방이 내 말을 재미있어 하는지 지루해 하는지를 쉽게 알 수 있다.

⑦ 나는 다른 사람이 어떻게 느끼는지를 직관적으로 빨리 알아차릴 수 있다.

⑧ 나는 다른 사람이 말하고자 하는 바를 쉽게 끄집어 낼 수 있다.

⑨ 나는 다른 사람들이 자신의 진짜 감정을 숨기고 있는지 쉽게 알 수 있다.

⑩ 나는 다른 사람들이 무엇을 할지 잘 예측할 수 있다.

⑪ 나는 다른 사람들을 보살펴 주는 것이 정말로 즐겁다.

⑫ 나는 동물들이 고통받고 있는 모습을 볼 때 마음이 아프다.

⑬ 나는 뉴스 프로그램에서 고통받고 있는 사람들을 보면 마음이 아프다.

⑭ 나는 사람들과 함께 해야 하는 상황에서 무엇을 어떻게 해야 할지 잘 모르겠다*.

⑮ 나는 친구 관계나 대인 관계가 너무 어려워서 그런 문제를 신경 쓰지 않으려고 한다*.

⑯ 나는 어떤 행동이 무례한지 공손한지를 판단하기 힘들 때가 많다*.

⑰ 나는 어떤 것들이 무슨 이유로 사람들을 몹시 화나게 만드는지 이해하기 힘들다.*

출처: 허재홍, 이찬종(2010). 공감지수 척도의 심리측정 속성 중에서

3. 영유아의 발달에 적합한 보육교사의 도덕성 함양 활동

보육교사에게 높은 도덕성이 요구되지만 보육교사의 도덕성 발달 단계에서 영유아의 도덕성을 지도 관리할 때는 주의가 요구된다. 도덕성은 인지적 발달 단계에 따라 질적 차이를 나타내므로, 보육교사의 도덕성과 영유아의 도덕성은 차이가 나기 때문이다.

일반적으로 도덕성(道德性)은 '도덕적인 인식, 정서, 진술, 판단, 행위, 결과 등 일체의 도덕 현상을 가능하게 하는 본질적 특성 내지 근본적 기초'라는 사전적 정의를 갖는다. 이러한 도덕성은 정신분석학에서는 도덕의 정서적 측면을, 사회학습이론에서는 도덕의 행동적 측면을, 인지발달론적 측면에서는 도덕의 인지적 측면에 초점을 두고 설명한다. 이 가운데 피아제(Piaget, 1932), 콜버그(Kohlberg, 1958) 등을 중심으로 한 인지발달론적 시각에서는 도덕적 추론을 기반으로 연령에 따라 질적으로 구분된 도덕성 발달 단계를 제시하고 있다.

1) 도덕성 발달 단계

피아제(Piaget)는 1932년에 발간한 『아동의 도덕판단(The moral judgement of child)』에서 일체의 도덕성은 규칙의 체계로 되어 있으며, 모든 도덕성의 본질은 개인이 그러한 규칙을 어떻게 학습하느냐 하는 과정에서 탐구되어야 한다고 보았다(김은설, 박수연, 2011). 내면화된 규범에 따라 규칙을 합리적으로 판단하는 능력이 도덕성의 본질이라고 본 피아제는 연령에 따른 인지구조의 발달에 따라 도덕성도 발달한다고 보았다. 그러면서 도덕성은 타율적 도덕성 단계에서 자율적 도덕성 단계로 발달한다고 보았다. 영유아 시기 아동들은 성인의 도덕적 규제에 순종하며 따르는데 이는 자기 의지대로 하는 것이 옳지 않으며, 성인의 의지에 복종하는 것이 옳다고 보기 때문이다. 성장하면서 권위와 규칙의 제한으로부터 자유로워지면서 타율적 도덕성에서 자율적 도덕성이 발달하게 된다. 상호 존경 및 협동을 존중하는 공평 개념이 발달하고, 규칙을 이미 결정된 것으로 받아들이지 않고 사회적 인습에 따라 규칙을 준수하기보다 다수의 합의나 동의에 의해 변경될 수 있다고 생각한다. 따라서 타율적 도덕성 단계에서 나타났던 행위 자체의 객관적 결과 중심의 옳고 그름 판단은 행위자의 의도 중심의 옳고 그름의 판단으로 발전하게 된다(강두호, 2015). 이러한 피아제의 인지발달에 기초한 도덕성 발달이론은 콜버그에 의해 심화, 발전되었다. 콜버그(Kohlberg, 1958)는 사람들이 어떠한 이유로 특정 행동을 선택하게 되었는가에 관심을 두고, 도덕적 딜레마를 해결하는 데 사용되는 판단의 근거로부터 도덕성을 파악해야 한다고 보았다. 그리고 하인츠 딜레마와 같은 도덕적 딜레마를 해결하는 과정에서 사용하는 판단 근거를 기반으로 3수준 6단계의 도덕성 발달 단계를 제안하였다.

(1) 콜버그의 도덕성 발달 단계

① 전인습적 단계(Pre-conventional level)

- 1단계− 처벌과 복종에 따른 판단 단계: 이 단계에서 개인은 도덕적 딜레마 상황 속 두 가지 관점을 함께 고려하는 것을 어려워한다. 외적으로 통제되는 도덕성에 따라, 벌을 받게 되는 행동은 나쁘고 상을 받게 되는 행동은 좋다고 간주된다. 콜버그는 이것이 주로 영유아들이 갖고 있는 수준이라고 보았으며, 사람들의 의도를 무시하고 권위에 대한 두려움과 처벌의 회피에만 집중하게 된다고 보았다.
- 2단계− 도구적 상대주의에 의한 판단 단계: 이 단계에서 개인은 이제 도덕적 딜레마 상황 속에서도 사람들이 서로 다른 견해를 가질 수 있음을 깨닫는다. 이제 개인은 자신에게 이익이 되는 것은 좋은 것, 손해가 되는 것은 나쁜 것으로 인식할 수 있게 된다. 가장 좋은 상황은 서로에게 이익이 되게 하는 것인데, 호의를 똑같이 교환하고 서로에게 보답하는 것이 바로 그러한 경우이다.

② 인습적 수준(Conventional level)

- 3단계− 착한 아이 지향의 도덕 단계: 이 단계에서 개인은 이제 좋은 사람 원리를 따른다. 이들은 타인으로부터 신뢰를 얻고, 성실하고 훌륭한 사람으로 인정받기를 원하며, 대인관계에서 발생할 수 있는 불화를 피하려 한다. 이는 외부 관찰자의 시점으로 두 사람 간의 관계를 파악하는 능력 때문이라고 이해된다. 콜

버그는 청소년들이 주로 3단계의 답변을 내놓는다고 보았다.

• 4단계− 준법정신과 질서 지향의 도덕 단계: 이 단계에서 개인은 더 이상 타인과의 관계에 의존하지 않는다. 이제 도덕성은 사회 질서의 준수와 준법정신이라는 보다 큰 관점에 의존하게 된다. 이들은 악법이라 할지라도 법이기 때문에 준수해야 한다고 생각하며, 법규는 모든 사람들에게 똑같이 공평하게 집행되어야 하고 사회 구성원들은 법규를 준수하기 위해 의무를 다해야 한다고 생각한다. 여기서 개인은 법규가 개인들 간의 협동 관계를 확인하는 데 중요한 장치라고 생각한다. 콜버그는 대부분의 성인들이 이 단계의 도덕성을 나타낸다고 보았다.

③ 탈인습적 수준(Post-conventional level)

• 5단계− 사회적 계약 지향의 도덕 단계: 이 단계는 상당히 드물게 나타난다. 여기서 명시된 법규 자체는 더 이상 설득력을 갖지 못한다. 탈인습적 수준에 도달한 개인은 법 조항에 명시된 도덕성에 얽매이지 않는다. 따라서 하인츠의 행동에 대해 찬성의 입장을 보이게 된다. 5단계의 개인들은 법이 인간에게 유익을 가져다주고 개인의 권리를 보호하는 유용한 도구라고 여기기 때문에, 주어진 법 자체보다는 법을 해석하고 변화시키기 위한 공정한 절차를 더 강조한다. 따라서 법이 부당할 경우, 법에 대해 저항하는 것이 옳은 행동이라고 본다.

• 6단계− 보편적 원리 지향의 도덕 단계: 이 단계는 일부 선각자나 철학자들에게서나 발견될 수 있는 것으로 가장 이상적 단계라 할 수 있다. 이 단계에서 개인은 구체적으로 명시된 도덕적 규칙 외에 보다 추상적이고 높은 차원에 위치한 보편적 원리에 호소한다. 이 단계의 도덕성은 어떤 행위의 잘잘못을 가리기 위해 '모든 사람에게 가치가 있는, 스스로 선택한 양심의 윤리적 원리'로 올바른 행위를 정의한다. 이것은 법이나 사회적 동의와 일치할 수는 있겠지만 적어도 독립적으로 존재하는 것이다.

콜버그의 도덕성 발달 단계를 고려해 볼 때 영유아의 도덕성 발달은 전인습적 수준의 처벌과 복종의 1단계 또는 2단계인 '도구적 상대주의에 의한 판단 단계'에, 보육교사의 도덕성 발달은 대부분 인습적 수준의 4단계인 '준법정신과 질서 지향의 도덕 단계'에 속할 가능성이 크다. 이는 보육교사가 영유아의 도덕성을 교육하고 지도하거나 영유아의 도덕적 행동을 이해하려 할 때, 영유아의 도덕적 사고가 보육교사의 도덕적 사고와 발달적으로 차이가 있음을 인식해야 함을 의미하는 것이다.

콜버그의 도덕성 발달 단계를 고려해 보면, 영유아의 도덕성 교육에도 발달에 적합한 교육 활동이 이루어져야 한다. 콜버그의 도덕성 발달 단계에 따르면 영유아가 자아중심적이고 자신을 먼저 생각하는 것은 그 단계의 도덕적 측면에서 자연스런 일이다. 이러한 영유아의 발달 특성을 고려해 볼 때, 자신의 이익을 먼저 생각하는 영유아의 행동을 옳고 그름의 판단에서 접근하는 것은 바람직하지 않다. 영유아가 하나밖에 없는 자동차 장난감을 혼자 차지하고 놀려고 할 때, 영유아의 행동을 도덕적으로 비난하기보다 다른 사람에 대해 관심을 갖거나 다른 사람에 대해 생각할 수 있는 기회로 그 상황을 활용하는 것이 영유아의 도덕성을 발달시키는 데 효과적이다. 대, 소집단 놀이나 바깥 놀이 등에서 단순한 규칙이 있는 게임을 통해 영유아가 도덕적 갈등 상황을 스스로 직접 해결할 수 있는 체험 기회를 주는 것은 영유아의 도덕성을 함양하는 데 도움이 된다.

주: 영유아의 도덕성 함양을 위한 교육 활동, 순서대로 놀잇감을 사용하는 활동

읽어 보자

하인츠의 딜레마

한 부인이 희귀한 암으로 죽어가고 있었다. 그런데 그 부인이 사는 마을에서 한 약사가 그 암을 치료할 것으로 기대되는 신약을 개발했다. 약사는 그 약을 만들기 위해 200달러를 투자했으며, 약 한 알에 2,000달러의 가격을 책정하였다. 죽어가는 부인의 남편 하인츠 씨는 있는 힘을 다해 돈을 융통하고자 애썼지만, 결국 1,000달러 정도밖에는 모으지 못했다. 하인츠 씨

는 약사를 찾아가서 아내가 죽어가고 있으니 제발 약값을 절반으로 깎아 달라고 애걸했지만, 약사는 이를 거절했을 뿐만 아니라 나중에 나머지 절반을 갚겠다는 요청까지도 거절하였다. 절망한 하인츠 씨는 결국 그날 밤 약사의 연구실에 침입하여 신약을 훔치게 되었다.

질문: 하인츠 씨는 왜 그래야만 했을까? 또는, 왜 그래서는 안 되었을까?

질문: 하인츠 씨의 판단에 대해서 어떻게 생각하는가?

출처: Kohlberg, L. (1981).

2) 전래동화를 활용한 영유아의 도덕성 함양

피아제나 콜버그의 인지발달론적 시각에서 보면 영유아의 도덕성과 교사의 도덕성은 질적으로 다르다. 그러므로 영유아의 도덕성 증진은 도덕적 발달 특성을 고려해 접근하는 것이 효과적이다. 영유아의 도덕성 중 공평성은 나눔과 협동처럼 유아기 도덕성을 증진시키는 데 유용한 주제다(김미해, 1992). 왜냐하면 공평성에 대한 인지적 추론이 유아기에 나타나기 시작할 뿐 아니라 또래 간에 장난감을 같이 사용해야 할 때, 놀이 순서를 정해야 할 때, 보상을 함께 나누어야 할 때 등 유아의 일상생활에서 공평성의 문제가 자주 발생하기 때문이다.

영유아 자신과 또래 모두에게 불공평하지 않도록 공평성의 문제를 해결하는 능력은 도덕성 발달에 중요하다. 공인숙, 유안진, 한미현, 김영주와 권혜진(2001)은 유아를 대상으로 전래동화를 활용해 공평성을 향상시키는 프로그램을 개발했다. 공평성 함양을 위해 전래동화를 활용한 것은 전래동화가 개인의 목표와 신념보다 공동체의 목표와 신념, 그리고 공동체적 결속과 조화를 강조하기 때문이다. 전래동화

가운데 '망부석을 재판하는 슬기로운 재판' 이야기나 '의좋은 형제의 볏단 나누기' 이야기는 공동체 안에서 부각되는 공평서의 의미를 찾아보고 이해하는 데 도움을 줄 수 있다.

공평성에 대한 추론도 자기중심적 추론 단계에서 복합 추론 단계로 발달(공인숙, 1996; Damon, 1980)하므로, 보육교사는 최상의 공평성 추론 단계가 아닌 유아의 공평성 추론 단계를 고려해 증진 프로그램을 구성해야 한다. 유아의 공평성 추론을 이해하기 위해 데이먼의 공평성 추론 수준을 살펴보면 다음과 같다.

(1) 데이먼(Demon, 1980)의 공평성 추론 수준

① 자기중심적 추론 단계
- 1수준- 소망지향(0~4세 이하): 공평성과 자신의 욕구가 혼돈된 단계. 공평성 추론보다 자신의 소망을 주장하는 단계(내가 갖고 싶으니까 가져야겠어)
- 2수준- 외적 특성지향(4~5세): 여전히 자신의 욕구를 반영하지만 공평 추론은 성별, 연령 등 외적 특성에 근거하여 나타나는 단계(우리가 나이가 많으니까 더 가져야겠어)

② 단순 추론 단계
- 3수준- 동등지향(5~7세): 모든 사람이 같은 양의 보상을 받아야 한다고 믿는 단계(싸우니까 무조건 똑같이 나누어 갖는다)
- 4수준- 호혜성지향(6~9세): 행위에서의 호혜성 원리를 통해 공평의 근거를 찾는 단계(일을 더 많이 한 사람이 더 가져야 한다)
- 5수준- 필요지향(8~10세): 도덕적 상대주의에 따라 보상이 이루어져야 한다고 봄. 따라서 빈곤이나 장애 등 특별한 필요를 가진 대상에게 더 많이 분배해야 한다고 믿는 단계(가난하니까 더 많이 나누어 줘야 해요)

③ 복합 추론 단계
- 6수준- 형평지향(10세 이상): 모든 경쟁적인 주장과 특정한 상황 조건을 고려하여 동등성과 호혜성을 조화시켜 분배해야 한다고 믿는 단계(일은 많이 하지 않았지

만 아팠기 때문이니 나눌 때 적게 주어서는 안 된다)

　유아의 공평성 증진 활동을 위해 전래 동화 '금은보석을 낳는 돌 이야기'를 유아들에게 들려주고, 하나 밖에 없는 돌을 어떻게 나누어 가져야 할지에 대해 질문해 본다. 유아가 형평지향의 공평성에 대해 이야기 하지 못하고 '형이 동생이 가졌으면 하니까' 또는 '동생이 형이 가졌으면 하니까'와 같이 소망지향이나 '형이니까 형이 가져야' 또는 '동생이니까 동생이 가져야'와 같이 외적 특성지향의 자기중심적 추론의 공평성을 이야기한다고 해서, 유아에게 공평성이 없거나 도덕성이 부족하다고 평가하고 더 높은 수준의 공평성을 교육하려고 하는 것은 적절하지 않다. 유아의 공평성은 보육교사와 다른 공평성일 뿐 틀리거나 잘못된 공평성이 아니므로 더 높은 수준의 공평성을 교육하려 하기보다 전래동화를 통한 문제 해결과정에서 유아 스스로 공평성에 대한 개념을 확장시킬 수 있는 기회를 제공하는 것으로 활용하는 것이 적절하다.

 해 보자

전래동화 '금은보석을 낳는 돌 이야기'를 듣고 생각 나누기 활동을 해 보자.

　옛날 어느 가난한 집에 우애가 좋은 젊은 두 형제가 살고 있었어요. 어느 날 두 형제가 냇가를 건너는데 물속에서 아름다운 색을 띠고 있는 돌을 보게 되었지요. 형님은 물속으로 들어가 예쁜 빛깔의 돌을 주워서 집안의 상자에 넣어 두었어요. 그런데 그 다음날 형제는 돌을 넣어 둔 상자 안에 금은보석이 가득 들어 있는 것을 보고 깜짝 놀랐어요. 알고 보니 돌은 금은보석을 낳는 신비한 능력을 가지고 있었던 거예요. 형님이 주워 온 돌 덕분에 형제는 큰 부자가 되었고 형과 동생은 재산을 똑같이 나누었어요. 그런데 재산을 나누는 과정에서 금은보석을 낳는 돌을 누가 가지느냐에 문제가 생겼어요. 형님은 동생에게 가져가라 하고 동생은 형님이 가져가야 한다고 하면서 서로 싸우게 되었어요.

질문: 돌은 누가 가져가야 할까요?

출처: 「금은보석을 낳는 돌 이야기」를 각색함

'오성 이항복의 감나무 이야기'를 듣고 생각 나누기 활동을 해 보자.

오래된 감나무에 감이 주렁주렁 달렸습니다. 오래 된 감나무인지라 감나무의 가지는 사방으로 널리 퍼졌어요. 그 감나무 가지 중 어떤 감나무 가지는 옆집 담장 너머로 뻗었을 뿐 아니라 그곳에도 감이 주렁주렁 열렸어요. 그러자 감나무 주인은 옆집에 찾아가 감나무 가지에 뻗은 감을 따가겠다고 했어요. 그러자 옆집 주인은 자신의 집 안에 들어온 감나무 가지에 끝에 난 감이니 자신의 감이라고 하면서 내어 줄 수 없다고 했지요. 두 사람은 서로 자신의 감이라고 하면서 다투기 시작했어요.

질문: 감나무 주인과 옆집 주인의 다툼은 어떻게 해결해야 할까요?

출처:「오성 이항복의 감나무 이야기」를 각색함

참고문헌

강두호(2015). 도덕성의 사회적 인습에 대한 위상. 윤리연구, 105, 61-82.

공인숙(1996). 유아 및 아동의 공평성에 관한 언어적 상호작용과 공평성 추론. 서울대학교 대학원 박사학위논문.

공인숙, 유안진, 한미현, 김영주와 권혜진(2001). 전래동화 활용 공평성 향상 프로그램이 유아의 공평성 추론에 미치는 영향. 한국가정관리학회지, 19(2), 23-30.

교육부, 보건복지부(2019). 2019 개정 누리과정 놀이이해자료. 서울: 교육부, 보건복지부.

권낙원(2009). 교사전문성으로서의 수업의 윤리적 측면. 학습자중심교과교육연구, 9(3), 19-41.

김미해(1992). 아동의 공평성 개념 및 우정 개념 및 분배행동과의 관계. 연세대학교 대학원 박사학위논문.

김은설, 박수연(2011). 보육교사의 도덕성과 윤리 실천 수준의 관계 연구. 유아교육학회논집, 15(3), 207-226.

문미희(2006). 예비교사를 위한 인권의식 함양 프로그램의 개발과 효과 검증: Rest의 도덕성의 4구성요소 모형을 중심으로. 교육심리연구, 20(2), 341-362.

문미희(2007). 예비교사를 위한 전문가 도덕성 교육 프로그램이 도덕성의 4구성요소 발달에 미치는 효과. 학습자중심교과교육연구, 7(1), 165-188.

이명숙(2011). 청소년의 도덕적 민감성 측정을 위한 탐색적 연구. 청소년학연구, 18(8), 1-2.

이용교(2004). 영유아보육시설과 유아교육기관에서 영유아의 참여권의 신장 방안. 아동권리연구, 8(2), 169-188.

이인재(2016). 학교 인성교육의 체계적 접근과 교사의 역량. 한국윤리교육학회, 39, 271-300.

이지혜(2015). 예비교사의 도덕성 구조 모형 검증: 통합적 접근 모형을 바탕으로. 교육심리연구, 29(3), 569-589.

이혜정(2007). 도덕 영역을 재구성하기 위한 모성적 윤리 연구. 한국여성철학, 8, 91-113.

임연기, 문미희, 정현승(2007). 교사의 도덕성. 충남: 공주대학교 사범대학 특성화사업단.

서영숙, 서혜정, 김진숙(2009). 유아권리와 권리교육에 대한 보육교사 인식 및 요구분석. 유아교육·보육행정연구, 13(3), 213-232.

심성보(2016). 공감적 도덕성의 요청과 홀리스틱 교육의 방향. 홀리스틱교육연구, 20(1), 1-20.

정옥분, 곽경화(2003). 배려지향적 도덕성과 정의 지향적 도덕성. 서울: 집문당

조난심, 문용린, 이명준, 김현수, 김현지(2004). 인성평가 척도 개발을 위한 기초 연구. 한국교육과정평가원.

최미숙(2006). 유아교육과 졸업반 학생들의 공감적 이해와 배려지향적 도덕성이 교사 역할수행 인식에 미치는 영향. 유아교육연구, 26(5), 425-443.

최지영(2010b). 딜레마 토론을 활용한 협동학습에서의 도덕적 민감성 연구. 열린교육연구, 18(4), 171-194.

최지영(2010a). 전문가윤리의 관점에서 본 교사의 도덕성에 대한 탐색적 논의. 교육발전연구, 25(1), 73-90.

허영주(2014). 중등 예비교사의 정의 및 배려지향적 도덕성 발달 수준 비교. 한국교육학연구, 20(1), 201-227.

허재홍, 이찬종(2010). 공감지수 척도의 심리측정 속성. 인문과학연구, 24, 183-200.

Baron-Cohen, S. & Wheelwright, S. (2004). The empathy quotient: An investigation of adults with Asperger syndrome or high functioning autism, and normal sex differences. *Journal Autism Developmental Disorder, 34*(2), 163-175.

Bryant, B. (1982). An index of empathy for children and adolescents. *Child Development, 53*, 413-425.

Demon, W. (1980). Patterns of change in children's social reasoning: A two-year longitudinal study. *Child Development, 51*, 1010-1017.

Davis, M. H. (1994). *Empathy: A social psychological approach*. Florida: Westview Press.

Day, C. (2000). Stories of change and professional development: The costs of commitment.

In C. Day, A. Fernandez, T. Hauge & J. Moller (Eds.), *The life and work of teachers: International perspectives in changing times* (pp. 109-129). London: Falmer Press.

Gilligan, C. (1982). *In a different voice: Psychological theory and women's development.* Cambridge, Massachusetts: Harvard University Press.

Jalongo, M. P., & Isenberg, J. F. (2000). *Exploring your role: A practitioner's instruction to early childhood education.* NJ: Upper Saddle River, Prentice-Hall.

Kohlberg, L. (1981). *Essays on moral development, Vol. I: The philosophy of moral development.* San Francisco, CA: Harper & Row.

Lansdown, G. (2005). *The evolving capacities of the child.* Florence, Italy: UNICEF Innocnti Reserch Centre.

Noddings, M. (1984). *Caring: A feminine approach to ethics & moral education.* University of California Press.

Rest, J. R. (1983). Morality. In P.H. Mussen (Ed.). *Handbook of child psychology* (4th ed.) Vol. 3: *cognitive development* (In J. H. Flavell & E. M. Markman, Eds.) (pp. 556-629). New York: John Wiley.

Rest, J. R. (1986). *Moral development: Advances in research and theory.* New York: Praeger.

Rest, J. R. (1994). Background: Theory and research. In J. R. Rest & D. Narvaez, (Eds.) *Moral development in the professions: Psychology and applied ethics.* (pp. 1-26). Hillsdale, NJ: Lawrence Erlbaum Associates.

Rogers, C. R. (1975). Empathic: An unappreciated way of being. *The Counseling Psychologist, 5,* 2-10.

제11장

보육교사의 자기이해와 성격유형

1. 보육교사의 자기이해와 성격

교사됨에 있어 교사의 자기이해는 중요하다(Cole & Knowles, 1994; Connelly & Clandinin, 1988; Noddings, 1984). 자신에 대해 올바로 이해하는 교사는 영유아도 올바르게 이해하고 수용한다.

교사의 자기이해 중 하나로 성격에 대한 이해를 꼽을 수 있다. 성격은 학자들에 따라 다르게 정의된다. 잘 알려진 바와 같이 프로이트(Freud)는 성격을 이드, 자아, 초자아로 구분하였다. 이드는 본능을 추구하는 검은 말로, 초자아는 도덕과 윤리를 추구하는 하얀 말로, 자아는 이드와 초자아를 조절하는 마부로 비유했다. 인본주의 심리학자인 칼 로저스(Carl Rogers)는 성격을 조직적이고 항구적으로 지각된 실체라고 보았다. 올포트(Allport)는 한 개인의 진짜 모습으로서, 개인의 활동을 지시하고 이끌어가는 인간 내부에 있는 '그 어떤 것'이라고 정의했다. 켈리(Kelley)는 개인이 자기의 생활경험으로부터 의미를 만들어 가는 스스로의 독특한 방법이라고 했다.

하지만 각 학자들의 성격이론에서 나타나는 공통점을 살펴보면, 첫째, 성격은 행동을 관찰하여 추론 가능한 추상적인 가설 구조 혹은 구성체라는 점이다. 둘째, 개인의 독특성으로서 다른 사람과 구분되는 특수한 자질이다. 셋째, 성격은 유전 및 사회경험, 환경에 의해 변화 가능한 것이며 과정적인 것이다.

종합적으로 볼 때 성격이란 한 개인이 가지는 남과 구별되는 지속적이고 기본적인 속성이라고 할 수 있다. 성격은 다른 사람과 상호작용하는 방식에도 영향을 미친다. 또한 인지, 감정, 행동을 결정하는 데도 중요한 영향을 미친다. 똑같은 사물을 보고도 성격에 따라 어떤 사람은 과거를 회상하고, 다른 사람은 미래를 예상한다.

교사의 성격은 교육 신념(김효은, 이소은, 2016; 박은혜, 2003)이나 교사 효능감(단현국, 2006), 교수유형(김인옥, 2009), 직무만족도(임수엽, 2012), 자기효능감(김효은, 이소은, 2016), 조직몰입 수준(박현주, 2011), 전문성에 대한 인식(강원미, 문혜련, 2017) 등과 관련되어 있다. 이외에도 교사의 성격은 영유아에 대한 이해에도 영향을 미친다. 뿐만 아니라 보육실의 물리적 환경을 어떻게 구성하고 유지하는지, 보육실의 정서적 환경, 영유아와의 상호작용에도 관련이 있다.

또한 보육교사의 성격은 보육과 관련된 각 요인의 매개변인으로 작용하기도 한다. 박수진과 채승희(2020)는 영유아 교사의 전문성 인식과 영유아 권리존중 실행과의 관계에서 성격요인이 매개효과를 지님을 밝혔다.

이상의 연구에서 성격을 측정하는 지표는 주로 MBTI 성격유형과 애니어그램이다. 애니어그램은 인간의 성격을 9개 유형으로 나눈다. 이에 비해 MBTI 성격유형은 4개 선호지표에 따라 16개 유형으로 구분한다. 애니어그램은 유형분류와 각 유형에 대한 이해에 그치지만, MBTI 성격유형은 선호지표를 통하여 성격 특성의 강약과 반대 성격에 대한 이해를 포함한다. 그렇기 때문에 MBTI 성격유형은 보다 측정이 용이하고, 교육현장에서 실제적이고 즉각적인 적용이 가능하다. 이에 다음에서는 보육교사의 성격을 측정하는 지표 중 하나인 MBTI 성격유형에 따른 보육교사로서의 장점과 단점을 살펴볼 것이다.

2. 보육교사와 MBTI 성격유형

MBTI(Myers-Briggs Type Indicator)는 융(Jung)의 심리유형론을 바탕으로 마이어스-

브릭스(Myers-Briggs)가 개발한 것이다. MBTI는 개인의 행동에는 차이가 있으며, 이 차이는 기본적인 선호경향 때문이라고 보았다(김정택, 심혜숙, 제석봉, 2007). 오른손, 왼손을 써서 자신의 이름을 써 보면, 자신이 주로 쓰는 손이 훨씬 편하고 잘 쓸 수 있다는 것을 알 수 있다. 이처럼 사람마다 행동하고 사고하는 데 있어 자연스럽고 편한 방식이 있으며 이를 선호경향이라고 한다. 오른손을 쓰는 것이 왼손을 사용하는 것보다 나은 것이 아닌 것처럼 선호경향은 정상과 비정상 혹은 우월과 열등의 개념이 아니다. 예를 들어, 지능은 지능지수 100인 영유아가 80인 영유아보다 우수하다고 보는 반면, MBTI 성격유형에서는 어느 유형이 다른 유형보다 우수하다고 보지 않는다. 단지 다를 뿐이다.

MBTI 성격유형은 개인의 성격을 16개 유형으로 분류하고 각 유형마다 강점과 약점이 있다고 보았다. 각각의 유형은 대인관계, 생활양식, 의사결정 등에서 특성을 지닌다. 보육교사도 성격유형에 따라 영유아를 대하는 방식, 부모와의 관계, 교수방법 등에서 차이가 있을 것이다. 예를 들어, 내향형의 보육교사는 소수의 사람과 깊은 관계를 맺는 장점이 있는 반면, 외향형 교사가 가지는 활기차고 폭넓은 대인관계를 하기는 어렵다. 하지만 자신의 성격유형의 장점을 잘 살린다면 영유아에게 깊은 영향을 미치는 의미 있는 교사로 남을 수 있다.

MBTI 성격유형에서는 선호경향을 내향형과 외향형, 감각형과 직관형, 사고형과 감정형, 판단형과 인식형으로 나누었다. 이 네 가지 선호지표의 특성은 다음과 같다(〈표 11-1〉 참조).

첫째, 외향형과 내향형이다. 에너지를 자기 안에서 얻는 경우는 내향형이며, 자기 바깥에서 얻는 것은 외향형이다. 내향형은 혼자 있을 때 에너지가 생기며, 외향형은 다른 사람으로부터 에너지를 얻는다. 외향형은 타인으로부터 에너지를 얻기 위해 폭넓은 인간관계를 맺는다. 내향형은 여러 사람을 만나면 피곤하고 혼자 있는 걸 선호한다.

둘째, 감각형과 직관형이다. 이는 정보를 얻는 방법에 관한 것이다. 감각형은 시각, 청각, 촉각, 미각, 후각과 같은 다섯 가지 감각을 통해 정보를 수집한다. 직관형은 직관을 통해 정보를 얻는다. 감각형은 현실감각과 세심함을 지니고 있다. 반면에 직관형은 미래를 보는 비전과 통찰력이 있으며 숨겨진 행간을 읽는 능력이 있다.

셋째. 사고형과 감정형이다. 이는 의사결정을 하는 판단 기능과 관련된 것이다.

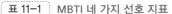

표 11-1   MBTI 네 가지 선호 지표

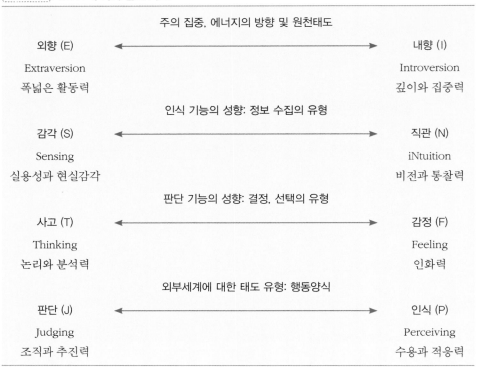

사고형은 합리적인 사고과정을 거쳐 옳고 그른 것을 판단한다. 반면 감정형은 관계
와 맥락 안에서 개인의 감정으로 고려하여 결정한다.

넷째, 판단형과 인식형으로 행동양식과 관련되어 있다. 판단형은 자신의 목적에
맞게 상황을 조직해 내고 바꾸려고 하는 반면, 인식형은 상황에 맞춰 자신을 적응해
가고 수용시킨다.

이상의 4개 지표를 조합하면 4×4로 16개 MBTI 성격유형이 도출된다. 16개 MBTI
성격유형은 다음 〈표 11-2〉와 같다.

〈표 11-2〉에서 보는 바와 같이 개인은 각각의 선호지표 중 한쪽에 위치한다. 예
를 들어, 한국사람 중에 가장 많은 비중을 차지하는 ISTJ 성격유형의 경우 내향형과
외향형 중에서 내향적 성향(I), 감각형과 직관형 중에서 감각적 성향(S), 사고형과
감정형 중에서 사고형(T), 판단형과 인식형 중에서 판단형(J)의 조합을 가진다. 이들
은 집중력이 높으며 현실감각으로 실질적이고 조직적으로 일한다. 의례를 중요하

표 11-2 MBTI 16개 성격유형

ISTJ	ISFJ	INFJ	INTJ
세상의 소금형	임금 뒤편의 권력형	예언자형	과학자형
한번 시작한 일은 끝까지 해내는 사람들	성실하고 온화하며 협조를 잘하는 사람들	사람과 관련된 것에 통찰력이 뛰어난 사람들	전체적으로 조합하여 비전을 제시하는 사람들
ISTP	ISFP	INFP	INTP
백과사전형	성인군자형	잔다르크형	아이디어뱅크형
논리적이고 뛰어난 상황 적응력을 가지고 있는 사람들	따뜻한 감성을 가지고 있는 겸손한 사람들	이상적인 세상을 만들어 가는 사람들	비평적인 관점을 가지고 있는 뛰어난 전략가
ESTP	ESFP	ENFP	ENTP
수완좋은 활동가형	사교적인 유형	스파크형	발명가형
친구, 운동, 음식 등 다양한 활동을 선호하는 사람들	분위기를 고조시키는 우호적인 사람들	열정적으로 새로운 관계를 만드는 사람들	풍부한 상상력을 가지고 새로운 것에 도전하는 사람들
ESTJ	ESFJ	ENFJ	ENTJ
사업가형	친선도모형	언변능숙형	지도자형
사무적·실용적·현실적으로 일을 많이 하는 사람들	친절과 현실감을 바탕으로 타인에게 봉사하는 사람들	타인의 성장을 도모하고 협동하는 사람들	비전을 가지고 사람들을 활력적으로 이끌어 가는 사람들

출처: 한국 MBTI 연구소(2014).

게 여기며 반복적인 생활을 편하게 느낀다. 꼼꼼하며 위험을 감수하지 않는다. ISTJ 성격유형인 보육교사라면 매일매일 반복적인 일과를 잘 수행해 내며 영유아를 꼼꼼하게 잘 보살필 수 있다. 하지만 영유아의 상상에 동참하는 역할놀이에 참여하는 데 불편함을 느끼기도 한다.

영유아의 성격유형 중 가장 많은 비중을 차지하는 유형은 ENFP이다. 이들은 ISTJ 와 정반대인 외향형, 직관형, 감정형, 인식형의 특성을 가진다. 이들은 열성적이며 창의적이고 호기심이 많다. 쉬지 않고 움직이며 누구에게나 친밀함을 느낀다.

같은 유형이라도 각 지표의 선호 정도에 따라 다르게 느껴질 수 있다. 예를 들어, 사고형이긴 하지만 그 정도가 심하지 않은 경우 감정형의 특성도 많이 보일 것이다.

이런 경우 사고형에 대한 설명이 자신과 잘 맞는다고 생각하지 않는다. 또한 각각의 성격유형은 주기능과 열등기능을 가진다. ISTJ의 경우 주기능은 감각형이고 열등기능은 직관형이다. 즉, 이들은 현실적이고 세심하다. 하지만 지나치게 꼼꼼해서 전체적인 맥락을 잃기 쉽다. 〈표 11-2〉에 굵은 글씨로 주기능을 표시해 놓았다.

MBTI 성격이론에서는 태어날 때부터 특정 기능을 선호한다고 본다. 자신의 타고난 선호기능을 사용하면 강화를 받아 더 잘할 수 있다. 즉, 자신의 선호기능을 사용하면서 이 기능과 관련된 행동이나 기술이 발달된다. 그런데 환경적 요인에 의해 타고난 선호기능을 사용하지 못하고 반대의 기능을 사용한다면 만족감이나 유능감을 느끼기 어렵다. 따라서 청년기까지는 자신의 주기능을 충분히 사용하는 것이 바람직하다. 그 후에 열등 기능을 발달시키는 것이 바람직하다. 다시 말하면 인생의 초기에는 주기능을 발달시키고, 중년기 이후에는 열등기능을 의도적으로 사용하여 발달시킴으로써 각 기능의 조화를 이루는 것이 바람직한 성격발달이라고 할 수 있다.

해 보자

▶ 교내 학생생활 센터에서 자신의 성격유형을 검사해 보자.

어떤 과일이 가장 좋은 과일이냐는 물음은 어리석은 질문인 것처럼 어떤 성격유형이 좋다 나쁘다고 할 수 없다. 또, 보육교사로서 바람직한 성격유형이 따로 있는 것도 아니다. 융의 말처럼 '존재가 개별화가 되는 것', 자신이 자신의 심리유형을 인식하고, 가장 자신다운 자기가 되는 것, 자신을 찾아가는 것이 중요하다. 이 과정을 잘 거친 교사라면 누구라도 좋은 보육교사가 될 수 있다.

1) 외향형-내향형: 주의 집중과 에너지의 방향, 원천

MBTI 성격유형의 첫 번째 지표인 외향형과 내향형(Extraversion-Introversion: EI)의 특성을 정리하면 〈표 11-3〉과 같다.

표 11-3 외향형과 내향형의 선호경향 비교

외향형(E)	내향형(I)
주의 집중-자기 외부	주의 집중-자기 내부
외부활동과 적극성	내부 활동과 집중력
폭넓은 대인관계 (다수)	깊이 있는 인간관계 (소수)
말로 표현	글로 표현
소모에 의한 에너지 충전	비축에 의한 에너지 충전
사교성	자기 공간
인사를 잘한다	이름과 얼굴 기억 못함
여러 사람과 동시 대화	1:1의 대화
정열적 · 활동적	조용하고 신중
경험한 다음에 이해	이해한 다음 경험
쉽게 알려짐	서서히 알려짐

외향형은 외적세계를 지향하고, 인식과 판단을 외부세계와 환경에 초점을 두는 경향이 있다. 이들은 외부세계의 일을 통해 에너지를 얻는다. 외부세계로부터 에너지를 얻기 위해서는 외적인 경험과 타인이 필요하다.

외적경험과 타인과의 상호작용은 이들을 활달하고, 외향적인 사람이 되게 한다. 이들은 생각이 떠오르면 바로 이야기하고, 상황에 직접 뛰어들어 경험한다. 학습을 하기 위해서는 혼자 있기보다 다른 사람이나 사물과 상호작용한다. 아이디어나 에너지를 얻기 위해 항상 주변을 탐색한다. 말이 많고 적극적으로 행동하며 솔직하고 자유스럽다. 친구들이 많고 새로운 것에 대한 호기심과 용기가 있다.

외향형 교사는 자신의 외향적인 특성을 살려 다양하고 활동적인 수업을 진행할 수 있다. 예를 들면, 인터뷰나 구연자료, 조사 연구, 연극, 시연 등을 잘한다. 영유아들이 질문하는 것을 편하게 여기고 잘 설명한다. 영유아나 부모와 관계 맺는 것을

해 보자

▶ 같은 유형의 사람들과 모여 우리의 장점을 찾아보자. 보육교사가 된다면 어떤 점에서 강점을 발휘할지 예상해 보자.

즐거워한다. 또 지역사회와의 연계활동에도 자기의 장점을 발휘할 수 있다. 외향형 교사의 교실은 늘 생기 있고 활기차다.

외향형 교사는 내향형 영유아를 이해하고 돌보는 데 어려움을 갖는다. 예를 들어, 내향형 영유아가 말하기를 기다려 주기가 어렵다. 또한 혼자 있기를 좋아하는 내향형 영유아를 이해하기도 어렵다. 혼자 있는 영유아를 용납하기보다는 다가가서 말을 걺으로써 영유아의 개인적인 공간과 시간을 방해하는 경향이 있다. 영유아에게 지나치게 관여하는 것이 외향형 교사의 한계라고 할 수 있다.

이러한 외향형 교사는 혼자 있기를 좋아하고, 말이 없는 내향형 영유아도 잘 자라리라는 믿음을 갖는 것이 필요하다. 사실 이는 자신과 다른 타인에 대한 이해이기도 하다. 외향형 교사는 자신의 교실에 있는 내향형 영유아를 위해 속도를 늦출 필요가 있다. 사람과 사물과 관계를 맺는 데 좀 느리고 시간이 필요한 내향형 영유아가 있다는 사실을 잊지 말아야 한다. 하지만 교사 자신을 위해서는 많은 사람을 만나고 다양한 활동을 할 필요가 있다. 그것은 외향형 교사가 에너지를 얻는 방식이기 때문이다.

내향형 교사는 자신의 내부로부터 에너지를 얻는다. 그렇기 때문에 내적인 세계를 지향하고 생각을 많이 한다. 외향형과 달리 행동보다는 생각을 함으로써 세상을 이해해 나간다. 이들은 움직이기보다는 생각하는 일을 더 편하게 여긴다. 내향형 교사는 대인관계에서 침착하고 조용하다는 인상을 주며, 낯선 사람들이나 윗사람에게 말을 걸기 어려워한다. 누가 물어봐도 대답만 하는 편이고, 말로 자기를 표현하는 것보다는 글로 자신을 표현하는 것이 더 쉽다. 폭넓은 대인관계보다는 소수와 깊은 관계를 유지한다.

이러한 특성을 지닌 내향형 교사는 개별 영유아를 주의 깊게 관찰하고 이해할 수 있다. 영유아에게 활동을 주도하거나 강요하지 않고 스스로 활동하고 상호작용하도록 뒤에서 지켜보는 교사이다. 영유아의 활동이 지나치게 자극적이거나 활동적이지 않도록 하며 한 번에 한 유아씩 집중할 수 있다.

내향형 교사는 집중력이 강하기 때문에 여러 가지 일을 동시에 하는 것이 힘들다. 또한 활동적인 영유아와 보조를 맞추기 위해 에너지 수준을 높이는 것도 어렵다. 또 즉흥적인 영유아의 질문에 즉각적으로 대답하는 것도 불편하게 여겨질 수 있다. 특히 사고형이면서 내향형인 교사의 경우 일부러라도 밝은 얼굴을 하지 않으면 다른 사람이 쉽게 말을 걸기 어렵다.

내향형 교사들이 알아야 할 것은 자신을 돌보기 위해서 하루에 30분 정도 조용한 시간을 가지는 것이 필요하다는 것이다. 일과가 시작되기 전이나 후에 혼자서 에너지를 충전할 시간을 확보하는 것이 좋다. 또한 보육실에서 일어나는 영유아의 활동에 모두 참여할 필요도 없다는 것을 알아야 한다. 교사가 개입하지 않고도 영유아가 외적 자극과 활동을 유지할 수 있는 다른 방법을 찾아 적용해 볼 수도 있다. 예기치 않은 질문에 대답하는 데 생각할 시간이 필요하므로, 그럴 경우 잠깐만 기다려 달라든가, 메모할 시간을 요구하면 좀 더 쉽게 응답할 수 있다.

영유아 교사의 성격유형에 대해 알아본 연구(김선영, 이지영, 2004; 김효은, 이소은, 2016; 단현국, 2006; 황희숙, 강승희, 2005)에서는 외향형 교사가 내향형 교사보다 더 많았다. 일반적으로 여성의 경우 외향성보다 내향성이 약간 많은(김정택, 심혜숙, 제석봉, 1995) 것과 다른 결과이다. 이는 보육교사의 특성이 Ayers(1989)가 언급한 바와 같이 영유아에게 직접적으로 말해야 하고 개방적인 것과 관련이 있다고 볼 수 있다. 또는 MBTI 성격유형이란 생래적인 것이 아니라 환경에 의해 바뀌는 것임을 고려해 볼 때 외향성이 보육교사를 많이 선택할 수도 있지만 보육교사로 일하다 보면 외향성으로 선호지표가 바뀌기 때문에 외향성 교사가 많은 것으로 나타나는 것일 수도 있다.

 읽어 보자

[ENFP 교사의 특징]
• 이 유형의 교사들은 따뜻하고 정열적이다. 늘 활기차고 상상력이 풍부하다. 다른 사람에게 관심이 많으며, 온정적이다. 즉흥적이며 늘 새로운 것을 원한다. 융통성을 발휘하여 문제를 잘 해결한다.
• 타인에게 관심이 많고 잘 도울 수 있는 자질이 있다는 점에서 좋은 보육교사가 될 수 있다. 하지만 어린이집에서의 반복되는 일과운영을 따르는 것이 어렵다. 비 오는 아침에 우산을 들고 일과에 정해져 있지 않은 산책을 나가는 것이 영유아에게 반드시 나쁘지는 않지만 미리 계획되고 예측 가능한 일과운영을 하도록 노력할 필요가 있다. 영유아의 일상을 세밀하게 보살피는 것도 이 유형의 교사들에게 쉬운 것은 아니다. 감정의 기복이 심하고, 좋고 싫은 것이 분명하다. 이 문제를 해결하기 위해 규칙적인 운동을 하고, 좋아하는 일만 하기보다 우선순위에 맞추어서 하는 것이 필요하다. 또 영유아를 공평하고 객관적으로 대할 필요가 있다는 것도 염두에 두어야 한다.

2) 감각형-직관형: 정보 수집 (인식) 기능

MBTI 성격유형의 두 번째 지표는 감각형과 직관형(Sensing-iNtuition: SN)이다. 감각형과 직관형이란 정보를 수집하는 인식 방법을 말한다. 감각형의 경우 미각, 촉각, 청각, 시각과 같은 감각에 의해 정보를 수집한다. 구체적으로 볼 수 있고, 들을 수 있고, 냄새 맡을 수 있는 것을 신뢰하고 필요한 정보로 받아들인다. 직관형은 감각이 아니라 직관에 따라서 정보를 수집한다. 보이고 느껴지는 감각이 아니라 보이지 않는 직관에 의해 인식하므로 상상력이 풍부하고 미래지향적이다.

감각형과 직관형의 특성을 표로 정리하면 〈표 11-4〉와 같다.

감각기능(S)을 선호하는 사람들은 자신의 내적, 외적세계에 대한 정보를 오감을 통하여 받아들인다. 감각형들은 현재 이 상황(Here & Now)에 무엇이 주어졌는가를 수용하고 처리하는 경향이 있으므로 현실적이고 실용적인 특징을 지닌다. 이런 사람들은 대체로 현재를 있는 그대로 즐기고 순서에 입각해서 차근차근 업무를 수

표 11-4 감각형과 직관형의 선호경향 비교

감각형 (S)	직관형 (N)
오감	육감
지금 현재에 초점	미래 가능성에 초점
사실적이고 구체적	상상적이고 영감적
실태파악	가능성과 의미를 추구
현실 수용적	미래지향적
정확 철저한 일 처리	신속 비약적인 일 처리
일관성, 일상성 유지	변화와 다양성
사실적 사건 묘사	비유적, 암시적 묘사
관례에 따르는 경향	새로운 시도 경향
가꾸고 추수함	씨 뿌림
나무를 보려는 경향	숲을 보려는 경향
과거, 현실 안주형	미래, 비전이 있다
지각 있는	상상력 있는
차례로	임의대로
안내에 따라	예감에 따라

행해 나가고 근면성실하다. 이들은 관례에 따르며 안내에 따라 차례대로 일을 처리한다. 익숙한 것을 좋아하고 반복적인 것을 편안하게 여긴다.

감각형 교사는 영유아와 반복적인 일과운영을 하는 데 편안함을 느낀다. 영유아의 먹이고 입히고 씻기는 영유아의 기본적인 욕구를 잘 보살핀다. 영유아에게 시청각을 활용한 풍부한 감각적인 경험을 제공할 수 있다. 영유아에게 필요한 실제적인 것을 잘 가르친다.

그러나 이들은 영유아의 환상이나 상상을 이해하고 동참하기 어렵다. 영유아와 역할놀이, 혹은 가장놀이를 할 때 '그런 척 하기'가 불편하게 여겨지기 쉽다. 또 일반적인 상식에 벗어난 듯한 영유아나 부모를 이해하기도 어렵다. 예를 들면, 책의 맨 뒷부분을 먼저 읽어버리는 직관형 영유아를 받아들이기 어렵다. 또 전체적인 상을 그리고자 하는 직관형 영유아를 비실제적이거나 관찰력이 없다고 생각하기 쉽다. 특히 ISFJ나 ISTJ와 같은 주기능이 감각형인 교사라면 사소한 일에 얽매여 앞으로 나가기 어려운 경우가 종종 있다. 또 영유아의 어려움이 영원히 지속될 것처럼 느끼기 쉽다. 예를 들어, 배변훈련이 어려운 영유아가 결코 기저귀를 떼지 못할 것처럼 여겨진다. 감각형 교사가 기억해야 할 것은 영유아가 언젠가는 발달과업을 해결하고 다음 단계로 넘어갈 것이라는 것이다.

감각형 교사는 직관형 영유아의 아이디어와 상상력을 실현하는 것에 굳이 동참할 필요는 없다. 단지 직관형 영유아에게 필요한 시간과 공간을 제공하는 것으로 충분하다. 예를 들어, 영유아가 역할놀이를 할 때 군이 불편해하며 영유아의 상상에 동참할 필요는 없다. 하지만 사물을 좀 더 새롭게 보도록 노력할 필요는 있다. 새로운 가능성을 모색하고 새로운 방식으로 사고하기 위해 직관형 친구를 두고, 브레인스토밍하면 좋다.

정보를 수집하는 데 직관기능(N)을 선호하는 사람들은 심오한 의미와 전체적인 관계를 잘 알아낸다. 직관형들은 전체를 파악하고 본질적인 패턴을 이해하려고 애

해 보자

▶ 같은 유형의 사람들과 모여 우리의 어려운 점을 찾아보자. 보육교사가 된다면 어떤 점에서 어려움을 겪을지 이야기를 나눠 보자.

쓰기 때문이다. 직관형 교사들은 새로운 가능성이나 방식을 선호한다. 반복되고 일상적인 것보다는 새롭고 평범하지 않은 것을 추구한다. 상상력과 영감에 더 큰 가치와 비중을 둔다. 이들은 현재에 머무르기보다 미래의 성취와 변화, 다양성을 더욱 즐기고 전체를 보기 위해 세밀한 사항은 간과하는 편이다.

이들은 맥락을 벗어난 난데없는 질문을 많이 한다. 감각형인 사람들은 직관형들의 난데없는 질문을 이해하기 어렵다. 감각형들이 처음부터 차례대로 책을 읽는다면 직관형들은 책의 마지막 부분을 먼저 보기도 하고 같은 책을 여러 번 보는 것을 좋아한다. 교사에게 같은 이야기를 계속 해 달라고 조르는 영유아들도 직관형이다. 직관형들은 비유나 상징으로 말하고 생각한다. 예를 들어, '사과'라고 한다면 감각형은 붉고 신맛을 떠올린다면 직관형은 선악과나 빌헬름 텔의 사과를 상기한다.

직관형 교사들은 영유아의 창조성과 상상력을 높이 평가한다. 영유아에게 흥미로운 방식으로 창의적이고 새로운 방식으로 활동을 제시한다. 직관형 교사들의 가장 좋은 점은 영유아의 현재를 보기보다 미래를 본다는 것이다. 현재 영유아가 어떤 문제점을 지니고 있더라도 영유아의 독특한 잠재력을 찾아서 북돋아 줄 수 있다.

직관형 교사들은 단순하고 반복적인 일상을 힘들어한다. 매일매일 반복되는 어린이집 일과운영이 지루하게 여겨진다. 영유아들과 상상놀이를 하는 것은 즐겁지만 점심식사 전후에 손을 씻기고 이를 닦는 것은 힘들다. 구체적이고 실제적이지 못해서 어떤 일을 하는 데 얼마나 많은 시간과 노력이 필요한지 파악하는 것이 어렵다. 주어진 과제를 금방 할 수 있을 거라고 생각하지만 실제로 하다 보면 생각보다 많은 시간과 노력이 필요한 것을 알게 된다. 따라서 영유아에게 과제를 제시할 때도 세부적이고 구체적으로 하기 어렵다. 이들은 감각형 유아가 느리고 답답하게 여겨진다. 3~4년 정도의 경력을 가진 직관형 교사는 매학기 반복되는 보육교사로서의 역할에 지루함을 느끼기 쉽다.

직관형 교사가 만약 보육교사로서의 역할에서 더 이상 의미를 발견하기 어려울 때 새로운 경력을 시도하는 것도 필요하다. 보육과 관련한 다른 일을 시도해 보거나 대학원에 진학하는 것도 좋은 방법이다. 직관형 교사가 스스로를 돌보는 것은 새로운 아이디어, 관점, 꿈을 품는 것이기 때문이다. 이들은 또한 좀 더 구체적이고 세밀할 필요가 있다. 명작은 세부적인 것까지 완벽한 경우에 탄생하는 것임을 알아야 한다. 사소한 것도 중요하다는 것을 기억해야 한다. 천 리 길도 한 걸음부터 시작하는 것을 알아야 한다. 감각형 영유아의 재능과 명석함을 신뢰할 필요가 있다. 감각형 영유아에게 맞는 방식으로 과제나 활동을 제시하는 방법을 배워야 한다.

　단현국과 유영의(2006)의 연구 결과에서 볼 때, 영유아 교사는 감각형이 더 많았다. 이외의 다른 선행연구(김선영, 이지영, 2004; 황희숙, 강승희, 2005)도 마찬가지이다. 이는 감각형 교사들이 영유아에게 직접적인 감각 경험을 제공하고 구체적이고 실제적인 돌봄을 제공하는 데 좋은 특성을 지닌다고 볼 수 있다. 하지만 상상력이 풍부하고 창의적이며 미래지향적인 성향이 부족하므로 이러한 특성을 계발할 수 있는 교사의 자기계발과 교사교육프로그램이 제공될 필요가 있다.

 읽어 보자

[INFP 교사의 특징]

- 이 유형은 많지 않다. 내향적이며 이상을 추구하는 유형이다. 겉보기엔 부드러워 보이지만 자신의 이상이나 원칙이 침해당했다고 여겨지면 거기에 굳건히 맞선다. 이러한 특성 때문에 이들을 잔다르크 유형이라고 한다. 현실적인 이익이 있든 없든 양심과 미덕을 좇아 자신만의 삶을 산다. 나름대로의 독특한 스타일이 있으며, 아무리 비관적인 상황에서도 끝까지 희망을 찾는 유형이다. 이들이 보육교사라면 다른 교사들이 다 힘들다고 하는 영유아를 끝까지 포기하지 않고 돌본다.
- 보육교사로서의 장점은 영유아와 적절한 은유나 이야기를 사용하여 의사소통을 한다는 것이다. 영유아의 창의성과 상상력을 북돋울 수 있다. 또한 내향적이면서도 감정형인 이들은 영유아 하나하나에게 깊은 관심과 돌봄을 제공할 수 있다.
- 하지만 영유아에게 현실적이고 실제적인 돌봄을 제공하는 것이 어려울 수 있다. 자신이 생각하는 이상적인 보육이 실현되고 있지 않다고 생각할 때 교사로서의 역할을 수행하기 어려워한다. 일상이 반복되고 더 이상 변화가 일어나지 않는다고 생각될 때 심리적 어려움을 느낀다.

3) 사고-감정: 의사 결정 (판단)기능

MBTI 성격유형의 세 번째 지표는 사고형과 감정형(Thinking-Feeling: TF)이다. 두 번째 지표인 감각과 직관을 통해 얻어진 정보를 바탕으로 논리적인 사고과정을 통해 의사결정을 한다면 사고형이라고 할 수 있다. 이와 달리 주관적인 좋고 나쁨이나 사람들과의 관계를 고려해서 의사결정을 한다면 감정형이다.

예를 들어, 친구가 돈을 빌려달라고 한다면, 사고형은 그 친구가 돈을 갚을 수 있을지, 어떻게 받을지, 언제 받을지를 생각하고 결정한다. 반면 감정형은 안 빌려 주면 그 친구와의 관계가 어떻게 될지 생각하면서 결정한다. 사고형과 감정형 모두 똑같이 돈을 빌려 준다 하더라도 의사결정의 과정이나 판단 기준이 다르다. 다른 예로 누군가 도둑질을 했다면 이유가 어떠하든 마땅히 처벌받아야 한다고 생각하는 게 사고형인 반면, 장발장처럼 도둑질을 할 만한 사정이 있을 것이고 그런 맥락을 참작하여 판단해야 한다고 보는 것이 감정형이라고 할 수 있다.

사고형과 감정형의 특성을 표로 정리하면 〈표 11-5〉와 같다.

사고형(T)인 교사는 객관적인 판단기준에 근거하여 정보를 분석, 비교하여 의사결정을 한다. 이들은 일관성과 타당성을 중시하며 자신이 그것을 싫어하든 좋아하든 상관없이 원리원칙에 입각하여 결정한다. 무엇이 사실이고 참인가에 관심이 많으며, 무엇이 옳고 그른가 하는 객관적인 기준을 중시한다. 논리적으로 분석하여 인과관계를 따지고, 논리적 순서를 존중한다.

이들은 영유아로 하여금 상황을 분석하고 문제를 해결하도록 도와준다. 이는 성

표 11-5 사고형과 감정형의 선호경향 비교

사고형(T)	감정형(F)
관심의 주제—진실, 사실	관심의 주제—사람 관계
객관적인 진실	보편적인 선(善)
원리와 원칙	의미와 영향
논리적, 분석적	상황적, 포괄적
간단 명료한 설명	정상을 참조한 설명
객관적 판단—원인과 결과	주관적 판단—상황적
비개인적(상황과 분리)	개인적(상황과 동일시)
맞다, 틀리다	좋다, 나쁘다
규범, 기준 중시	나에게 주는 의미 중시
머리—정의—초연	가슴—조화—관심

인간의 관계에서도 마찬가지이다. 다른 사람에게 어떤 일이 생겼을 때 문제를 해결하는 것이 도와주는 것이라고 생각한다. 그 사람의 감정이나 마음보다는 문제를 해결하는 데 초점을 맞춘다. 상대방의 감정이 다소 상하더라도 문제를 해결하는 것이 더 중요하다고 생각한다. 문제해결도 중요하지만 공감하고 마음을 이해해 주는 것도 똑같이 중요하다는 것을 이해해야 한다. 문제를 해결하고자 할 때 감정 또한 사실이나 논리만큼이나 의사결정의 주요한 요인임을 알아야 한다.

사고형 교사는 감정형인 영유아나 교사, 부모들의 결정을 비합리적이라고 판단한다. 이들이 알아야 할 것은 전체 인구의 절반은 감정형이며 이들은 옳고 그른 것을 판단하여 의사를 결정하는 것이 아니라 좋고 나쁜 자신의 감정을 따라 판단한다는 것이다. 감정형인 영유아나 부모를 비합리적으로 보고 비판하기보다는 있는 그대로 받아들이는 것이 필요하다. 사고형인 교사들은 감정형인 영유아들이 시작도 끝도 없이 계속 반복해서 이야기하는 것은 공감받지 못해서라는 것을 알아야 한다.

해 보자

▶ 내 반의 영유아 중 하나가 성폭행을 당한 것 같은 증상을 보인다. 이런 경우 어떻게 행동할 것인지 감정형과 사고형으로 나누어 논의하고 그 결과를 발표해 보자.

사고형인 교사는 영유아가 논리적으로 사고하도록 돕고, 보육실에서 일어나는 모든 상황에 정의와 공정함을 추구한다. 따라서 사고형 교사에 대해서 영유아나 부모들은 냉정하다고 느끼기 쉽다. 사고형 교사는 영유아가 교사에게 감정적으로 의존하는 것을 견디기 어렵다. 이들은 영유아에게 엄하게 느껴진다. 영유아의 감정을 이해하고 받아 주는 것이 어렵다. 사고형 교사들은 '미안하다고 말했으니 됐잖아!'라고 하며 상처받은 감정의 회복을 당연시하거나 재촉해서는 안 된다. 자연스럽게 있어도 영유아에게는 엄하게 보이므로 일부러라도 웃는 얼굴을 하고 있어야 영유아가 쉽게 다가설 수 있다. 또한 아무리 독립적인 영유아라도 사랑받기를 원하며, 비판하기에 앞서 칭찬과 인정이 먼저 이루어져야 함을 기억해야 한다. 교사 스스로도 나의 지위나 능력에 따라 사랑받는 것이 아니라 존재 자체로 사랑받는다는 것을 인식해야 한다.

감정형(F) 교사는 객관적인 기준보다는 자신의 감정에 입각하여 결정한다. 이들은 타인과 관계 맺는 것을 좋아하고 동정심이 많다. 자신의 감정을 잘 알고 조절할 수 있다. 객관적인 진리보다는 보편적인 선(goodness)을 더욱 선호하고, 인간관계에 있어서 조화를 중시하며 일이나 사람에 대한 열정이 많다.

 읽어 보자

[ESTJ 교사의 특징]
- 이 유형은 주변 상황을 잘 판단하여 명확하고 증명이 가능한 확실한 사실에 근거하여 판단한다. 외향적 사고형이기 때문에 설사 자신의 의견이나 결정이 반대에 부딪힌다 하여도 다른 사람들을 설득하며 자신의 믿음이나 생각을 추구한다. 일반적으로 지도자 유형인 이들은 함께 일하는 동료나 부하의 무능력함, 태만, 심지어는 부정직함을 간과하지 않는다. 이 때문에 융통성 없는 성격으로 비춰지기도 하지만 이는 이들이 고지식하기 때문이 아니라 건강한 사회 건설을 위하여 지켜져야 할 중요한 덕목이라고 믿기 때문이다.
- 이 유형의 교사들은 모든 영유아가 똑같지 않으며 자신들이 옳다고 믿는 바가 전부가 아니라는 것을 알아야 한다. 좋은 교사는 영유아의 개별적인 특성을 잘 살피고 그들의 장점을 잘 키워 주고 상상력과 창의력을 함양하는 데 필요한 시간과 공간을 허용한다. 좀 더 유연한 일과 운영이 필요하고, 자신의 기준에 미치지 못한다고 판단되는 영유아를 있는 그대로 인정해 주고 허용하는 것이 필요하다.

감정형의 특성은 타인과 조화로운 관계를 맺고 인정받는 것을 좋아한다. 회의 도중에 누군가 감정형의 의견에 반대한다면 감정형은 그것을 자신에 대한 거부로 받아들인다. 칭찬하기를 좋아하며 내 편인지를 확인하고 싶어 한다. 만약 외향적 감정형이라면 활기차며 폭넓은 인간관계를 맺는다. 누구에게나 도움을 베풀기 좋아하고 온정적이다.

감정형 교사는 영유아로 하여금 사랑받으며 특별히 보호받고 있다는 느낌을 준다. 스킨쉽과 칭찬을 통해 신체적·정서적으로 친밀감을 제공한다. 감각형이면서 감정형이라면 섬세하게 영유아의 현실적 욕구뿐만 아니라 애정과 격려 같은 감정적 욕구도 충족시킬 수 있다. 감정형 교사는 특히 영유아에게 적합하다. 이들은 아동 보육을 특별한 관계를 경험하는 기회로 여긴다. 이들은 보호자로서 아동학대나 사고로부터 영유아를 보호하고자 하며 자기희생이 따르더라도 영유아를 행복하고 즐겁게 해 주고자 한다.

그럼에도 불구하고 감정형 교사들은 몇 가지 어려움을 지닌다. 영유아와 정서적으로 지나치게 밀착한 나머지 자신과 영유아와의 정서를 분리시키기 어려운 경우가 종종 있다. 그리하여 영유아를 독립시키기 위하여 뒤에서 지켜보는 것이 어렵다. 싫은 소리를 하지 못하며, '아니오'라고 말하거나 부정적인 정서나 감정에 직면하는 것이 어렵다. 타인의 인정과 칭찬을 받고자 노력하는 나머지 자신의 욕구와 필요를 먼저 고려하지 못한다.

따라서 감정형 교사들은 타인의 욕구보다 자신의 욕구를 보살피는 것이 필요하다. 다른 사람의 인정이나 칭찬보다는 자신의 욕구에 초점을 맞추는 것이 오히려 가족이나 자신이 돌보는 영유아를 위하는 방법이다. 말다툼이나 갈등을 두려워하는 나머지 '아니오'라고 말하기보다 싫어도 따르는 경우가 많다. 이런 경우 말다툼이나 갈등도 진실로 사랑하는 관계에서 나타날 수 있음을 알고 직면하는 용기를 가져야 한다. 사고형 영유아를 지나치게 안아 주고 쓰다듬어 주기보다는 책임감, 존중감, 끊임없는 질문, 정직한 피드백을 통해 사랑을 표현할 수 있음을 알아야 한다.

이병래(1998)는 영유아 교사들의 성격유형을 조사하였는데, 그 결과 사고형보다는 감정형이 더 많은 것으로 나타났다. 서정은(2014)의 연구에서도 조사대상 보육교사 중에 감정형이 사고형보다 더 많았다. 이는 단현국(1993)의 연구에서도 마찬가지였다. 그러나 단현국과 유영의(2006)의 연구에서는 사고형 교사가 감정형 교사보다 더 많은 것으로 나타났으나 전반적인 경향은 감정형 보육교사가 사고형 보육교사보다 더 많은 것으로 볼 수 있다.

히르스와 쿠메로(Hirsh & Kummerow, 1997)의 연구 결과에서 감정형 교사들이 인간관계에 더 많은 관심을 기울이며, 이를 바탕으로 의사결정을 한다고 본 것과 감정형 교사들은 유아들의 놀이활동에 더 많이 반응한다(단현국, 유영의, 2006)의 연구결과에 비추어 볼 때, 감정형 교사들은 영유아와 관계 맺고 놀이를 하는 방식에 있어서 교사로서 적합하다고 볼 수 있다.

읽어 보자

[ESFJ 교사의 특징]

- 보육교사 중에 이 유형을 찾아보기란 어렵지 않다. 외향적이어서 폭넓고 다양한 인간관계 맺기 때문에 지역사회 연계와 같은 영유아 보육에서 필요한 일을 잘 수행한다. 감정형으로서 온정적이며 다른 사람을 돕는 것을 즐거워한다. 영유아를 칭찬하기를 좋아하고 영유아에게 사회에서 필요한 현실적인 삶의 방식과 기술을 잘 가르칠 수 있다. 이 유형의 교사들은 사교적이며 긍정적이고 자발적으로 타인과 상호작용하는 것을 선호한다. 따라서 보육교사로서 적절한 성격유형이라고 할 수 있다.
- 하지만 이들은 진지하고 심각한 것을 견디기 어려워한다. 내향적이고 사고형인 영유아의 진지함을 불편해 하지 말고 관심을 가지고 대할 필요가 있다. 자신과 잘 맞고 자신이 좋아하는 유아뿐만 아니라 눈에 띄지 않고 조용한 영유아에게도 교사로서 제공해야 할 보호와 교육을 제공해야 한다. 내향적이고 사고형인 영유아가 이상하거나 잘못된 것이 아니며 잘 자랄 것이라는 것을 알아야 한다.

4) 판단-인식: 외부 세계에 대한 태도

MBTI 성격 유형의 네 번째 지표인 판단과 인식(Judging-Perception: JP)은 외부 세계에 대한 태도, 생활양식, 외부세계를 받아들이는 방식이나 태도를 나타내는 지표이다. 판단과 인식은 행동양식을 말합니다. 판단형은 상황을 자신의 계획에 맞게 조절하는 반면 인식형은 상황에 맞추어 자신을 적응한다. 그렇기 때문에 판단형은 목표지향적이며 계획적이고 통제적이다. 이들은 결정되지 않고 애매모호한 상황을 견디지 못하여 빨리 결정하고 일을 시작한다.

반면 인식형은 상황에 맞게 자신을 조절하기 때문에 자주 계획을 바꾼다. 아무 것도 결정되지 않은 애매한 상황을 즐기고 끝까지 결정하지 않고 정보를 모으려고 한다. 정리되지 않은 환경을 잘 견뎌서 지저분한 책상이나 방을 불편해 하지 않는다. 상황에 맞추어 즉흥적으로 결정하는 경향이 있다.

판단형과 인식형의 특성을 표로 정리하면 〈표 11-6〉과 같다.

표 11-6 판단형과 인식형의 선호경향 비교

판단형(J)	인식형(P)
철저한 사전 계획	상황에 따른 일정
의지적 추진	이해로 수용
체계적	자율적
신속한 결론	유유자적한 과정
통제와 조종	융통과 재량
분명한 목적, 방향	목적과 방향은 변화 가능
해결됨	쟁점이 됨
결단내림	좀 더 자료를 모음
의지적 · 개척적 삶	관조적 · 교감적 삶
의사결정게임	보물찾기
최후 결정적	잠정적
시간이 없다	시간은 많다
기한 엄수	마감일이라니?
빠른 착수	좀 더 기다려 보자
책상 정돈이 잘 됨	아무리 잘 정리해도 2, 3일 지나면 그대로
반복되는 일을 잘 해냄	J형의 비서가 필요함

판단형인 경우 무엇인가 결정되지 않고 애매모호한 상황을 잘 견디지 못하기 때문에 미리미리 결정하고 계획한다. 이들은 생활을 조절하고 통제하기를 원하면서 계획을 세우고 질서 있게 살아간다. 상황이나 일이 구조화되고 조직화되는 것을 선호하며 미리미리 준비하고 마감일을 지킨다.

판단형 교사는 규칙적인 어린이집 일과 운영을 잘 한다. 게다가 감각형이라면 더 그렇다. 이들은 영유아로 하여금 규칙을 철저히 지키도록 하고 한계가 명확하다. 성실한 교사인 이들은 영유아와의 시간을 효율적으로 보내길 원한다. 특히 외향형이며 감각형이라면 자신뿐만 아니라 영유아의 시간도 꼼꼼히 계획하고 통제한다.

판단형 교사는 예기치 않은 일이 벌어졌을 때 불편하게 느낀다. 영유아가 갑자기 아프거나 부모가 약속도 없이 면담을 요청할 때 당황한다. 늘 시간이 없다고 생각하기 때문에 영유아의 말을 끝까지 들어주기가 어렵다. 신발을 신거나 옷을 벗거나 손을 씻을 때 느리고 서툰 유아를 기다려 주기도 쉽지 않다. 이럴 때 교사가 영유아가

할 말을 자신이 해 버린다든가 해야 할 일을 대신 해 줄 경우, 영유아는 말과 행동이 더 느려진다. 왜냐하면 배울 기회를 교사가 빼앗아 버렸기 때문이다. 판단형 교사는 느린 영유아의 말과 행동을 참고 기다려 주어야 한다. 이들은 영유아의 소란스럽고 어수선함을 참기 어려워 지나치게 통제하는 경향이 있으나 영유아에게 그들의 시간과 공간을 허용해 줄 필요가 있다. 무질서하고 어지럽혀진 환경을 묵과하기 어렵다. 항상 보육실을 정리정돈한 상태로 있는 것이 영유아 보육에 반드시 좋은 것은 아니다. 영유아가 충분히 탐색하며 어지럽힐 수 있는 환경을 허용하되, 교사 자신의 공간은 확보할 필요가 있다. 또한 영유아가 교사의 의도에 따라 통제되지 않는 것은 당연한 일임을 알고, 자신의 의도에 따라 통제되지 않는다고 좌절감을 느낄 필요가 없다.

또한 해야 할 일을 하지 않고 내버려 두지 못하고 한 번 시작한 일을 반드시 마무리해야 한다고 생각하기 때문에 과로하기 쉽다. 모든 일을 정해진 시간에 다 할 필요는 없으므로 날마다 해야 할 일의 목록을 정하고 우선순위를 지닌 몇 가지의 일을 하고 쉬는 것이 필요하다. 하루 중 무조건 쉬는 시간을 정하고 휴식을 취하지 않으면 해야 한다고 생각하는 모든 일을 다 마칠 때까지 쉬지 못할 것이다. 시간을 정해

읽어 보자

[ISTJ 교사의 특징]

• 우리나라에 가장 많은 유형이다. 이들은 신중하고 철저하게 일한다. 확실하게 이해하길 원하고, 다 이해하지 못한 상태에서 다음 단계로 넘어가는 것을 어려워한다. 세부사항을 잘 알지만 전체적인 맥락이나 의미를 파악하기는 힘들 수 있다. 사실을 잘 기억하며 현실적이고 논리적이다. 새로운 것보다는 익숙한 것이 편하다. 즉흥적이고 느닷없이 벌어진 일에 대해서 순발력을 발휘하기 어렵다. 규칙적이고 계획적으로 일한다.

• 이 유형의 교사들은 감각적인 학습 방식을 잘 사용한다. 영유아로 하여금 구체적으로 해 보도록 하고, 그 이후에 추상적인 개념으로 넘어간다는 점에서 영유아에게 적합한 교수 방식을 활용한다. 분명하고 사실적이고 구체적인 설명을 한다. 이 유형의 교사의 수업은 잘 구조화되고 논리적이고 규칙적인 방법으로 이루어진다. 영유아들을 깨끗하게 씻기고, 입히고 먹이는 실제적인 일을 잘 수행한다.

- 이 유형의 교사들이 겪는 어려움은 상상력이 풍부하고 즉흥적인 영유아의 특성을 이해하기 어렵다. 하지만 억지로 영유아의 환상에 동참할 필요는 없으며, 영유아가 마음껏 상상할 수 있는 시간과 공간을 주는 것으로도 충분하다. 또 문제행동을 보이는 영유아에 대해 비전을 가지기가 어렵다. 이런 문제행동이 영원히 계속될 것 같다. 예를 들면, 배변훈련이 잘 안 되는 영유아가 언젠가는 기저귀를 뗄 거라는 믿음을 가지기 어렵다. 일과표에 맞춰 낮잠을 자지 않거나 갑자기 영유아가 아프거나 예상치 못한 일이 벌어졌을 때 대처하는 것이 쉽지 않다.

놓고 영화를 본다든가 친구를 만나 이야기를 나누며 쉬는 것이 필요하다.

인식형은 상황에 맞추어서 적응하며 자율적으로 살아간다. 이들은 삶을 통제하기보다는 이해하려고 노력한다. 조직되어 있지 않은 애매한 상황을 잘 견딘다. 끝까지 정보를 수집하여 최선의 결정을 하려고 한다. 결정을 빨리 내리기를 선호하는 판단형은 이들을 이해하기 어렵다. 뭔가 다른 이유가 있어서 결정을 안 내린다고 오해하곤 한다. 인식형 교사들은 호기심이 많고 흥미를 추구하여 시간이 없음에도 불구하고 다양한 경험을 하려고 한다. 그래서 정해진 시간 안에 일을 마무리하지 못한다.

이들은 그때그때 자발성을 가지고 상황에 대처해 나간다. 계획을 세울 때는 판단형과 달리 마감일을 기준으로 일정을 짠다. 예를 들어, 24일까지 리포트를 내야 한다면 판단형은 강의가 끝나자마자 도서관으로 가서 자료를 찾기 시작한다. 하지만 인식형은 '24일 5시까지 내면 되니까 3시에 리포트를 출력하고, 24일 아침에 리포트를 완성하고 23일 저녁에 도서관에서 자료를 찾아서 밤새워 리포트를 쓰면 된다.'는 식으로 거꾸로 계획을 세운다. 하지만 23일에 도서관에 자료가 없을 수도 있다는 것을 예상치 못할 뿐만 아니라 자신이 프린트를 하러 갔을 때 프린터가 고장 날 수도 있다는 것을 생각하지 않는다.

인식형 교사는 영유아에게 자신의 방식을 강요하지 않고 있는 그대로 수용한다. 영유아와 특별한 계획 없이 빈둥거리며 함께 시간을 보내고 즐길 수 있다. 이처럼 계획 없이 빈둥거리는 시간은 영유아에게 반드시 필요한 시간이다. 영유아를 재촉하지 않고 이야기를 느긋하게 들어줄 수 있다. 영유아가 할 일을 선택하고 그것을 기꺼이 따라 주는 것도 인식형 교사이다. 소란스럽고 무질서한 보육실을 잘 견딜 수

해 보자

▶ 반대 유형의 사람들과 만나 서로의 이해할 수 없는 행동에 대해 이야기해 보자.

있다. 이들은 갑자기 아픈 아이나 급작스러운 부모의 방문이 불편하지 않으며 아이들이 버릇없이 굴어도 느긋하고 태연하다.

인식형 교사들의 어려운 점은 규칙적이고 계획적인 일과운영을 하는 것이다. 판단형 교사들에게는 쉬운 일이 이들에게는 어렵다. 어떤 인식형 교사는 비가 오면 그날 정해진 일정을 무시하고 우산을 쓰고 아이들과 산책을 간다. 이러한 즉흥적인 활동이 영유아에게 반드시 나쁜 것은 아니지만 계획되고 예측할 수 있는 일과를 편하게 여기는 영유아가 있음을 기억하고 이들을 배려하는 일과운영도 필요함을 알아야 한다.

인식형 교사들의 보육실은 판단형 교사들과는 달리 정돈되어 있지 않다. 영유아들의 활발한 탐색과 놀이를 위해 보육실이 반드시 정돈되어 있을 필요는 없지만 판단형 영유아들은 구조화된 환경을 편하게 여기므로 이들을 위한 환경구성을 해 주어야 한다.

이들은 지나치게 일을 미루고 마감을 지키지 않는다. 하지만 약속한 일정을 지키는 것이 모두를 위해서 필요한 일임을 인식하고, 자신이 생각하기에 우선적인 일이 있더라도 모든 사람의 일정을 무시하지 말아야 한다. 이들이 마감을 지키기 위해서는 자신이 예상하는 시간과 에너지의 두 배가 들 수 있음을 인지해야 한다. 예를 들어, 마감일을 앞두고 리포트를 인쇄하러 갔을 때, 프린터 용지가 떨어지거나 프린터가 고장 나서 시간이 더 필요할 수도 있다.

인식형 교사들은 자신들을 위해 시간과 공간의 자유를 확보할 필요가 있다. 자유로운 이들은 무언가 억압받는다고 느끼는 순간 거기에서 벗어나고 싶어 한다. 예를 들어, 다이어트 때문에 음식을 제한해야 한다고 느끼는 순간 먹고 싶은 생각이 든다. 따라서 이들은 자신을 돌보기 위해 꽉 짜인 일정으로부터 자유를 가져야 한다.

지나치게 많은 규칙으로 자신을 얽매기보다는 스스로에게 한숨 돌릴 수 있는 여지를 마련해 주어야 한다. 예를 들어, 7시 이후에는 간식을 절대 먹지 말아야 한다는 규칙보다는 물이나 오이는 먹을 수 있다는 규칙이 더 지키기 쉽다. 이들은 일을 너무 미루기보다 오늘 해야 할 일의 목록을 만들고 적어도 몇 가지의 일은 마치도록 스스로를 훈련할 필요가 있다. 실제로 김정택과 동료들의 연구(2002)에서도 판단형을 선호하는 교사보다 인식형을 선호하는 교사들이 덜 구조화된 접근방식을 사용하고, 수업계획에 있어서도 과정중심의 접근법을 활용한다고 하였다.

참고문헌

강원미, 문혜련(2017). 영아반 보육교사의 MBTI 성격유형에 따른 전문성에 대한 인식. 한국보육학회지, 17(2), 137-158.

김선영, 이지영(2004). 유치원 교사의 MBTI 성격유형과 직무 스트레스와의 관계. 미래유아교육학회지, 11(3), 305-330.

김인옥(2009). 애니어그램을 활용한 교사의 성격과 교수유형의 관계 탐색연구. 영유아연구, 22(1), 21-46.

김정택, 심혜숙, 김명준(2002). MBTI Form K 안내서. 서울: 한국심리검사연구소.

김정택, 심혜숙, 제석봉(2007). MBTI 개발과 활용. 서울: 어세스타.

김효은, 이소은(2016). MBTI 성격유형검사의 선호경향에 따른 보육교사의 교사신념과 자기 효능감. 한국보육지원학회지, 12(1), 171-185.

단현국(1993). 유치원 교사의 성격특성과 지각향상에 관한 일 연구. 한국심리학회지: 발달, 6(2), 131-146.

단현국(1998). 유치원 교사의 성격특성과 교사 신념. 한국유아교육연구, 18(1), 205-222.

단현국, 유영의(2006). 유치원 교사의 MBTI 성격유형과 놀이에 대한 교사의 교수효능감과의 관계. 한국교원교육연구, 23(2), 267-283.

박수진, 채승희(2020). 영유아교사의 전문성 인식이 영유아 권리존중 실행에 미치는 영향: 성격 강점의 매개효과. 한국교원교육연구, 37(4), 257-282.

박성미(2003). 예비보육교사의 성격유형과 자아개념 및 자기효능감의 관계. 영유아보육연구. 9, 1-23.

박현주(2011). 유아교사의 성격유형과 배경변인에 따른 조직몰입 수준비교. 건국대학교 교육대학원 석사학위 논문.

서정은(2014). 보육교사의 성격유형과 직무스트레스와의 관계분석. 우석대학교 대학원 석사학위논문.

이경호(1994). 보육교사의 성격유형에 관한 연구. 중앙승가대학논문집, 3, 277-302.

이병래(1998). 유치원 교사의 성격 유형과 자아상태와의 관계. 열린유아교육연구, 3(2), 217-241.

임수업(2012). 보육교사의 MBTI성격유형과 직무만족도에 관한 연구. 백석대학교 상담대학원 석사학위논문.

조리경, 고희선, 박선해(2013). 예비보육교사의 MBTI선호지표에 따른 양성과정 만족도와 업적 자기효능감과의 관계. 한국영유아보육학, 83, 103-124.

한국 MBTI 연구소(2014) MBTI 전문자격교육 초급과정 자료집. 서울: 한국 MBTI 연구소.

황희숙, 강승희(2005). 예비 유아교사의 사고양식 및 성격유형과 창의성 인성과의 관계. 열린유아교육연구, 10(2), 131-160.

허정혜(2004). 유치원 교사의 성격특성과 교사의 역할 수행과의 관계. 한국교원대학교 대학원 석사학위논문.

Ayers, W. (1989). *The good preschool teacher*. New York: Teachers College Press.

Cole, A., & Knowles, J. G. (1994). *Emerging as a teacher*. New York: Routledge.

Connelly, F. M., & Clandinin, D. J. (1988). *Teachers as curriculum planners: Narrative of experience*. New York : Teachers College Press.

Hirsh, S. K., & Kummerow, J. (1989). *Life types*. New York: grand Central Publishing. 심혜숙, 임승환 역(1997). 성격유형과 삶의 양식. 서울: 한국심리검사연구소.

Lawrence, G. (1997). *Looking at type and learning style*. New York: CAPT. 이정희 외 공역(2000). 성격유형과 학습스타일. 서울: 한국심리검사연구소.

Noddings, N. (1984). *Caring: A feminine approach to ethics and moral education*. Berkeley: University of California Press.

Penley, J. P., Stephens, D. W. (1995). The M.O.M.S. handbook: *Understanding personality type in mothering*. Scarborough, ME: Penley Associates Inc. 심혜숙, 곽미자 역(1998). 성격유형과 자녀 양육태도. 서울: 한국심리검사연구소.

제**12**장

보육교사의 스트레스 관리

1. 보육교사의 정신건강

정신건강이란 단순히 정신적 질병이 없는 상태만이 아닌, 타인과 만족스러운 인간관계를 맺을 수 있고, 일상에서 발생하는 평균 수준의 스트레스에 적절히 대처할 수 있으며, 생산적으로 일하며 자신이 속한 공동체 사회에 기여할 수 있는 안녕 상태를 의미한다(서울대학교 교육연구소, 2011; WHO, 2004).

과거 그 어느 때보다 건강하고 행복한 삶을 최고의 가치로 추구하는 현대사회에서 개인의 정신건강은 사회적으로도 중요한 관심사가 되고 있다. WHO의 보고(2004)에 의하면 정신건강 상태가 좋지 않을수록 위험 행동 비율이 더 높은 것으로 나타났고, 이로 인해 개인은 물론 사회 전체의 행복이 위협받을 수 있음을 경고한다. 가령, 분노조절 장애가 있는 보육교사가 있다고 가정하자. 이로 인해 보육활동 중에 심각한 문제가 발생하게 될 경우 보육교사 본인은 사회적 낙인이나 실업으로 사회생활과 경제활동에 제한을 받게 되고, 가족은 치료와 보호를 위한 유무형의 희생과 헌신에 따른 소진으로 건강한 가정생활을 영위하기 어려울 수 있다. 원장은 어린이집 운영에 심각한 타격을 입게 되며, 국가는 실업급여 지급, 사회적 안녕과 정신건강 증진을 위한 제반 소요 비용 증가 등으로 엄청난 손실을 감수해야 한다. 이처럼 직장에서의 정신건강 문제는 근로자 본인의 삶의 질뿐만 아니라 가족, 고용주, 정부 등 여러 이해관계자들에게 부정적 영향을 미친다(송진희, 홍현숙, 2009)는 점에서 그 심각성이 크게 부각되고 있다.

특히 보육교사의 정신건강은 영유아의 정신건강과 직결되어 있다는 점에서 보육교사는 사명감과 책임감을 가지고 자신의 정신건강을 잘 관리할 필요가 있다. 영유아기는 발달 특성상 교사 변인의 영향을 크게 받는 시기로 어린이집에서 보육교사의 정서 상태 및 행동 하나하나가 영유아에게 절대적인 영향을 미친다. 더불어 보육교사는 하루 종일 영유아들과 생활하며 끊임없이 상호작용하다 보면 에너지 소비가 많아지고 이로 인해 극심한 피로를 느끼기 쉽다. 이러한 피로가 축적되면서 신경질, 우울 상태, 불면, 집중력 상실 등의 징후를 수반하게 되므로 정신건강을 위협받기 쉽다. 이처럼 보육교사라는 직종의 특성상 정신건강을 위협받기 쉽다는 점에서 보육교사는 자신의 정신건강을 유지하고 증진시키기 위해 부단히 노력해야 한다.

2. 보육교사의 정신건강과 스트레스

1) 정신건강과 스트레스

스트레스에 적절하게 대처할 수 있는 개인의 능력이 개인의 정신건강을 좌우한다(WHO, 2004)는 측면에서 정신건강과 스트레스는 밀접하게 연결되어 있다. 가령, 아무 때나 기분 내키는 대로 비체계적으로 업무를 지시하는 직장 상사로 인해 스트레스를 받을 경우, 이에 적절하게 대처하지 못한다면 개인의 정신건강은 악화될 수 있다.

어떤 보육교사는 '보육일지를 작성하는 게 나한테는 스트레스야.'라고 말하는가 하면, 어떤 보육교사는 '아이들이 밥을 늦게 먹는 것 때문에 스트레스가 쌓여.'라고 말한다. 여기서 전자는 스트레스를 일으키는 유발 자극을 의미하며, 후자는 불안, 우울, 초조와 같은 심리적 반응 및 식욕 저하와 같은 신체적 반응과 같은 스트레스에 대한 반응을 의미하는데, 스트레스라고 할 때 이 두 가지 개념이 혼용되어 사용되는 것으로 보면 된다. 이와 관련하여 라자루스(Lazarus, 1993)는 스트레스를 인간이 심리적 혹은 신체적으로 감당하기 어려운 상황에 처했을 때 느끼는 불안과 위협의 감정으로 정의한 바 있다.

스트레스가 자극에 의해 발생할 때, 이러한 자극을 '스트레서(stressor)'라고 한다. 스트레서에는 온도, 습도, 통증, 가려움 등의 물리적 원인을 가리키는 '물리적 자극'과 타인으로부터의 비난이나 험담, 무시당하는 것과 같이 마음에 영향을 주는 사건을 가리키는 '심리적 자극'이 있다. 이 중 심리적 자극에 의한 심리적 스트레스는 동일한 자극에 대한 반응이 사람마다 전혀 다르게 나타나는 특징이 있다. 즉, 받아들이는 사람이 해당 자극에 대해 '어떻게 평가하느냐'에 따라 스트레스가 되기도 하고, 전혀 스트레스가 되지 않기도 한다. 예를 들어, 평소 불평불만이 가득한 한 학부모로부터 '당신은 정말 형편없는 교사에요.'라는 말을 들었을 때, 어떤 교사는 별일 아니라고 평가하며 가볍게 넘길 수 있지만, 어떤 교사는 왜 내가 이런 일을 겪어야 하는지 모르겠다고 평가하며 한동안 회복하지 못할 만큼 큰 스트레스를 받을 수 있다.

2) 직무스트레스

직무스트레스란 개인이 소속된 조직에서 직무를 수행하면서 받는 스트레스로, 보육교사들에게 직무스트레스란 어린이집에서 근무하며 보육교사로서의 직무를 수행하면서 받는 스트레스를 의미한다. 예를 들어, 부적응 행동을 보이는 담임 학급의 유아를 지도하는 과정에서 부모와 생긴 오해를 제대로 풀지 못했을 때, 어린이집 평가인증을 준비하는 과정에서 과다한 행정업무를 수행해야 할 때 받는 스트레스 등이 직무스트레스에 해당된다.

직업별 직무스트레스와 정신건강 문제를 다룬 연구들에 의하면, 돌봄서비스를 제공하는 간호사 집단과 교육을 담당하는 교사집단의 직무스트레스 수준이 가장 높고 이들의 직무스트레스가 정신건강에 직접적인 영향을 미치는 것으로 나타났다(Gheng, Kawachi, Coakley, Schwartz, & Colditz, 2000; Penning & Wu, 2015; Troman, 2000). 이들 연구보고를 참고할 때 교육을 함께 담당하는 보육교사의 직무스트레스 수준이 상당히 높을 것으로 미루어 짐작할 수 있다. 또한 일반적으로 여성근로자가 남성근로자보다 스트레스에 더 취약하다는 점을 고려하면, 종사자의 대부분이 여성인 보육교사의 스트레스 수준은 타 직종보다 더 높다고 보아야 할 것이다. 이처럼 보육교사 직종의 특성상 스트레스 수준이 높을 수 있다는 점을 가정하면, 보육교사에게 있어서 직무스트레스에 잘 대처하고 현명하게 관리하는 능력은 선택이 아닌 필수라 하겠다.

 읽어 보자

▶ 직무스트레스 수준 측정하기

　개인의 직무스트레스 수준을 측정하는 가장 일반적인 방법은 진단도구를 사용하는 것이다. 〈표 12–1〉에 제시된 각각의 항목은 직무스트레스의 수준을 파악하기 위한 내용으로, 직무스트레스 점수에 따라 직무스트레스 수준이 달라진다. 총점이 18점 이하인 경우는 직무로 인한 스트레스가 거의 없는 수준으로 걱정할 필요가 없다. 그러나 총점이 19점 이상 38점 이하인 경우에는 직무스트레스가 약간 있는 것으로 스트레스 관리가 필요한 수준이며, 39점 이상 48점 이하인 경우에는 스트레스 위기상황으로 적절한 대처능력이 필요한 수준이다. 그리고 총점이 49점 이상인 경우에는 전문의의 상담이 필요한 상태로 볼 수 있으며, 61점 이상인 경우 스트레스 수준이 매우 높아 위험한 상태로 즉각적인 조치가 필요한 상태로 파악된다.

표 12–1 직무스트레스 자가 측정

구분	항목	① 거의 그렇지 않다	② 약간 그렇다	③ 자주 그렇다	④ 거의 그렇다
1	직장에 출근하는 것이 부담스럽거나 두렵다.				
2	일에 흥미가 없고 지겹게 느껴진다.				
3	최근 업무와 관련해서 문제가 발생한 적이 있다.				
4	업무능력이 다른 사람보다 떨어지는 것 같다.				
5	직장에서 업무에 집중하기 힘들다.				
6	항상 시간에 쫓긴다.				
7	업무 책임이 많다고 느낀다.				
8	일을 집에 가져가서 할 때가 많다.				
9	미래에 대한 비전이 별로 없다고 생각한다.				

10	요즘 우울하다.					
11	짜증이 자주 난다.					
12	사람들과 어울리지 않고 혼자 지내는 시간이 많다.					
13	대인관계가 원만하지 못할 때가 있다.					
14	최근 지나치게 체중이 줄거나 늘었다.					
15	쉽게 피로를 느낀다.					
16	무기력감을 느낀다.					
17	하루하루가 만족스럽지 못하고 신통치 않다.					
18	내가 하는 일에 시간과 에너지를 쏟는 것이 아깝다.					
비고	'거의 그렇지 않다' 1점, '약간 그렇다' 2점, '약간 그렇다' 3점, '거의 그렇다' 4점 부여					

출처: 한광일(2008).

3. 보육교사의 직무스트레스 영향 요인

　교사들을 대상으로 직무스트레스의 영향 요인을 살펴본 연구들에 의하면, 교사들은 대체로 훈육 문제, 업무 과중, 동료 관계, 열악한 근무환경, 동료 교사들로부터의 지지 자원 부족, 역할 모호성, 타인의 평가 등이 주요 요인인 것으로 나타났다(Eres & Atanasoska, 2011; Troman, 2000). 보육교사들도 크게 다르지 않다. 보육교사들의 직무스트레스 유발요인은 기대에 못 미치는 근무환경과 보수, 과중한 업무, 불안정한 신분보장, 원장·동료교사·부모와의 갈등, 어린이집에 대한 사회적 인식 등인 것으로 나타났다(김정휘, 고홍화, 2003; 조성연, 구현아, 2005). 이들 요인 가운데, 보육교사로서의 직무 수행의 특성상 그 중요성이 특별히 더 부각되는 요인들을 살펴보면 다음과 같다.

1) 근무환경

　근무환경은 자신이 책임을 맡고 있는 직무를 효율적으로 수행할 수 있도록 하는 환경 전반을 지칭하는 것으로, 근무량, 근무시간, 보수체계, 후생복지, 직업안정성 등이 근무환경의 범주에 포함된다. 일반적으로 급여수준이 높고, 급여 대비 업무량이 적고 근무시간이 짧을수록, 다양한 후생복지제도가 활성화되어 있고, 정년이 보장되는 직업일수록 근무환경이 좋은 것으로 인식된다. 그리고 근무환경에 대한 인식이 부정적일수록 직무스트레스 수준이 높으며, 이는 결과적으로 신체적·정신적 건강에 부정적인 영향을 미친다(남영신, 장재연, 2011; 이혜자, 권순호, 2011).

2018년 보육교사의 근무시간 중 휴게시간 보장이 의무화되고, 2019년부터 보육체제 개편으로 기본보육시간과 연장보육시간이 구분되면서, 보육교사의 근로여건이 크게 개선되었다. 보육교사의 급여 수준도 기본급 이외 중앙 정부 및 지자체에서 지급하는 수당까지 포함하면 나쁘지 않다고 얘기한다.

그러나 기대에 못 미치는 근무환경은 보육교사의 근무 사기를 떨어뜨리고 쉽게 지치게 하는 스트레스 요인으로 작용한다. 보육교사의 근로여건이나 보수 수준은 과거와 비교하여 크게 개선되었지만, 여전히 보육교사의 직업적 헌신에 비해서는 만족스럽지 못한 것으로 인식된다. 특히 보수 수준이 직업적 가치를 대변하는 것으로 여겨지는 현대사회에서, 직업적 헌신에 비해 낮게 책정된 보육교사의 보수 수준은, 보육교사로서의 직무수행 과정에서 심적 갈등을 겪게 하는 요인이 되는 것으로 보고된다. 또한 요즘 보육교사 세대는 복지 및 고용안정성에 대한 욕구는 큰데, 규모가 작은 어린이집 조직의 특성상 후생복지제도가 제대로 갖추어져 있지 않다는 점, 고용안정성을 보장하기 어려운 구조라는 점이 보육교사들을 힘들게 한다고 한다.

2) 대인관계

대인관계란 두 사람 이상의 인간들 상호 간에 일어나는 관계이다. 인간은 누구나 태어나면서부터 어떤 집단에 소속되어 살게 된다. 소속된 집단 속에서 인간 사이에서 일어나는 관계, 즉 대인관계를 경험하게 된다(조경덕, 장성화, 2012).

보통 대인관계는 타인에 대해 어떻게 생각하고 어떻게 느끼고 어떻게 지각하는가에 영향을 미치게 된다. 원만한 대인관계를 형성하고 있는 사람들은 조직 속에서 다른 구성원과 쉽게 화합할 수 있다. 반면에 대인관계가 원만치 못한 사람들은 조직 속에서 다른 구성원에게 수용되지 못하고 우울과 불안, 절망과 같은 부정적인 감정을 경험하게 된다. 이로 인해 대인관계는 개인의 사회적 성공과 실패를 가르는 잣대가 되기도 하지만, 개인에게 가장 큰 스트레스 요인이 되기도 한다. 실제로 20~30대 직장인을 대상으로 대인관계 스트레스와 업무스트레스를 비교 조사한 결과 많은 직장인은 회사에서 일보다 대인관계로 인한 스트레스가 더 큰 것으로 나타났다(아주경제 2011. 03. 24. 보도자료). 이러한 맥락에서 아가일(Argyle, 1984)은 현대 사회를 살아가는 수많은 사람이 불안, 고독감과 불행감을 느끼고 신경증상에 시달리는 이유가 바로 대인관계의 실패에서 기인한다고 강조한 바 있다.

보육교사는 어린이집에 근무하면서 다양한 대인관계를 경험한다. 원장이나 원감과는 지휘하고 명령하면 복종하고 따르는 수직의 인간관계를, 동료교사와는 현장에서 발생하는 문제들을 협력적으로 해결해 나가는 수평의 인간관계를 경험한다. 그리고 영유아의 부모와는 영유아의 건강한 성장 발달을 위해 함께 협력해 나가는 수평적 인간관계와 보육서비스의 대상으로서 부모가 요구하면 따라야 하는 수직의 인간관계를 함께 경험한다. 이러한 다양한 인간관계의 경험이 보육교사를 성장하게도 하지만, 좌절을 안겨 주기도 한다. 특히 어린이집 특성상 조직의 규모가 크지 않아 교사들 간의 사적인 관계가 쉽게 형성되어 친밀감은 높은 반면, 원장 및 원감과는 물론 동료교사들 간에도 경력에 따른 위계질서가 강하다 보니 스트레스 또한 적지 않은 곳이다. 공적인 관계를 유지하는 과정에서 혹은 공동 작업을 수행하는 과정에서 갈등 관계가 쉽게 조장되며, 이는 보육교사에게 높은 스트레스를 유발하는 요인이 된다.

최근에는 부모와의 관계에서도 스트레스가 매우 높다. 보육교사는 자녀양육의 일차적 책임자인 부모와 보육의 동반자로서 영유아에게 양질의 보육서비스를 제공하기 위해 서로 긴밀하게 협력하고 돕는 관계가 되어야 하지만, 서로에 대한 편견과 잘못된 인식으로 인해 갈등관계가 유발되는 경우가 많다. 이에 보육교사 중에는 보육교사 생활을 하며 부딪히는 문제의 대부분이 부모관계에서 시작된다고 호소하며, 부모와의 원만치 못한 관계 때문에 사직을 결정하는 이들도 적지 않다.

해 보자

▶ 대인관계능력 자가 진단하기

개인의 대인관계능력을 진단하는 다음 체크리스트를 통해 나의 대인관계능력은 어느 수준인지 파악해
보자. 그리고 대인관계능력을 높이기 위해 어떠한 노력을 해야 하는지 이야기해 보자.

표 12-2 대인관계능력 자가진단표

구분	항목	전혀 그렇지 않다 (1)	그렇지 않다 (2)	보통 이다 (3)	어느 정도 그렇다 (4)	매우 그렇다 (5)
1	나는 분위기나 대화 상대에 따라 잘 이끌어 갈 수 있다.					
2	나는 재치 있는 농담을 잘한다.					
3	나는 내가 표현하고자 하는 바에 대한 적절한 문구나 단어를 잘 찾아낸다.					
4*	나는 윗사람과 대화하는 것이 부담스럽다.					
5*	나는 대화 중에 다른 생각을 하느라 대화 내용을 놓칠 때가 종종 있다.					
6*	대화를 할 때 하고 싶은 말을 다하지 못하고, 주저할 때가 종종 있다.					
7	사람들의 얼굴 표정을 보면 어떤 감정인지 알 수 있다.					
8	슬퍼하거나 화를 내거나 당황하는 사람을 보면 그들이 어떤 생각을 하는지 잘 알 수 있다.					
9	동료가 화를 낼 경우 나는 그 이유를 꽤 잘 아는 편이다.					
10*	나는 사람들의 행동 방식을 때로 이해하기 힘들다.					
11*	친한 친구나 애인 혹은 배우자로부터 "당신은 나를 이해 못해."라는 말을 종종 듣는다.					
12*	동료나 친구들은 내가 자기 말을 잘 듣지 않는다고 한다.					
13	나는 내 주변 사람들로부터 사랑과 관심을 받고 있다.					
14	나는 내 친구들을 정말로 좋아한다.					
15	내 주변 사람들은 내 기분을 잘 이해한다.					
16*	서로 도움을 주고받는 친구가 별로 없는 편이다.					
17*	나와 정기적으로 만나는 사람들은 대부분 나를 싫어하게 된다.					
18*	서로 마음을 터놓고 얘기할 수 있는 친구가 거의 없다.					

* 문항 역산 처리함
출처: 김주환(2011).

☞ 1번부터 18번 문항까지의 점수의 합이 개인의 대인관계능력을 나타낸다. 총점이 80점 이상이면 대인관계능력이
매우 뛰어난 것으로, 총점이 74점 이상이면 대인관계능력에 별 문제가 없다고 보면 된다. 그러나 총점이 67점 이하
일 경우 대인관계능력을 높이기 위한 별도의 노력이 필요한 것으로 진단한다.

3) 성격 특성

성격이란 시간과 상황의 변화에도 불구하고 비교적 안정되게 유지되는 개인 고유의 특성으로, 한 개인을 다른 사람과 구별해 주는 특징적인 사고, 정서, 행동양식을 의미한다. 프리드먼과 로젠먼(Friedman & Rosenman, 1974)은 성격과 심혈관 질환과의 관련성을 주장하며 스트레스에 영향을 미치는 중요한 요인으로 성격 특성을 제안했다. 이들은 개인의 성격 특성을 A형 행동유형과 B형 행동유형으로 구분한다. A형 행동유형은 매우 성취지향적이고 경쟁에서 지는 것을 싫어하고 어떤 특정 상황에 직면하게 되면 참을성이 없어지고 공격적인 성향을 보이며, B형 행동유형은 A형 행동유형과 반대로 매사에 태평하고 덜 경쟁적이며 여유 있는 행동을 보인다. A형 행동유형의 사람들은 일어나지 않은 일에 대해서도 미리 걱정과 근심을 사서 하는 스타일이다. 자신에게 통제권이 없는 환경이나 자신이 상대방보다 열등하다고 느껴지는 상황에서 쉽게 스트레스를 받으며 스트레스 수준이 상당히 높은 특성을 보인다. 반면 B형 행동유형의 사람들은 낙천적이고 주변에 잘 순응하는 편이라 웬만한 일로는 크게 스트레스를 받지 않는다.

실제로 초 · 중 · 고등학교 교사를 대상으로 행동유형과 스트레스의 관련성을 살펴본 결과, A형 행동유형의 교사가 B형 행동유형보다 스트레스 수준이 높은 것으로 나타났다(류현미, 2003; 신승욱, 2008). 아직까지 보육교사를 대상으로 살펴본 연구는 없다. 그러나 보육교사 개인의 성격 특성에 따라 스트레스 유발자극이 다르고, 스트레스 대응 방식이 다를 수 있다는 측면에서 성격 특성은 보육교사의 정신건강을 좌우하는 중요한 요인이 될 것으로 예측해 볼 수 있다.

한편, A형도 B형도 아닌 중간에 있는 C형 행동유형이 있다. 아이젱크(Eysenck, 1994)에 의하면 C형 행동유형의 사람들은 겉으로는 평안하고 밝아 보이지만 항상 화, 분노 등의 부정적 감정을 표현하지 않고 삭이는 특성을 가지고 있으며, 자신이 싫어하는 일에도 잘 표현하지 못하고 주변 사람들의 요구대로 따른다. 이러한 C형 행동유형은 친절하고 자기희생적이며 협조적이라 주변에서 좋은 평판을 들을 수 있지만, 스트레스를 많이 받기 때문에 암에 걸릴 가능성이 높으며 우울증과 같은 정신질환에 매우 취약한 것으로 보고된다. 실제로 이 유형의 사람들에게 암 발생 위험률이 높은 것으로 나타나 'cancer type'으로 부르기도 한다.

▶ 나의 성격 특성 진단하기

　　다음의 체크리스트를 통해 나는 스트레스를 잘 받는 성격의 교사인지를 파악해 보자. 〈표 12-3〉에 제
시된 내용은 프리드먼과 로젠먼(Friedman & Rosenman)이 개발한 A형 행동유형과 B형 행동유형을 진
단하는 성격유형 테스트이다. 각 항목에 대해 일상생활에서 자신의 행동이 어느 쪽에 가까운지 1~10까지
의 숫자 중에서 체크하며 항목별 해당점수를 모두 합산하여 총점수를 계산한다.

표 12-3 개인의 성격 유형 테스트

※ 일상생활에서 자신의 행동이 어느 쪽에 가까운지 1~10까지의 숫자 중에서 체크한다.

1	약속시간에 늦는 것에 대해 편안하게 생각한다.	1 2 3 4 5 6 7 8 9 10	늦는 것에 대해 걱정이 많다.
2	경쟁적이지 않다.	1 2 3 4 5 6 7 8 9 10	매우 경쟁적이다.
3	타인을 말을 끝까지 경청한다.	1 2 3 4 5 6 7 8 9 10	다른 사람의 말을 중간에 자른다.
4	성급하지 않다.	1 2 3 4 5 6 7 8 9 10	항상 서두른다.
5	참을성 있게 기다릴 수 있다.	1 2 3 4 5 6 7 8 9 10	기다릴 때는 항상 초조하다.
6	한 번에 한 가지 일만 한다.	1 2 3 4 5 6 7 8 9 10	한 번에 여러 가지 일을 하려고 하고 다음에 할 일까지 생각한다.
7	말하는 속도가 빠르지 않고 잘 전달하려고 한다.	1 2 3 4 5 6 7 8 9 10	말을 빨리 하며 힘 있고 확실한 어조로 말한다.
8	일을 할 때 편안하게 한다.	1 2 3 4 5 6 7 8 9 10	일을 할 때 나와 다른 사람을 과도하게 밀어붙인다.
9	남이 어떻게 생각하든 나 자신을 만족시키는 일에 관심을 기울인다.	1 2 3 4 5 6 7 8 9 10	타인으로부터 인정받기 위해 노력한다.
10	무슨 일이든 여유 있게 하는 편이다.	1 2 3 4 5 6 7 8 9 10	무슨 일이든 서둘러서 하는 편이다.
11	감정을 그대로 표현한다.	1 2 3 4 5 6 7 8 9 10	감정을 숨긴다.
12	흥미 분야가 다양하다.	1 2 3 4 5 6 7 8 9 10	일 이외에는 흥미가 없다.
13	야심이 없다.	1 2 3 4 5 6 7 8 9 10	직장에서 성공하려는 야망이 크다.
14	일을 할 때 여유가 있고 느긋하다.	1 2 3 4 5 6 7 8 9 10	일을 할 때 서둘러서 해치우려 한다.

☞ 총점이 70점 미만일 경우 스트레스를 덜 받는 성격인 B형 행동유형에 해당하며, 110점 이상일 경우 스트레스 수준
이 매우 높은 성격인 A형 행동유형에 해당한다. 70점 이상 90점 미만은 스트레스에 적절히 대응하고 있지만, A형
행동유형으로 변할 수 있는 잠재성을 가지고 있는 것으로, 90점 이상 110점 미만은 당장 심각한 수준은 아니지만
언제든 A형 행동유형으로 변할 수 있는 위험한 상태인 것으로 진단한다.

4) 부정적 정서: 분노

개인의 긍정적·부정적 정서성은 개인의 스트레스 수준을 좌우하는 직접적인 선행 요인이 된다. 캔과 에첼(Cann & Etzel, 2008)은 연구를 통해 기쁨, 즐거움, 행복감과 같은 개인의 긍정적 정서성이 스트레스를 감소시키는 직접적인 선행요인임을 입증함으로써, 슬픔, 불안, 공포, 두려움과 같은 부정적 정서는 스트레스를 증진시키는 선행요인이라는 것을 시사했다.

최근 사회적으로 분노범죄가 늘어나면서 부정적 정서 중에서도 특히 가장 파괴적인 에너지를 지니고 있는 분노 감정에 대한 관심이 높다. 일반적으로 분노 성향이 높은 사람은 항상 자신을 희생자로 생각하고 자신이 외부세계로부터 공격을 받고 있다고 인식한다. 그리고 분노할 수 있는 주변의 모든 일들에 빠짐없이 분노하며 엄청난 스트레스를 받는다(신경희, 2015). 보통 분노의 감정을 억압하지 않고 어떠한 방식으로든 표출해 내면 마음 속 응어리를 풀어 감정이 순화된다고 생각한다. 그러나 연구에 따르면 분노의 감정을 화내기와 같은 건강하지 못한 방법으로 표출해 내면, 뇌에서 스트레스 호르몬이 분비되고 분비된 호르몬이 다시 뇌를 자극해서 분노의 감정이 확대 재생산되는 악순환의 고리가 만들어진다(이충헌, 2015).

보육교사 또한 보육활동 과정에서 다양한 정서를 경험한다. 영유아들과 함께 하면서 기쁨과 즐거움, 행복 등의 긍정적 정서를 경험하기도 하지만, 분노의 정서를 경험할 때도 많다. 특정 상황에서 분노와 같은 부정적인 감정을 느끼는 것 자체가 잘못된 것은 아니다. 다만, 분노의 감정을 느꼈을 때, 운동, 명상, 수다떨기와 같은 건강한 방법으로 해소하지 못하고 아동학대와 같은 부적절한 방법으로 분노를 표현하기 때문에 문제가 되는 것이다. 부적절한 방법으로 분노를 표출하는 것은 자신의 심신을 파괴할 뿐만 아니라, 사회적 인간관계를 파괴하고, 더 나아가 사회 전체에 크나큰 해악을 초래하므로 분노의 감정을 건강하게 표출할 수 있는 방법을 찾아 실천하는 것이 매우 중요하다. 한편, 다른 동료 교사들과 비교하여 사소한 일에 쉽게 자극받고 격앙되는 성향이 있고, 〈표 12-4〉에 제시된 자가진단표를 통해 분노조절장애가 있는 것으로 나타났다면, 즉시 전문적인 상담을 받을 필요가 있다.

해 보자

▶ 분노조절장애 자가 진단하기

　다음의 분노조절장애 증상을 진단하는 체크리스트를 통해 나의 분노조절능력 수준을 파악해 보자. 그리고 분노조절능력을 갖춘 보육교사가 되기 위해 어떠한 노력을 할 것인지 이야기해 보자.

표 12-4 　분노조절장애 자가진단표

구분	항목	예	아니오
1	모든 일에 분노하지는 않지만, 화를 낼 땐 조심스럽다.		
2	타인이 내게 잘못한 일을 생각하면 여전히 분이 풀리지 않는다.		
3	줄을 서거나 다른 사람을 기다릴 때 짜증을 참기 힘들다.		
4	조그만 일에도 버럭 화를 내는 경우가 많다.		
5	배우자나 가족 등 가장 가까운 사람과 흥분해 다투는 경우가 많다.		
6	이따금 낮에 화가 치밀었던 일을 잊지 못해 잠을 설친다.		
7	속으로는 화가 났는데 상대방에게 반응을 보이지 않았던 것을 오랫동안 후회한다.		
8	내게 잘못한 사람을 용서하는 것이 매우 어렵다.		
9	분노를 주체할 수 없었던 나 자신에게 화가 난다.		
10	마땅히 해야 하는 방식으로 행동하지 않는 사람을 보면 정말 짜증이 난다.		
11	분노에 휩싸이면 위장 통증이나 두통, 실신할 것 같은 느낌이 든다.		
12	믿었던 사람에게서 좌절감이나 분노, 배신감을 느끼는 경우가 많다.		
13	일이 잘 풀리지 않으면 우울해진다.		
14	쉽게 심한 좌절감에 빠져 잘 헤어 나오지 못한다.		
15	너무 화가 난 나머지 내가 저지른 일이나 한 말을 기억하지 못할 때가 있다.		
16	누군가와 다투고 나면 나 자신이 너무 싫다.		
17	급하고 쉽게 흥분하는 성격 때문에 일에 지장을 받은 적이 있다.		
18	화가 나면 나중에 후회할 말을 내뱉는 경우가 많다.		
19	욱하는 내 성질을 두려워하는 사람이 있다.		
20	화가 나거나 좌절하면 폭식을 하거나 술을 마셔 해소한다.		
21	누군가 내게 상처를 주면 그대로 되갚아 주고 싶다.		
22	가끔 너무 화가 나서 물건을 때려 부수거나 폭력을 휘두른 적이 있다.		
23	이따금 상대를 죽이고 싶을 만큼 분노를 느낀다.		
24	때때로 너무 상처받고 외로워 자살을 생각한다.		

| 25 | 분노가 일어나면 주체할 수 없고, 이미 많은 문제를 일으킨 적이 있어서 분노조절 방법을 배우고 싶다. |

출처: Rosellini & Worden(1997).

☞ 각 항목에 대해 '예'로 응답한 개수의 총합으로 분노조절장애를 판단한다. 1번부터 21번까지 21문항 중 '예'라고 응답한 문항이 10개 이상이거나 22번부터 25번 문항 중에 하나라도 '예'라고 응답한 문항이 있다면 분노조절장애로 볼 수 있다. 1번부터 21번까지의 21문항 중 '예'라고 응답한 문항이 5~9개일 경우 분노조절이 조금 부족하지만 정상적인 수준으로 보며, 4개 이하일 경우에는 분노조절이 잘 되고 있는 것으로 진단한다.

5) 사회적 지지

　사회적 지지란 사회생활을 하는 과정에서 자신이 아닌 타인에게서 제공되는 모든 형태의 정서적인 상호작용을 의미한다(Cobb, 1976). 인간은 사회적 동물로 주변 사람으로부터 받는 사회적 지지는 개인의 삶에 있어서 중요한 자원이 된다. 특히 자신이 속한 조직구성원들로부터의 사회적 지지는 긍정적 정서를 불러일으켜 스트레스를 완화시키고 행복감을 증진시킨다. 연구에 의하면 보육교사에게 의미 있는 사회적 대상, 즉 동료교사나 학부모, 원장이나 원감으로부터 제공되는 사회적 지지는 보육교사의 행복감에 중요한 영향을 미치는 것으로 나타났다(허무열, 정은영, 전미란, 2021).

　한편, 하우스(House, 1981)는 사회적 지지를 정서적 지지, 평가적 지지, 정보적 지지, 도구적 지지의 네 가지 유형으로 구분하였다. 정서적 지지란 관심, 사랑, 인정, 존경, 애정, 신뢰, 경청의 행위를 의미하며, 평가적 지지란 행위를 인정해 주거나 부정하는 등 자기평가와 관련된 정보를 전달하는 행위를 의미한다. 그리고 정보적 지지는 개인의 문제를 대처함에 있어 이용할 수 있는 정보를 제공하는 행위를 의미하며, 도구적 지지란 도움이 필요할 때 돈이나 물건을 제공하는 것과 같이 직접적으로 돕는 행위를 의미한다.

4. 직무스트레스의 영향

직무스트레스가 개인에게 미치는 영향은 크게 생리적 · 심리적 · 행동적 반응으로 구분할 수 있다(Holt, 1982).

첫째, 생리적 반응은 스트레스를 받을 경우 우리 몸이 보이는 반응으로, 혈압상승, 맥박 증가, 호흡곤란, 면역력의 저하로 나타나는 각종 신체적 질병 등이 이에 해당된다. 스트레스 연구의 세계적 권위자인 셀리에(Selye)에 따르면 스트레스를 받을 때 우리 몸이 보이는 반응은 경고반응단계, 저항단계, 소진단계의 세 단계를 거친다. 1단계 경고반응단계는 일단 생체가 스트레스원에 대해 적극적으로 저항하는 단계로, 호흡이 빨라지고, 심장박동이 증가하고, 위장기관의 활동이 감소하는 증상을 보이며 우리 몸이 스트레스원에 대해 저항할 준비를 한다. 2단계 저항단계는 스트레스원에 대한 저항이 가장 강한 단계로, 위궤양, 고혈압과 심혈관계 질환, 갑상선 기능항진증 등의 각종 질병이 발병하는 단계이다. 3단계 소진단계는 스트레스원에 대한 저항 또는 적응 에너지가 고갈된 상태로 모든 신체 기능이 소진되어 신체적 질병은 물론 우울증, 자살과 같은 정신적인 병까지 생기는 단계이다.

둘째, 심리적 반응은 스트레스가 지속되면서 감정적 · 정신적으로 나타나는 반응으로, 분노, 불안감, 우울, 걱정, 무력감, 소진, 직무불만족 등이 이에 해당된다. 이중 소진의 경우 반복된 직무스트레스로 인해 자아개념이나 업무태도가 부정적으로 바뀌고 주위에 대한 관심이 갑작스럽게 감소하는 등 감정적 · 정신적으로 에너지가 고갈된 상태를 의미한다. 이러한 소진은 교사, 사회복지사와 같이 남을 보호하고 보살피는 책임을 맡은 직종 종사자들에게 많이 나타난다. 직무스트레스를 장기적으로 방치할 경우 보육교사에게 나타날 수 있는 정신적 · 행동적 반응인 우울 수준을 진단할 수 있는 도구가 있다. 벡(Beck, 1961)이 개발한 BDI(Beck Depression Inventory)가 가장 대표적인 자가 우울증 진단 척도이다. 합산한 점수가 10점 이하면 정상이며, 11~16점이면 경계선상에 있는 혼란 시기로, 17~20점이면 진단이 필요한 의심 시기로 볼 수 있다. 21~30점이면 우울증 초기 단계로, 31~40점이면 심각한 우울증 단계로, 40점 이상은 극도의 우울증 단계로 치료가 당장 필요한 것으로 볼 수 있다.

셋째, 행동적 반응은 스트레스를 경험할 경우 행동적 결과로 나타나는 반응으로,

직무수행 저하, 결근, 의사소통 장애, 대인관계 와해, 이직, 알코올 및 약물 복용 등이 이에 포함된다. 이 중 연구자들은 조직의 생산성과 직결되는 직무스트레스와 직무수행의 관계에 더 많은 관심을 가졌다. 코헨(Cohen, 1980)에 의하면, 직무스트레스는 직무수행에 역기능적인 작용을 하는 것으로 나타났다. 예를 들어, 직무스트레스 수준이 낮을수록 좌절 극복을 요하는 업무, 사무적 정확성을 요구하는 업무, 불필요한 자극에의 저항을 요하는 업무를 효율적으로 수행하는 것으로 나타났다. 또 직무스트레스 수준이 낮을수록 타인에 대해 더 민감하게 반응하고 더 협조적인 것으로 나타났다.

이상의 내용을 종합해 보면, 보육교사의 직무스트레스는 보육교사의 신체적·정신적 건강에 부정적인 영향을 미칠 수 있으며 본연의 직무인 아이들을 보살피고 가르치는 일에 집중할 수 없게 한다. 즉, 보육교사의 직무스트레스가 과도할 경우 보육교사 자신의 건강을 위협하는 것은 물론 과도한 스트레스로 인해 영유아를 보살피고 가르치는 일에 소홀하게 되고, 이는 보육의 질이 낮아지는 결과를 초래한다(이정현, 안효진, 2012). 따라서 보육의 질 관리를 위해 보육교사의 직무스트레스 관리가 선행되어야 한다.

5. 스트레스 대처 유형

스트레스 상황에 처했을 때 스트레스를 벗어나거나 중지시키기 위해 행하게 되는 노력을 스트레스 대처라고 한다. 일반적으로 스트레스 대처 방식은 라자루스와 포크먼(Lazarus & Folkman, 1984)이 제시한 문제중심 대처와 정서중심 대처로 분류한다. 문제중심 대처는 자신이 지금 처한 상황을 변화시킬 수 있는 가능성이 있다고 인식할 때 사용하는 대처 방식이다. 문제를 해결하거나 문제 상황에서 벗어나려는 행동적 노력을 행하는 것이다. 정서중심 대처는 자신이 지금 처한 상황을 자신의 힘으로는 변화시킬 가능성이 적다고 인식할 때 사용하는 대처 방식이다. 문제 자체가 아닌 문제 상황에서 발생하는 부정적인 마음 상태를 완화시키려는 감정적 노력을 하는 것이다.

활동 시간에 집중하지 못하고 산만하게 행동하는 아이 때문에 스트레스를 받았을 때를 가정해 보자. 문제중심 대처를 하는 보육교사는 '보조교사에게 부탁해서 아이의 활동 모습을 찍은 영상을 아이와 함께 보면서 아이 스스로 자신의 행동에 어떤 문제가 있는지 알게 해 주자. 그리고 아이에게 어떤 문제가 있는 것은 아닌지 작년 담임교사, 부모와 상담을 해 보아야겠어.'라고 생각하며 문제를 해결하기 위한 행동을 계획하고 실행하려 노력한다. 반면 정서중심 대처를 하는 보육교사는 '○○가 또 집중하지 못하고 돌아다니네…… 내가 주의를 준다고 달라질 것도 아니고 어쩔 수 없잖아. 그래 너무 예민하게 받아들이지 말자. 교실 밖으로 뛰쳐나가서 소란피우지 않는 게 어디야.'와 같이 자신의 내적 태도를 바꿈으로서 스트레스 경험 자체를 달라지게 할 수 있다.

문제중심 대처 방식과 정서중심 대처 방식은 어느 한쪽이 더 좋고 어느 한쪽이 더 나쁜 것이 아니기 때문에 상황에 따라 적절히 함께 사용하는 것이 효과적이다. 가령, 특정 스트레스 상황에 처했을 때 부정적 정서 상태를 해소하지 않고 바로 문제중심 대처 방식을 시도하기 보다는 정서중심 대처를 통해 어느 정도 심리적 평정 상태에 이르렀을 때 문제중심 대처를 하는 것이 효율적이다.

6. 보육교사의 스트레스 관리

미국 캘리포니아대 연구팀의 발표에 의하면 단 1시간만 스트레스를 받아도 뇌기능이 떨어져 기억력에 손상을 입는 것은 물론 심할 경우 신경세포가 죽게 될 수도 있다고 한다. 또한 스트레스를 받은 사람의 세포는 그렇지 않은 사람에 비해 평균 9~17년 더 늙는다는 사실도 드러났다(한광일, 2008). 따라서 보육교사로서 자신의 능력을 충분히 발휘하기 위해서는 스트레스를 잘 관리할 필요가 있다. 스트레스를 이겨낼 수 있는 구체적인 방법에 대해 살펴보면 다음과 같다.

1) 사고방식의 전환

앨버트 엘리스(Albert Ellis)의 ABC이론에 따르면 사람들이 어떤 사건이나 역경(Activating event)을 겪고 나서 분노, 화, 우울 등의 정서를 경험하는 결과

(Consequences)는 개인에게 일어난 사건이나 역경 때문이 아니라 그 사건이나 역경을 받아들이는 개인의 사고방식, 즉 신념(Beliefs) 때문이다. 즉, 개인이 어떠한 사건을 겪고 나서 스트레스를 받는 것은 사건 자체로 인한 것이 아니라 그 사건을 자신이 가지고 있는 생각들에 비추어 비합리적으로 해석하기 때문이라는 것이다. 예를 들어, 보육교사가 원장으로부터 부여된 업무를 제대로 수행해 내지 못한 것에 대해 질책을 받았을 때 의기소침해져서 스트레스를 느끼게 된다면, 이는 단순히 원장이 질책한 사건이 일어나서가 아니라는 것이다. 그 사건에 대해 '원장에게 꾸지람을 듣는 것은 비참한 일이다.' '시키는 일 하나 제대로 못 해내는 사람은 무능한 사람이다.'와 같이 비논리적으로 생각하기 때문이다. 만일 동일한 사건을 겪었지만 '원장이 이번 일에 대해 질책한 것은 내가 미워서가 아니라 앞으로 똑같은 실수를 다시 반복하는 일이 없도록 배려하는 차원에서 이루어진 것이다.'와 같이 긍정적으로 사고한다면 스트레스 유발상황에 보다 유연하게 대처할 수 있을 것이다.

따라서 스트레스를 잘 관리하기 위해서는 우선 자신의 사고방식을 스스로 점검해 보아야 한다. 만일 자신의 사고방식이 '무슨 일이든 항상 완벽하게 처리해야 한다.' '항상 유능해야 한다.'와 같이 비현실적이고 융통성이 없다면 이를 바꾸려는 노력을 해야 한다. 이를 위해 최대한 자신을 긍정적으로 생각하고 상황을 여유 있게 바라보는 것이 중요하다.

읽어 보자

▶ 사고방식(인지적 과정)이 스트레스 반응에 미치는 영향

스트레스에 대한 반응의 크기는 스트레스 자극의 크기에 의해 결정되는 것이 아니라 자극을 처리하는 내적 기제, 즉 원래 자극의 크기를 확대시키거나 축소시키는 인지적 과정과 정서적 과정에 의해 결정된다. 이 과정을 공식으로 나타내 보면 '자극(X) × 인지적 과정(a) × 정서적 과정(b) − 대처자원(c) = 스트레스에 대한 반응(Y)'가 된다. 이에 따르면 똑같은 자극에 대해서도 인지적으로 지나치게 부정적으로 평가하는 성향이 있거나 과도한 정서 반응을 일으키는 경우 그렇지 않은 사람보다 스트레스 반응이 더 크게 나타나는 것이다.

    따라서 스트레스를 잘 관리하기 위해서는 나의 사고방식에 인지적 오류의 경향성이 있는
것은 아닌지, 즉 굳이 그렇게 생각하지 않아도 되는데 그렇게 생각해서 스트레스를 만들거나
더 키우고 있는 부분은 없는지 잘 살펴볼 필요가 있다.

표 12-5 인지적 과정에 따른 스트레스 반응 크기 비교

자극(X) × 인지적 과정(a) × 정서적 과정(b) − 대처자원(c) = 스트레스 반응(Y)

구분	자극 (X)	인지적 과정 (a)	정서적 과정 (b)	대처자원 (c)	스트레스 반응(Y)
김○○	×	20 (늦으면 끝장이다!)	10 (심한 불안감)	40 (지하철을 탈 수 있음)	560
	$3 \times 20 \times 10 - 40 = 560$				
이○○	3	5 (어, 지각해서 또 혼나겠네!)	3 (약간의 걱정)	40 (지하철을 탈 수 있음)	5
	$3 \times 5 \times 3 - 40 = 5$				
비고		0(아무 의미 없음)~20(공황 수준의 충격)	0(아무렇지도 않음)~10(정서적 불안감 최고조)	자신이 가진 대처자원 과 비교하여 0~100 사이의 숫자 부여	

출처: 신경희(2015).

⚘ **해 보자**

▶ 다음의 스트레스 자극(사건)에 직면하게 되었을 때, 〈표 12-4〉의 내용을 참조하여 나의 스
   트레스 반응은 어느 정도인지 계산해 보자. 동일한 스트레스 자극에 대한 다른 친구들의 사
   고방식이 나와 어떻게 다른지 비교해 보자.

   우리 반 한 학부모가 원장님을 찾아와 담임교사가 특정 아이들만 편애하고 우리 아이는
차별한다며 고충상담을 했다고 한다.

2) 시간관리

하루 24시간은 누구에게나 똑같이 주어진다. 어떤 사람은 그 시간을 효율적으로 분배하여 계획했던 일들을 차근차근 처리하며 스스로의 삶을 주도적으로 통제하며 살아간다. 반면에 어떤 사람은 늘 시간에 쫓기면서 생활하고 이 때문에 큰 스트레스를 받는다. 시간 때문에 스트레스를 받지 않으려면 자신에게 주어진 시간을 잘 관리하여 시간을 조정하는 주체가 되어야 한다. 특히 항상 격무와 업무과부하에 시달리는 보육교사에게 효율적인 시간 관리는 스트레스를 줄일 수 있는 좋은 대처전략이 될 수 있다.

시간을 효율적으로 관리하기 위해서는, 첫째, 업무의 우선순위를 정한다. 일의 순서를 정해서 업무를 수행하게 되면 시간 압박에서 벗어나 여유 있게 일을 처리하는 데 도움이 된다. 둘째, 최소한 하루 전날 저녁에는 다음날 수행해야 할 일들과 일의 순서를 체크한다. 다음 날 출근했을 때 내가 해야 할 일이 무엇인지를 확실히 알고 일을 차분히 처리하게 되면 우왕좌왕하며 시간 낭비를 줄일 수 있다. 셋째, 한 번에 한 가지 일만 한다. 동시에 여러 가지 업무를 수행하다보면 과다한 에너지 소모로 쉽게 지치게 될 뿐만 아니라 실수할 가능성이 높아 일의 효율성이 떨어지게 된다.

3) 명상

명상은 머릿속의 복잡한 생각을 비워 마음을 편안하게 함으로써 정신적 스트레스를 줄일 수 있는 방법이다. 매일 하루 종일 영유아들과 끊임없이 상호작용하며 생활하는 보육교사에게 혼자 조용히 명상하는 시간을 갖는 것은 심신의 건강을 유지하는 데 큰 도움이 된다. 일반적으로 명상을 꾸준히 하는 사람들은 자기 자신을 통제하는 내적인 힘이 커져 불안감, 공포, 우울증과 같은 심리적 요인에 의한 증상을 개선하는 데 효과적이다. 뿐만 아니라 집중력이 크게 좋아져 직무능력 향상에도 도움이 되는 것으로 알려져 있다.

명상의 형태는 여러 가지가 있으나 초보자들이 쉽게 접근할 수 있는 방법으로 집중명상법이 있다. 집중명상법은 낱말이나 시각적 이미지, 소리 등 대상을 정해 놓고 집중하면서 호흡을 통해 명상하는 방법으로, 집중명상법의 유형별 구체적인 방법

표 12-6 집중명상법의 유형 및 방법

유형	방법	사례
낱말 및 구절 집중	• 마음속으로 긍정적 생각을 가져오는 어떤 낱말이나 구절을 계속 반복	• '시간이 지나면 모든 게 잘 될거야.' '난 우리 반 모든 아이들을 사랑하고 아끼고 싶다.'
심상 집중	• 자기만의 깨달음을 얻게 해 주는 어떤 사물이나 이미지를 계속해서 고요히 응시하거나 마음에 떠올림	• 나뭇잎 사이로 햇살이 비치는 숲속 길을 걷는 풍경 이미지
소리 집중	• 밖에서 들리는 좋은 소리에 집중하는 것으로 명상 CD를 활용하는 것도 좋은 방법	• 새들의 소리, 바람 소리

은 〈표 12-6〉에 제시된 바와 같다. 이때 호흡은 눈을 감고 공기가 몸속으로 충분히 들어오고 몸 밖으로 나갈 수 있게 코로 깊게 호흡하는 복식호흡을 해야 한다.

최근에 새롭게 주목받고 있는 명상은 자비명상이 있다. 자비명상은 자신에게만 집중하는 것이 아니라 다른 사람이나 생명체의 심상을 의도적으로 떠올리고, 그 대상에 대해 진심으로 공감, 연민, 사랑의 마음을 전하고 행복을 기원하며, 적극적으로 자신과 타인에 대해 자비와 사랑을 보내는 방식의 수련 방식이다(김완석, 신강현, 김경일, 2014). 이러한 자비명상은 삶의 만족도를 높이고 우울을 감소시키며, 심리사회적 스트레스에 대한 면역계 반응을 개선시키는 효과가 있는 것으로 보고되고 있다. 자비명상의 8단계는 〈표 12-7〉에 제시된 바와 같다.

표 12-7 자비명상 실행 방법

구분	방법
1단계	눈을 지그시 감고 앞으로 어떤 일을 경험하게 될 것인지 호기심을 가져 보라. ① 방해받지 않고 편안히 앉아 있을 수 있는 조용한 장소를 찾는다. ② 어깻죽지를 등 아래쪽으로 축 늘어뜨린다. ③ 다리는 꼬지 말고 편안하게 앉은 채 허벅지 양쪽에 두 손을 가볍게 올려놓는다. ④ 머리와 상체와 하체를 편안히 한다. ⑤ 눈을 가볍게 감는다. 만일 어색하다면 눈앞에 보이는 바닥의 한 지점을 가볍게 응시한다.

	머리에 주의를 기울이라.
2단계	① 부드럽고 편안하게 뇌 속으로 숨을 들이쉬고 있다고 상상하며 숨을 들이마신다. ② 들이마신 숨으로 심장을 마사지하고 이완시킨 후 편안하게 밖으로 내 쉰다. ③ 복부 속 깊은 곳에 있는 단전 안으로 숨을 불어넣는 복식 호흡을 한다. ④ 다시 그 숨으로 심장을 마사지하고 이완시킨 후 편안하게 밖으로 내쉰다. ⑤ 그리고 다음의 기원문을 조용히 되뇐다. 　• 내가 자애심이 가득할 수 있기를 　• 내가 잘 지내기를 　• 내가 평화롭고 평안하기를 　• 내가 행복하기를
3단계	이제 당신이 깊이 아끼는 한 명 혹은 그 이상의 사람들을 마음에 떠올려 보라. ① 그들의 이미지를 또렷하게 그리고 가능한 자세히 떠올린다. ② 가슴 속으로 숨을 들이쉬고 다음의 기원문을 반복하면서 느껴지는 편안함과 자애심을 그들을 향해 내쉰다. 　• 당신이 자애심으로 가득할 수 있기를 　• 당신이 잘 지내기를 　• 당신이 평화롭고 평안하기를 　• 당신이 행복하기를
4단계	당신이 요즘 뭔가 어긋나 있다고 느끼는 사람을 마음에 떠올려 보라. 3단계와 동일한 방법으로 실행한다.
5단계	이제 자신이 살고 있는 나라와 그 안에서 함께 살아가고 있는 다양한 사람(예: 가난한/부유한 사람들, 아픈/건강한 사람들, 나이든/젊은 사람들)에 대해 마음에 떠올려 보라. 3단계와 동일한 방법으로 실행하되, 다음과 같은 기원문을 반복한다. 　• 우리가 자애심으로 가득할 수 있기를 　• 우리가 잘 지내기를 　• 우리가 평화롭고 평안하기를 　• 우리가 행복하기를
6단계	마지막으로 우주에서 바라본 지구의 모습을 그려 보라. ① 광활한 우주 속에서 자전하고 있는 푸르고 흰 아름다운 구체를 떠올린다. ② 지구에 존재하는 모든 생명체(예: 초원, 사막, 동물, 전세계 모든 사람)를 떠올린다. ③ 가슴속으로 숨을 들이쉬고 5단계의 기원문을 반복하면서 느껴지는 편안함과 자애심을 모두를 향해 내쉰다.

7단계	가슴 안으로 호흡하기를 계속하라.
	모든 존재에 대한 연민이 생기고 자신이 자신보다 훨씬 더 큰 신비의 일부분에 불과하다는 사실을 깨닫게 된다.
8단계	마음의 준비가 끝나면 원래 상태로 돌아와 눈을 뜨라.
	열린 가슴과 마음으로 재충전된 하루를 보낼 준비가 되었다고 느낄 때까지 계속 앉아 있는다.

출처: Borysenko (2011).

4) 운동

운동은 체력 증진 효과가 뛰어나다. 보육교사는 보육 업무의 특성상 움직임이 많지 않기 때문에 자칫 체력 관리에 소홀하다 보면 체력이 급격히 저하되어 소진되기 쉽다. 더욱이 면역력이 약한 영유아들과 함께 집단생활을 하기 때문에 각종 질병 및 질환에 쉽게 노출될 수 있다. 따라서 보육교사는 운동을 통한 체력 관리가 중요하다. 운동은 체력 증진의 효과뿐 아니라 스트레스를 받을 때 아드레날린의 분비를 감소시킴으로써 정신적 긴장이나 피로를 푸는 데도 효과적이다.

보통 어떤 운동을 해야 할지 결정하기 어려운 경우 걷기 운동부터 할 것을 권장한다. 특별한 공간이나 장비 없이도 쉽게 할 수 있으며, 오래 지속하기 쉽기 때문이다. 통계상 다른 운동은 중간에 그만 두는 경향이 높지만 걷기는 지속되는 비율이 높게 나타난다. 운동은 최소한 일주일에 세 번 이상, 한 번에 30분 이상 1시간 이내로 공복 상태에서 할 때 운동의 효과가 큰 것으로 알려져 있다.

[그림 12-1] 스트레스 해소에 도움이 되는 운동

5) 휴식과 여가활동의 활용

　일을 하는 행위 자체가 에너지를 필요로 하기 때문에 더 이상 쓸 수 있는 에너지가 없다고 느낄 때 업무에 집중할 수 없는 것은 물론 심각한 무기력증에 빠지게 된다. 따라서 소모된 에너지를 채우기 위해 열심히 일한 후에 반드시 적당한 휴식을 취해야 한다.

　개인마다 휴식을 취하는 방법은 다양할 수 있다. 아무것도 안 하고 빈둥거리며 시간을 보내는 것도 휴식이 될 수 있지만 이도 지나치면 독이 될 수 있다. 이보다는 스포츠나 취미활동 등 자신이 온전히 즐기며 좋아할 수 있는 여가활동 시간을 마련하는 것이 스트레스 해소에 큰 도움이 되는 것으로 알려져 있다. 어린이집에서 항상 아이들을 안전하게 보살피고 교육하는 일에 집중해야 하고 능력을 발휘해야 하는 보육교사에게 여가활동은 업무활동과 달리 그다지 집중할 필요도 없고 능력을 발휘해야 한다는 부담이 없기 때문에 즐거운 감정과 편안함을 제공할 수 있는 좋은 기회가 된다.

6) 정신적 멘토 만들기

　직무를 수행하다 보면 누구나 크고 작은 문제에 직면한다. 그리고 문제 사안별로 매뉴얼을 참고하여 이에 적절히 대처한다. 그런데 보육교사의 경우 직무를 수행하는 과정에서 대면하게 되는 주요 대상인 영유아와 부모가 서로 전혀 다른 특성을 가지고 있을 뿐 아니라 개별 원아마다, 개별 부모마다 독특한 개성을 가지고 있다 보니 직면하게 되는 문제마다 정형화된 매뉴얼에 의지하기가 현실적으로 어렵다. 이 때문에 보육경험이 부족한 초임 교사들의 경우 좌절감을 느끼고 급기야는 보육교사직이 자신에게 맞지 않는다고 생각하고 중도에 포기하는 사례도 발생한다. 따라서 나만의 경험과 매뉴얼로 대처하는 데 한계가 느껴질 때를 대비하여 지혜와 자문을 구할 수 있는 멘토를 찾아 둘 것을 권장한다. 멘토는 내가 감당하기 어려운 문제에 당면했을 때 슬기롭게 대처하는 데 도움을 줄 수 있는, 힘들 때 의지할 수 있는 사람이면 된다. 사소한 일도 털어놓고 이야기할 상대가 된다면 더욱 이상적일 것이다.

해 보자

▶ 지금 당신이 가장 믿고 따를 수 있는 멘토는 누구이며, 그는 어떤 이유로 나의 멘토가 되었
는지 이야기해 보자. 보육교사로서 내가 누군가의 멘토가 된다면 어떤 멘토가 되고 싶은지
이야기해 보자.

참고문헌

김보들맘, 신혜영(2000). 어린이집 교사의 직무 스트레스에 관한 탐색적 연구. 유아교육연구, 20(3), 253-176.

김정휘, 고홍화(2003). 교사의 직무스트레스 연구. 서울: 배영사.

김주환(2011). 회복탄력성. 경기: 위즈덤하우스.

남영신, 장재연(2011). 치과위생사의 근무환경과 직업병의 연관성에 대한 조사연구. 한국치위생학회지, 11(4), 581-593.

류현미(2003). 성격유형과 사회적 지지에 따른 중고등학교 교사의 직무스트레스와 탈진. 서강대학교 석사학위논문.

송진희, 홍현숙(2009). 직장인 정신건강을 위한 정책 동향 및 사례. 정신건강정책포럼, 3, 41-57.

서울대학교 교육연구소(2011). 교육학 용어사전. 서울: 하우.

신경희(2015). 삶을 만점으로 만드는 스트레스 관리. 서울: 영림미디어.

신승욱(2008). A/B형 행동유형에 다른 초등학교 교사의 직무스트레스와 정신건강과의 관계 분석. 춘천교육대학교 석사학위논문.

아주경제(2011. 03. 24.). 대인관계 스트레스가 업무보다 심해.

육아정책연구소(2013). 표준보육료 산출연구.

조경덕, 장성화(2012). 대인관계와 커뮤니케이션. 서울: 동문사.

조성연, 구현아(2005). 보육교사의 직무스트레스와 자기효능감. 아동학회지, 26(4), 55-70.

한광일(2008). 스트레스 치료법. 서울: 삼호미디어.

Borysenko, J. (2009). *It's not the end of the world: Developing Resilience in Times of Change*. 안진희 역(2011). 회복탄력성이 높은 사람들의 비밀: 불안과 스트레스를 이겨내는 마음의 힘. 서울: 이마고.

Brief, A. P., & Weiss, H. M. (2002). Organizational behavior: affect in the workplace. *Annual Review of Psychology, 53*, 279–307.

Burgoon, J. K., Buller, D. B., & Woodall, W. G. (1996). *Nonverbal Communication*. NY: McGraw-Hill.

Cann, A., & Etzel, K. C. (2008). Remembering and anticipating stressors: positive personality mediates the relationship with sense of humor. *Humor, 21*, 157–178.

Cobb. S. (1976). Social support as a moderator of life stress. psychosomatic *Medicine, 38*, 300–314.

Cohen, S. (1980). Aftereffects of stress on human performance and social behavior: A review of research and theory. *Psychological Bulletin, 88*, 82–108.

Eaton, J. W. (1951). The assessment of mental health. *American Journal of Psycihatry, 108*, 81–90.

Eres, F., & Atanasoska, T. (2011). Occupational stress of teachers: a comparative study between Turkey and Mecedonial. *International Journal of Humanities and Social Science, 1*(7), 59–65.

Friedman, M., & Rosenman, R. H. (1974). *Type A behavior and your heart*. Fawcett Crest Books.

Holt, R. R. (1982). Occupational stress. In L. Goldberger & S. Bretznitz (Eds.), *Handbook of stress theoretical and clinical aspects*. New York: The Free Press.

Hooker, K., Monahan, D., Shifren, K., Hutchinson, C. (1992). Mental and physical health of spouse caregivers: the role of personality. *Psychology and Aging, 7*(3), 367–375.

House, J. S., Landis, K. R., & Umberson, D. (1988). Social relationships and health. *Science, 214*, 540–545.

Jex, S. M., & Britt, T. W. (2008). *Organizational psychology: a scientist-practitioner approach*. John Wiley & Sons.

Lazarus, R. S. (1993). From psychological stress to the emotions: A history of changing outlooks. *Annual Review of Psychology, 44*, 1–21.

Motowidlo, S. J., Packard, J. S., & Manning, M. R. (1986). Occupational stress: its causes and consequences for job performance. *Journal of Applied Psychology, 71*(4), 618–629.

Patel, V., & Kleinman, A. (2003). Poverty and common mental disorders in developing countries. *Bulletin of the World Health Organization, 81*, 609–615.

Troman, G. (2000). Teacher stress in the low-trust society. *British Journal of Sociology of*

Education, 21(3), 331-353.

World Health Organization (2004). Promoting mental health: concepts, emerging evidence, practice.

🌷🌷 찾아보기

저자 소개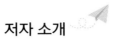

공인숙(Kong In Sook)
서울대학교 아동가족학 박사
전 순천대학교 사회복지학부 교수

권기남(Kwon Ki Nam)
서울대학교 아동가족학 박사
현 오산대학교 아동보육과 교수

권혜진(Kwon Hye Jin)
서울대학교 아동가족학 박사
현 나사렛대학교 아동학과 교수

김영주(Kim Young Joo)
서울대학교 아동가족학 박사
현 울산대학교 아동가정복지학과 교수

김진욱(Kim Jin Wook)
서울대학교 아동가족학 박사
현 명지대학교 아동학과 교수

민선영(Min Sun Young)
울산대학교 아동가정복지학 석박사통합과정 수료
현 울산 울주군 육아종합지원센터장

민하영(Min Ha Young)
서울대학교 아동가족학 박사
현 대구가톨릭대학교 아동학과 교수

박초아(Park Cho A)
서울대학교 아동가족학 박사 수료
전 울산광역시육아종합지원센터장

이성옥(Lee Sung Ok)
서울대학교 아동가족학 박사
현 서울대학교 어린이보육지원센터
     느티나무어린이집 원장

이완정(Lee Wan Jeong)
Utah 주립대학교 아동학 박사
현 인하대학교 아동심리학과 교수

최지현(Choi Ji Hyun)
울산대학교 아동가정복지학 박사
전 울산 중구 육아종합지원센터장

보육교사 인성론(2판)
Becoming a Good Child Care Teacher (2nd ed.)

2017년 3월 20일 1판 1쇄 발행
2020년 9월 10일 1판 3쇄 발행
2022년 3월 20일 2판 1쇄 발행

지은이 • 공인숙 · 권기남 · 권혜진 · 김영주 · 김진욱 · 민선영
　　　　민하영 · 박초아 · 이성옥 · 이완정 · 최지현
펴낸이 • 김진환
펴낸곳 • ㈜ 학지사
　　　　04031 서울특별시 마포구 양화로 15길 20 마인드월드빌딩
대표전화 • 02-330-5114　　팩스 • 02-324-2345
등록번호 • 제313-2006-000265호

홈페이지 • http://www.hakjisa.co.kr
페이스북 • https://www.facebook.com/hakjisabook

ISBN 978-89-997-2632-3　93370

정가 19,000원

출판 · 교육 · 미디어기업 **학지사**

간호보건의학출판 **학지사메디컬** www.hakjisamd.co.kr
심리검사연구소 **인싸이트** www.inpsyt.co.kr
학술논문서비스 **뉴논문** www.newnonmun.com
교육연수원 **카운피아** www.counpia.com